本书是2017年河北省社会科学基金项目：
“近二十年（1996-2016）国内外教师专业发展研究科学知识图谱分析”
（项目批准编号：HB17JY037）的研究成果

# 国内外教师专业发展研究科学知识图谱分析（1996—2016）

王雪松　杨阳　甄伟红　　著

燕山大学出版社
·秦皇岛·

图书在版编目（CIP）数据

国内外教师专业发展研究科学知识图谱分析：1996-2016/ 王雪松，杨阳，甄伟红著. 一秦皇岛：燕山大学出版社，2019.12 （2026.1重印）

ISBN 978-7-81142-949-7

Ⅰ. ①国… Ⅱ. ①王… ②杨… ③甄… Ⅲ. ①师资培养一研究 Ⅳ. ① G451.2

中国版本图书馆 CIP 数据核字 (2019) 第 270567 号

国内外教师专业发展研究科学知识图谱分析（1996-2016）

王雪松　杨阳　甄伟红　著

出 版 人：陈　玉
责任编辑：杨春茹
封面设计：刘韦希
出版发行：燕山大学出版社 YANSHAN UNIVERSITY PRESS
地　　址：河北省秦皇岛市河北大街西段438号
邮政编码：066004
电　　话：0335-8387555
印　　刷：廊坊市印艺阁数字科技有限公司
经　　销：全国新华书店

开　　本：700mm×1000mm 1/16　　印　　张：16　　字　　数：300千字
版　　次：2019年12月第1版　　印　　次：2026 年 1 月第 2 次印刷
书　　号：ISBN978-7-81142-949-7
定　　价：58.00元

# 前　言

《国家中长期教育改革和发展规划纲要（2010—2020）》强调指出：百年大计，教育为本；教育大计，教师为本。这一定位充分显示出我国教育政策在顶层设计层面更加重视教师专业发展。进入21世纪以来，我国教育改革迈入了一个新时代，在对教学理论和教学方法进行大量探讨和实践之后，人们逐渐发现：任何先进的教学理论和教学方法都要由优秀的教师来贯彻才能产生理想的效果，最终让学生受益；任何设计完美的教学改革如果没有教师的积极参与和最终实施，都只能沦为空谈。因此，人们逐渐达成共识：教师专业发展是提高教育水平的关键，只有确保教师专业不断发展，才能造就高质量的教育。因此教师的专业发展几乎与教育改革一起，受到来自政府、学校和学术界不同层面的关注，成为教育界的热点话题之一。有关教师专业发展的文献在数量上呈现井喷式增长并保持着强劲的发展势头。

教师专业发展一直是本书作者的研究兴趣，因此也关注本领域的研究进展。在对研究文献的关注和阅读中，本人发现我国近二十年关于教师专业发展研究文献数量猛增，涉及理论引介、教师培养模式、教师专业发展的路径和特征等，但研究呈碎片化零散状态，从文献的点状分布无法得知我国教师专业发展的总体图景，研究者曾经集中讨论过哪些话题？谈论结果如何？研究者目前对哪些问题比较关注？哪些学者是此领域的领军人物？未来的研究会有哪些趋势？这些问题引起了作者的思考。因此了解我国近二十年的教师专业发展研究总体状况，梳理此领域的演进脉络和热点话题，描摹此领域的学术谱系，成为一个必然之举。

教师专业发展研究起源于西方教育发达国家，从理论基础、专业概念、研究范式等都对我国产生了重要的影响。国外教师专业发展研究领域又经历过什么样的研究历程呢？有哪些被学者关注的前沿话题呢？国外研究和国内研究又有什么异同？国外研究对国内研究又有什么影响？这些都引起了作者的兴趣。因此对近二十年国外教师专业发展研究也做同样的梳理和描摹，得出上述问题的答案，无疑会对我国未来教师专业发展起到一个鉴往知来的作用，对我国未来研究有参考和促进作用。

如果用人工的归纳比较的方法对国内外相关 7000 ～ 8000 篇文献进行整理和分析，不仅是不现实的，而且分析结果的精准性也值得质疑。幸亏得助于 CiteSpace 这个功能强大的科学知识图谱分析软件，使得对海量文献的精准分析成为可能。

本研究基于“计量学 + 教育学”跨学科视角，使用 CiteSpaceIII 这一文献计量学软件，并辅之以人工的文献分析法，以 1996—2016 国内外教师专业发展重要文献为研究对象，梳理和总结国内外教师专业发展研究的演进路径、热点问题、知识基础、高影响力文献和合作网络。从而全景式呈现这期间年间国内外教师专业发展研究全貌，对国内外教师专业发展研究进行整体性、综合性、动态性的可视化分析；并结合国内外文献针对上述主题进行比较和分析，得出国内外研究的异同，并提出国内未来研究方向和主题的前瞻，为国内教师专业发展研究向优质高效发展提供参考和建议。

本书是河北省社会科学基金 2017 年度一般项目《近二十年（1996—2016）国内外教师专业发展研究科学知识图谱分析》（HB17JY037）的最终研究成果，项目主持人王雪松。本书共分为 12 章，共 30 万字。其中第一章、第二章、第四章、第五章、第六章、第七章、第十二章由王雪松撰写，共 20.7 万字；第三章、第八章、第九章由杨阳撰写，共 5.2 万字；第十章、第十一章由甄伟红撰写，共 4.1 万字。

由于研究时间的仓促和作者水平有限，本书难免有疏漏和错误之处，欢迎读者提出宝贵意见。

# 目　录

# 第一章　绪　论

本研究的主要目的在于用文献计量学软件 CiteSpace 构建科学知识图谱的方式，厘清 1996—2016 年间国内外教师专业发展研究的状况，并基于科学知识图谱的分析结果，对国内外教师专业发展的研究状况进行分析和比较，以期为我国教师专业发展提供新的研究角度和思考。本章分为四节，第一节是选题缘由与研究背景；第二节是研究的目的与研究问题；第三节是研究界定；最后一节是研究创新之处。

## 第一节　选题缘由与研究背景

### 一、选题缘由

从 20 世纪 90 年代末到目前，国内外教师专业发展研究都各自取得了长足的进步，即使国内的研究大约落后国外研究十几年。国内外教师专业发展研究均取得了相对丰富的理论和实证性研究成果，学科的自身建设也得到了加强。面对近二十年来纷繁复杂的研究成果，我们想了解：这些年国内外教师专业发展研究的热点各自都是什么，前沿问题各自都是如何变迁，有何主要研究结论，又各自遵循着怎样的研究范式，学科的发展和成长规律如何，研究团队及其合作网络怎样。我们也同样想了解国内外各自的教师专业发展领域有哪些相同点和不同点，国外研究是否能给国内研究带来借鉴和经验。本书正是基于这种理论和现实的需要确定的选题方向和研究对象。

学科的发展离不开学科的自觉反思。对国外教师专业发展研究回顾与借鉴的文献散见于各专业期刊，但多针对研究者所选既定研究主题，因此研究结论只反映了某一研究领域的某一面。再加上文献回顾本身就是在时间上呈阶段性的，所以文献回顾的结论难免“就事论事”。而就国内而言，十几年来，实际上我国教师专业发展研究领域对自身的反思和回顾从来就没有停止过，其中不乏高水平的研究成果。浙江师范大学教育学院的季诚均和陈于清在《我国教师专业发展研究综述》中对 2004 年以前的教师专业研究状况进行了回顾，其后也有研究者对我国教师专业发展研究做阶段性的回顾。但是由于教师专业发展研究涉及面广，研究主题多，再加上这些研究回顾都是按时间阶段论事，比较零星，略显散乱，因此无法得知我国教师专业发展研究的全貌以及各个研究主题发展的详细脉络。目前对我国教师专业发展研究作为一个整体在广度和深度上深入挖掘的成果相对较少，对本领域进行系统研究的成果不够。

本书将以科学理论为指导，以知识图谱技术为主要研究方法，在国内外现有大量研究结果的基础上，通过对国内外1996年以来的教师专业发展领域进行有序梳理和科学总结，研究分析各自领域的学科发展脉络和轨迹，具有特定的时代意义和科学价值。

## 二、研究背景

本书将从社会现实背景、学科发展、研究方法三个方面阐述本研究的背景。

1. 社会现实背景对教师专业发展的影响

社会中诸多因素都会影响教育研究中心的变迁。教育学者JohnAdams在《教育哲学史》中曾经这样总结20世纪以前的教育理论的发展变化，“随着历史的进步和科学方法的更新，教育研究的中心不断转移，各种教育理论流派涨落其间”（余家菊，1934）。教师专业发展研究作为教育学中的一个重要研究分支，其研究中心必然会随着社会发展而变化。随着人们对教师在教育活动中的重要性的认识越来越成熟，教师专业发展研究从无到有，从弱到强，它和人本主义、社会建构主义的兴起有着极其密切的关系，并且随着时代的演变，教师专业发展研究领域的研究关注点也在不断与时俱进、迭代升级。如何做好教师专业发展研究以适应时代和社会发展所带来的挑战？首先必须从分析其研究领域演进历程开始，对教师专业发展历史做出及时的、深刻的反思，才能洞察教师专业发展研究领域的客观规律和时代特征。

2. 教师教育学科发展的必然性

教师专业发展研究无论在国外还是在国内，都是相对新兴的研究领域，属于教师教育，从属于教育学。近二十年来，随着教育学的发展以及人们对教师重要作用的重新认识，教师专业发展研究成果数量激增，研究范围也得到极大的拓展，从而也越来越得到人们的关注。可以说，作为外部因素的社会需求动力和教师教育学科发展的内部因素都为教师专业发展研究提出了更多亟待解决的问题。因此，梳理近二十年国内外教师专业发展研究的现状，分析其研究的演进历程和特点，对未来我国教师专业发展研究有相当重要的意义。

3. 科学研究方法的思考

科学是一个层级系统，其宏观层级的演化具有稳定性的特征，换句话说，它在一定历史时期内，会体现出稳定的时代性和学术上的继承性。这种宏观层级的稳定性对科学活动具有规范性的指向作用；但同时，科学本身在微观层面上的演化则又具有情境性和不确定性，即科学实践同时又是一个充满偶然性和选择性的随机的过程，科学活动的进程具有非逻辑性、跳跃性的特征。因此，只有从整体性的视角分析某一科学领域的演化，才能得到较为全景式的科学演进脉络。这个规律同样也适用于教师专业发展研究。因此，要探寻教师专业发展研究近二十年大发展和趋势，需要从宏观和微观两个维度分析才能获得较为准确的演进轨迹。

某一既定学术领域的专业期刊代表了这一领域的主要研究内容，由专业期刊相关研究成果构成的研究总体，既有符合时间跨度的广泛的覆盖范围，也有涵盖研究具体内容的微观信息。因此，想要了解某一研究领域的宏观、微观的研究状况和演进轨迹，最科学最便捷的方法就是对来自学术期刊的文献进行整体回顾与探讨。这种整体回顾与探讨，既能够对现存研究演进轨迹做一个描摹，同时可在对现有研究的反思基础上，对本领域未来的发展做出有根据的判断和预测。所以，对近二十年的国内外教师专业发展研究的成果文献作整体性检视、分析和思考，更能凸显其不可忽视的重要性。

科学知识图谱作为一种有效的知识管理工具，能通过挖掘数据、处理信息、计量知识和绘制图形将复杂的海量信息，以直观的、全面的、交互式的图谱将某一研究领域的研究总量的研究范式、研究前沿、交叉点和生长点展示出来，帮助后来研究者对模糊数据进行精准具化，演示教师专业发展研究的发展轨迹，展现该学科的热点和前沿问题，观察文献之间的被引交叉关系，呈现研究者及研究机构之间的合作关系，从而为研究者提供一个全新的科学视角来审视目前研究的现状和预测未来研究的发展走向。这种审视不是来自研究者的主观判断，而是客观上的具体呈现和更深层次的反思自省，为研究者揭示学科的动态发展规律带来不可替代的优势。科学知识图谱是文献计量走向科学化的重要标志，结合科学知识图谱的可视化分析结果，再结合研究者的深入分析和理性判断，给教师专业发展研究领域的目前和未来研究状况的研判带来了更大的精准度和可信度。因此，在教师专业发展研究领域引入科学知识图谱进行研究，能弥补传统研究范式和研究工具的不足，创新研究方法，为研究提供科学依据，也有利于理性反思，作出正确判断。

## 第二节 研究的目的与研究问题

基于上述研究动机，本研究搜集了国内外教师专业发展专业文献，国内文献包括 1996—2016 年间中国知网（CNKI）收录的 CSSCI 和 CNKI 核心期刊论文，国外文献包括 Web of Science 数据库中美国、英国、澳大利亚、新西兰等主要英语国家的主流教师专业发展期刊和教育学期刊。结合科学知识图谱研究的相关理论和实践操作知识，应用文献计量学软件 CiteSpace，以知识图谱的方法构建可视的国内外教师专业发展的“知识图景”，借此盘点近二十年国内外教师专业发展领域的发展状况，并对国内外研究状况进行比较分析，发现并反思国内外研究各自存在的问题，为未来我国教师专业发展研究提供经验、参考和借鉴。本研究期望达到以下具体目的：

一是辨析国内和国外教师专业发展研究在不同阶段的演进历程与特点，揭示各自的学科发展规律并进行比较反思。包括近二十年来不同时期国内和国外教师专业发展的总体研究热点和前沿演进，以及分时段的热点分析和演进趋势特征。

二是探索国内和国外教师专业发展研究领域的知识流动趋向，以确认影响教师专业发展研究的相关学科知识和知识互动因素，并在此基础上对国内和国外研究进行比较反思。包括教师专业发展研究领域内高产作者、高被引作者、高被引期刊、经典文献以及上述元素的影响力分析。

三是分析国内和国外教师专业发展研究的研究主体和合作网络。某个既定研究领域的关键作者和研究机构也是研究和跟踪此领域研究状况的重要部分。通过国内和国外教师专业发展领域研究合作网络的分析和比较，以发现此领域合作关系的状况和问题。包括国内和国外相关研究形成了哪些合作群体和合作机构，比较各时间段研究共同体的分布状况和形成特点，以及时间性的演化特征。

四是分析国内研究和国外研究在上述各科学知识图谱分析要素的异同，以期为我国未来的教师专业发展研究提供总结、借鉴、反思和参考。比较的分析要素包括：研究热点、研究前沿、知识基础等。

五是通过对近二十年国外教师专业发展研究演进路径和前沿热点问题分析，为我国教育界了解国际研究进展提供参考；通过对近二十年国内教师专业发展研究演进路径和前沿热点问题分析，为我国教育界了解我国研究进展提供参考。通过比较国内外教师专业发展研究的演进路径和前沿热点问题的异同，为我国未来相关研究提供启发；推动我国教师专业发展研究的创新和发展；为国内教育研究者科研选题提供全面切实的参考和借鉴。

根据以上研究目的，本研究之研究问题如下。

## 一、近二十年国外教师专业发展研究热点演进历程如何?

1. 国外教师专业发展研究热点的主要领域分布如何？

2. 国外教师专业发展研究阶段性研究热点演进状况如何？

## 二、近二十年国内教师专业发展研究热点演进历程如何?

1. 国内教师专业发展研究总体研究热点演进状况如何？和国外研究相比，有什么异同？

2. 国内教师专业发展研究阶段性研究热点演进状况如何？和国外研究相比，有什么异同？

## 三、近二十年国外教师专业发展研究前沿取向如何?

1. 国外教师专业发展研究前沿领域分布如何？

2. 国外教师专业发展研究前沿的演变特点如何？

## 四、近二十年国内教师专业发展研究前沿取向如何?

1. 国内教师专业发展研究前沿领域分布如何？和国外研究相比，有什么异同？

2. 国内教师专业发展研究前沿的演变特点如何？和国外研究相比，有什么异同？

## 五、近二十年国外教师专业发展研究的知识基础如何?

1. 国外教师专业发展研究文献的引文状况如何？

2. 国外教师专业发展研究涉及的学科分布情况如何？

### 六、近二十年国内教师专业发展研究的知识基础如何？

1. 国内教师专业发展研究文献的引文状况如何？和国外研究相比，有什么异同？

2. 国内教师专业发展研究涉及的学科分布情况如何？和国外研究相比，有什么异同？

### 七、近二十年国外教师专业发展研究研究主体和合作网络如何？

1. 国外教师专业发展研究学者、研究机构、基金项目资助、作者和机构合作网络特点如何？

### 八、近二十年国内教师专业发展研究研究主体和合作网络如何？

1. 国内教师专业发展研究学者、研究机构、基金项目资助、作者和机构合作网络特点如何？和国外研究相比，有什么异同？

## 第三节 研究界定

为使研究工作具有意义解释的一致性，使研究工作更为确切具体，并有利于研究结果的阐释便利，本小节将针对本研究“近二十年（1996—2016）国内外教师专业发展研究科学知识图谱分析”中的重要概念进行相应界定。

### 一、国外研究

本研究中的“国外研究”指主流英语国家的教师专业发展研究，如：美国、英国、澳大利亚、新西兰等，同时也包括刊登在上述国家专业期刊上涉及到的零星别的国家的教师专业发展研究成果。作此界定，原因有二：一是上述主流英语国家是国外教师专业发展研究的主阵地，基本代表了国外的教师专业发展研究主体；二是笔者掌握外语语种有限，只能查阅阅读英语文献。

### 二、教师专业发展（Teacher's professional development）

“教师专业发展”是一个内涵不断发展的名词。无论国内还是国外，在早期的研究中，曾经有过“教师培训”（teacher training）、“教师教育”（teacher education）和教师发展（teacher development），这和教师专业发展研究的研究内涵的历史演变有关。上述三个名词的字面意思也能大体印证教师专业发展的演变轨迹：培训一教育一发展。因此在搜索科学知识图谱的文献源时，搜索词不仅包括“教师专业发展”，也包括上述三个名词，以期把近二十年的关于教师专业发展的文献尽可能全面地纳入到分析研究的视野。

## 三、科学知识图谱（Mapping knowledge domain）

科学知识图谱又被称为知识图谱、知识地图，是以知识域为对象，显示科学知识的发展进程与结构关系的一种图形。本研究试图对国内外近二十年的教师专业发展研究进行整体分析与把脉，本身是一个不太容易的选题。因此，本研究选择了最能反映学科内涵以及发展动态的四个元素作为分析要素，即研究热点、研究前沿、知识基础、合作网络。这四个要素并不是截然分开、相互独立的，实质上是相互联系、相互印证的，是从多维度、多层面展示和分析国内外教师专业发展研究领域的内部结构和发展状况的。

1. 研究热点

研究热点是某研究领域大家共同关心的问题，是研究探讨比较多的领域。在科学知识图谱分析中，文献表征的关键词是研究热点的分析指标。关键词的分布状况一定程度上体现某研究领域的发展，关键词的变化动态也反映出此研究领域的发展变化。

研究热点与研究前沿会有交叉现象，研究热点也有可能成为研究前沿，但研究前沿并不一定是研究热点（蒋菲，2015）。研究热点更侧重关注度，而研究前沿更注重前沿性，也就是最新研究成果。

2. 研究前沿

研究前沿（Research fronts）是指对某研究领域最新成果（理论、观点、方法等）的反映或体现。简单地说，研究前沿就是某个科学领域中科学文献的暂时性成分，它们还没有稳定，也许以后会成为经典文献，也许会很长一段时间没有任何踪迹而蒸发了（陈悦、陈超美，2017）。在科学知识图谱分析中，研究前沿通常由近期发表的高被引文献研究成果所组成，通过相对小的研究文献网络，可以追踪大量文献的发展轨迹，是一个研究领域中最先进的研究领域（潘黎、侯剑华，2012），陈超美认为目前对研究前沿的认识形态，包括共被引文献聚类和所有引用这个聚类的文章、引用共群文章的文献聚类。

3. 知识基础

知识基础（Intellective base）是含有前沿术语词汇的文章的引文，实际上它们反映的是研究前沿中的概念在科学文献中的吸收利用情况。一个学科的知识基础对应于研究前沿的所有前期文献集合（陈悦、陈超美，2017）。研究前沿和知识基础之间的关系在本质上是对应的，不提及对方，它们任何一方都无法充分地定义自我（陈悦、陈超美，2017）。对这些文献可以通过同被引聚类分析（co-citation cluster analysis）形成一组被研究前沿所引用的文献的演进网络，即知识基础的同被引网络。通过文献共被引频次的高低和文献共被引中心性的大小来考察某一研究领域的核心作者、核心文献分布情况以及核心文献的共被引来源情况，从而获得该研究领域的知识基础。

4. 合作网络

随着科学的日益系统化、复杂化，学科之间相互渗透、交叉的现象日益普遍，科研人员通过合作的方式进行科研创新成为当下甚至未来的一种科学研究趋势，同时合作也是科研人员提高创新效率的有效途径。合作包括科研人员个人之间的合作和研究机构之间的合作。科学知识图谱中的合作网络（cooperation network）的分析就是对研究文献中的作者合作、机构合作的状况进行梳理，通过该学科研究者、研究机构之间的社会关系来评价研究者和研究机构的学术影响力。

## 第四节 研究创新之处

本研究创新之处有以下几点。

### 一、选题新颖

在我国，文献跨度长达二十年的针对国内外教师专业发展研究的较全面、系统、深入地分析对比研究尚属首例。现有的针对国内外教师专业发展研究的科学知识图谱分析大多针对教师专业发展研究中的某一话题做分析，或者针对十年或小于十年时段的教师专业发展研究做分析，这种短时段、分话题的科学知识图谱分析的结论具有一定局限性，而本研究文献跨度长达二十年，分析话题比较全面，这种全景式“扫描”可以避免研究结论的片面和偏颇，前瞻视野更长远。

## 二、内容全面

本研究的研究内容不仅包括国内外教师专业发展研究演进路径和前沿热点分析，而且还包括国内外研究的同期对比和对我国教师专业发展未来研究的全面前瞻和建议。现有的有关教师专业发展的研究大多关于国外研究或者国内研究作科学知识图谱分析，研究内容兼具国外和国内，并基于此作国内外研究对比的研究尚未见到。本研究基于科学知识图谱分析结果，对国内外研究进行对比分析，最重要的是，对我国未来的教师专业发展研究提出了经验借鉴和发展建议。

## 三、维度全面

本研究将国内外教师专业发展研究发展状态勘定在四个基本维度：研究热点、研究前沿、知识基础、合作网络。基本涵盖了科学知识图谱分析的考察要素，在研究对象与研究范围的选择上符合科学的研究规范，具有一定的创新性。

## 四、方法科学

不同于传统的“手工操作”的文献综述方法，本研究基于跨学科的视角，采用文献计量学软件 CiteSpaceIII，客观、精确处理海量数据，具有传统方法不可比拟的优点。科学知识图谱方法虽然已经运用在许多学科领域，但在教师专业发展研究领域应用却还很少。本研究成功地将它引入，克服了传统文献考察方法主观主义和经验主义的不足，从复杂海量的信息中挖掘学科发展中的科学要素，直观形象、客观精准地发现学科的制高点与学科发展的动态规律。除了应用 CiteSpaceIII，本研究在参照科学知识图谱分析结果的基础上，还适时应用文献分析法，有必要时要查找到源文献进行辨析，确保研究结论的公正、客观。

# 第二章　文献探讨

## 第一节 科学知识图谱研究综述

本节重点说明本研究涉及的方法论，及科学知识图谱的基本理论以及基本绘制方法。

### 一、科学知识图谱的概念及其应用

科学知识图谱（Mapping Knowledge Domain），是用可视化网络显示科学知识发展进程与结构关系的一种图形，属于计量学的范畴。它是以科学知识为计量研究对象，用定量统计方法发现科学知识指数增长规律的科学，具体定量统计方法包括：内容分析、引文网络分析等。某类科学知识可以广义的界定为一个复杂系统，其构成包括：已经解决和尚未解决的问题，已被证明和未经验证的方法，发展历史和现状，知识提供者和使用者群体，以及支撑其发展的各种资源。不同于传统的以主题分析为特点的知识分析方法，知识图谱具有形象性、数字化、现代性、可视化等特点。可以实现“百闻不如一见，一图胜万言”的效果。

计量学奠基人普赖斯是科学知识图谱的早期开拓者。随着科学计量学的发展，描绘科学知识和科学活动规律的数学模型，逐渐从二维空间模型发展为较复杂的三维立体图。科学知识图谱定义为视觉化地描述人类随时间拥有的知识资源和载体，绘制、挖掘、分析和显示科学技术知识以及它们之间的相互联系，在组织内创造知识公用的环境以及促进科学技术研究的合作和深入（陈悦、刘泽渊、陈劲，2008）。

在中国最早引入知识图谱并对其英文名称“Mapping Knowledge Domain”进行命名的是来自大连理工大学的陈悦和刘泽渊，大连理工大学和美国德雷塞尔大学联合成立了知识视觉化与科学发现联合研究所，这使得大连理工大学成为国内首个引入并研究科学知识图谱的研究机构。但是国内的学者对科学知识图谱的概念含义并不统一，例如刘泽渊（2009）强调科学知识图谱的图形外部特征，他把科学知识图谱定义为“以科学知识为对象，显示科学知识的发展进程与结构关系的一种图形。它视觉化地描述人类随时间拥有的知识资源以及载体，绘制、挖掘、分析和显示科学技术知识以及它们之间的相互联系，在组织内创造知识共享的环境以促进科学技术研究的合作和深入”。梁美娟（2009）强调科学知识图谱学科基础为科学计量学，认为科学知识图谱“是一种以学科知识为计量研究对象，将复杂的科学知识领域通过资料采集、资讯处理、知识计量和图形绘制的图形，以视觉化的方式显示科学知识的发展进程和结构关系，揭示科学知识及其活动规律，展现知识结构关系与演进规律”。秦长江（2009）强调科学知识图谱是一种绘制方法，他认为科学知识图谱“是知识域视觉化或知识领域映射地图，是把应用数学、图形学、资讯视觉化技术、资讯科学等学科的理论和方法与计量学引文分析、共现分析等方法相结合，用视觉化的图谱形象地展示学科的核心结构、发展历史、前沿领域以及整体知识架构的多学科融合的一种研究方法”。任红娟（2009）认为科学知识图谱的学科基础是文献计量学，“是将传统的文献计量方法与现代的文本挖掘和复杂网络、数学、统计学电脑科学方法以及视觉化技术等有机地整合在一起的一种综合分析科学发展的知识探索方法”。杨国立（2010）强调科学知识图谱是学科基础与绘制方法，“是把应用数学、电脑科学、科学学、资讯科学等学科的理论和方法与科学计量学引文分析、共现分析、社会网络分析等方法结合，用视觉化的图谱形象地揭示科学发展进程和结构关系的一种研究方法”。

科学知识图谱具有形象性、数字化、现代性、可视化等特点，由于出版物、授权、专利和其他数据日益趋于电子化，并且随着计算机技术的不断更新换代，知识图谱的应用日益广泛，主要应用于以下几个方面：

1. 应用于科研领域

应用于科研领域，科学知识图谱主要作为科学管理工具。主要体现在各学科研究领域的计量学研究、学科之间的关系分析、某一学科内部结构关系和发展历程探究三个方面（蒋菲，2015）。用于各学科的计量学研究主要用于描述科学研究领域的研究热点、动态变化和发展趋势、时空分布特征以及学术研究力量的分布和演变（陈悦，刘泽渊，2008）。认为科学知识图谱在学科研究上主要可以实现八大功能：揭示科学中潜在的学科结构、追踪科学研究的前沿问题、探测某一时期科学研究热点、剖析科学发展演化历程、研究并分析科研合作网络、评估某科学家的学术地位、构建科学发现的理论体系、辅助决策者确定科学发展方案。并在此基础上，通过对学科起源背景、发展全貌以及取得的突破性进展进行研究和总结，解释学科起源的动态渗透结构和未来的发展方向（侯海燕，2008）。

2. 解决社会问题

科学知识图谱应用于解决社会问题主要体现在政府项目的应用研究。科学知识图谱能够认识、分析负载的社会信息，为决策者揭示其社会信息之间的关系，以便能够科学正确的决定。而对于有争议的问题也可以将各方的观点绘制成科学知识图谱，有助于直观高效地认识事物，展现各方的细节信息和利弊关系，增进相互的沟通，便于进行正确分析和科学决策（廖胜姣、肖仙桃，2009）。也有学者将科学知识图谱应用于了解信息生产与传播的经济因素分析、科学社会网络分析等。

## 二、知识图谱理论与方法的发展

20 世纪 50 年代，普莱斯开创了科学计量学，他把科学计量学纳入科学学研究领域，论证了分析科学的三大特征：定量研究、理论模式、政策与管理研究。之后，他发现了科学发展指数规律，将指数成长规律的数学式描绘成指数曲线模型。从此，以科学计量学为基础的科学理论与应用研究逐渐成为主流，科学计量学开始向可视化转变，以引文方法和信息可视化为基础的科学知识图谱也开始兴起。

1995 年，美国科学情报研究所的创始人加菲尔德在《科学》杂志上发表关于引文搜索的文献“Citation indexes forscience：anew dimension in documentation through association of ideas”，这篇文章被视为引文分析方法的奠基之作。1963 年，加菲尔德创办了《科学引文索引》（SCI），被认为是科学咨询检索领域具有重要影响的里程碑式突破。《科学引文索引》（SCI）以期刊论文之间互引关系为线索，涵盖了自然科学所有学科的期刊，提供科学情报的线索，为学者们采用引文分析方法分析学科领域知识结构提供了工具。研究设计的一系列概念性工具，彻底颠覆了科学家们对计量学的传统研究模式，为科学计量学的发展做出了重大贡献，为科学计量学从历史分析到引文分析的历史性转变奠定了基础。

20 世纪 70 年代到 90 年代是科学知识图谱的成熟期。普莱斯在《科学文献的网络》一文中首次提出“研究前沿”这个概念，挖掘出科学论文之间形成的引文关系和规律，阐述了用科学知识图谱来挖掘某学科研究前沿的可能性，开创了科学计量学新的研究方向。之后，加菲尔德发表“theuse of citation data in writing the history of science”一文，绘制了遗传物质DNA研究的发展演进图谱，推动了科学知识图谱的发展。1973年，著名科学计量学家亨利·斯莫尔提出了“共引”的概念、共引的分析方法、“共引强度”的定义，并绘制了粒子物理学这一领域高被引论文的共引网络图谱。斯莫尔的共引分析使得人们更科学、更客观、更容易地理解和界定某个科学领域的结构关系、演变历程与规律。

1987年，美国国家科学基金会（National Science Foundation，NSF）公布了研究报告Visualization in scientific computing：Report of the NSFA dvisory Panelon Graphics（科学计算中的视觉化），报告称科学视觉化将成为美国国家科学基金会资助的新研究领域，该报告可视为科学视觉化研究领域正式产生的标志。1989年，斯图尔特 • 卡德、约克 • 麦金利和乔治·罗伯逊首次明确提出“资讯视觉化”（Information Visualization）的概念，并提出这种方法的最大特点是用互动式视觉表现非空间的、非数值的和高维资讯。

1999年到2003年是信息可视化技术发生重大转折的时期。美国德雷塞尔大学（Drexel University）的计算机与情报学教授陈超美成为资讯视觉化技术领域代表人物之一。1999年，陈超美出版的《信息可视化与虚拟环境》是信息可视化领域的第一部学术专著。之后，他先后再版《信息可视化与虚拟环境》《科学前沿图谱》，不断开拓引文分析和视觉化资讯技术结合的新成果。他使用Java语言开发出信息可视化软件CiteSpace，对信息可视化领域研究做出了卓越的贡献。陈超美教授被国内外同行专家评价为当代信息可视化与科学知识图谱学术领域中的国际顶尖级领军人物。另外学者Card，Mackinlay，Shneiderman汇编的《资讯视觉化概览：用视觉思考》，Spence的论文《资讯视觉化：设计互动》等优秀研究成果涌现，这些科研成果直接促使新一代的资讯视觉化技术在文献计量学领域形成主体地位。

### 三、科学知识图谱的基本绘制方法

科学知识图谱的基本绘制方法包括：多元统计分析、词频分析、共词分析、引文分析、共被引分析和社会网络分析。

1．多元统计分析方法

多元统计分析是统计学的基本方法，属于经典统计学的一个分支。多元统计分析是一种综合分析方法，能够在多个分析对象和多个指标互相关联的情况下分析它们的统计规律。在本研究中所用到的多元统计分析包括聚类分析、因子分析和多维尺度分析。

（1）聚类分析。聚类分析是根据研究对象的特征，按照物以类聚的原则，对研究对象进行分类的一种分析方法。其基本思想是认为研究对象之间存在着不同程度的亲疏关系。通过聚类分析，对目标函数元素的特征进行分类，可以实现组内的研究元素具有较高的相似性，而组间的资料之间具有较大的差异性。聚类分析是基于数据相似性的分析，即根据目标函数元素之间的相似性和差异性确定法则而进行分类分析。常用的聚类方法有系统聚类法、K-均值法、分解法、加入法、模糊聚类法和有序样品的聚类。聚类分析方法一般采用选择离差平方和法、层次聚类和欧氏距离平方法。在科学知识图谱分析中，聚类分析主要用于文献、著者、关键词、期刊或学科之间的联系以及结构变化。

聚类分析方法的优点是分析直观、结论形式简洁明了。但缺点是当样本较大时，要获得理想的聚类分析结论有一定困难，存在难以分析和解释的缺陷。

（2）因子分析。因子分析就是用少数几个不相关的综合因子来描述许多信息重叠，具有错综复杂关系的指标或因素之间的联系的多元统计分析方法。即将比较密切的几个变量归于同一类中，每一类变量就成为一个公共因子，用比较少的几个因子来反映原资料的大部分信息（侯海燕，2008）。同类中的变量之间相关性较高，不同类的变量相关性较低或不相关。其主要的求解因子负荷的方法有：主轴因子法、极大似然法、最小二乘法等。在科学知识图谱分析中，因子分析用于处理学术群体或学者的分布状况。

因子分析的优点是并非原始变量的取舍，而是根据原始变量的信息重新进行归类组合，归结为几个公共因子，从而达到简化数据的目的，同时通过因子旋转使得因子变量更具科学性、客观性和可解释性。因子分析的缺点是不能直观地反映变量之间的内在联系，导致不便于分析和解释。

（3）多维尺度分析。多维尺度分析是指通过某种非线性变换，把高维空间的数据转换成低维空间中的数据，变换后的数据仍能近似地保持原数据的几何关系的一种技术，多维尺度分析的主要思想是通过测定观测量之间的距离来发现各个观测量之间的结构，其过程是通过将观测量定位到概念空间（通常情况下是二维或三维空间）的一个特定的位置，使得空间中观测量的距离相似性越近越好（蒋菲，2015）。在多维尺度分析图中，被分析的观测量以点状分布，每个点的相对位置反映了分析对象之间的相似性。高度相似性的对象会聚集在一起，进而形成一个类别，同时越靠近中间的对象其地位就会越核心。在科学知识图谱分析中，通过多维尺度分析可以判断某一作者、学术流派或者其他学科领域在某一学科领域中所处的位置，换句话说，就是判断研究领域、思想流派或学术共同体在学科里的地位（蒋菲，2015）。

2. *词频分析方法*

词频分析法是利用能够揭示或表达文献核心内容的关键字或主题词在某一研究领域文献中出现的频次高低来确定该领域研究热点和发展动态趋势的文献计量方法。由于一篇文献的关键字或主题词是文章核心内容的浓缩和提炼，因此，如果某一关键字或主题词在其所在的文献中反复出现，则可反映出该关键字或主题词所表征的研究主题是该领域的研究热点（马费成、张勤，2006）。词频分析方法的基本理论依据是美国学者G.K. 齐鲁夫于20世纪40年代提出的词频分布定律。齐鲁夫在1935年对大量统计材料进行了系统的分析后提出了有关词频分布的齐鲁夫定律，其内容可以表述为：假设统计一篇较长文章中每个词出现的频次，并且按照前为高频词、后为低频词的顺序进行递减排列，再用自然数作为这些词的等级序号，即等级1是频次最高的词，等级2是频次次之的词……等级3是频次最低的词。如果频次以f来表示，等级序号以r来表示，则可以得出fr=C（C为常数）。

在科学知识图谱分析中，词频分析法多用于某领域的热点和前沿研究。例如：王琪采用高频关键词的分析方法绘制了奥林匹克运动研究的知识图谱；唐建民以国内教育学科为例，采用词频分析法，描绘了卓越科研机构的知识图谱；屈天鹏基于SCI数据，将词频分析法应用于绘制辽宁高校自然科学学科分布中。

3. *共词分析方法*

共词分析法是种内容分析技术，利用批量文献词汇或名词短语共同出现的情况，来确定该批量文献所代表学科中各主题之间的关系。一般认为词汇对在同一篇文献中出现的次数越多，则代表这两个主题的关系越紧密（蒋菲，2015）。对这些词进行聚类分析，从而反映出这些词之间的亲密程度，进一步分析这些词所代表的主题和学科结构变化，预测其转移趋势。共词分析方法的主要特点是强调关键字在文献计量中的作用，这种方法假设文献的关键字可以准确描述文献内容，概括多篇论文之间的关系，而标志文献间的主题关联性的标志物即是两个关键字在同一篇文献中共同出现（蒋菲，2015）。

4. 引文分析方法

引文分析就是以期刊、论文、作者等为研究对象，采用数学、统计学和比较、概括、归纳等多种方法，分析研究各种研究对象之间引用和被引用的关系，以此揭示各分析对象内部存在的数量特征和内在规律的一种文献计量方法（蒋菲，2015）。其作用是从文献的引用频次中，反映文献间的关联性、学科领域的引用特性以及文献学科地位。通过引文聚类分析，特别是对引文间的网状关系进行研究，能够探明有关学科之间的亲缘关系和结构，划定某学科的作者群，分析和推测学科间的交叉、渗透和衍生趋势，还能对某一学科的产生背景、发展概貌、突破性成就、相互渗透和今后发展方向进行分析，从而揭示学科的动态结构和发展规律（邱均平，2001）。在现实科学研究中，引文分析运用广泛，在诸如确定学科的影响与重要性、研究学科情报源分布、确定核心期刊、科学研究和信息传递规律、信息用户需求特征和评鉴学科与人才水平等领域都可以运用这种方法。

引文分析方法的优点在于，其一，拥有广泛的适用性，学术论文中引文现象是极为普遍的，但凡有引文文献的地方就会有引文分析方法的运用；其二，简便的易用性，引文分析对使用者的专业知识水平要求并不高，所研究的深度和广度也可以自由操控，因此常被广泛应用于完成一些有价值的研究课题，解决工作中的难题（蒋菲，2015）；其三，功能的特异性，引文分析通过一些技术含量不高、技术手段较简单的统计和分析就能确定一个学科的热点和前沿，总结学科的结构和发展历程，其应用的功能是令人不可忽视的（蒋菲，2015）。

但引文分析方法也有自身的局限性。其一，引文的篇数多寡不能视为品质的唯一标记，因此很少被引用并不代表这篇论文的质量就不高。所谓“科学睡美人”（sleeping beauty inscience）就是这个现象，即指那些长期不被人引用、长期呈休眠状态的论文突然成为高被引论文。新发表的论文引用频率往往不高，但并不意味着论文品质不高（蒋菲，2015）。同时，发表时间、语种、冷门学科等局限性都可能造成论文引用的真实性偏差。另外，权威性文献、经典名著的“马太效应”也会影响引文分析结果。所以 Egghe&Rousseau 提出引文分析法结果解读的四项假设：引文关系之文献在内容上具有某种程度的关联；被引资料一定为作者所用；引用文献表示对被引文献的肯定；只有最好的作品才会被引用，是建立在行为认知上（蒋菲，2015）。

其二，引文分析结果可能会表现在引文关系上的假联系。不同作者可能会出于完全不同的原因引用同一篇文章，一篇可能引用的是方法，另一篇可能引用的是结论；一篇可能引用的是文章的前半部分，另一篇可能引用的是文章的后半部分。这些作者对引文的引用内容存在很大的差距，这些文章在内容上的联系可能是虚假的，但在引文分析中是无法区分的。这给引文结果的正确性解读造成一定程度的威胁（蒋菲，2015）。

5. 共被引分析方法

共被引分析方法是美国学者 Small 与俄国学者 Marshako 在 1973 年分别在研究文献的引证结构与文献分类时提出的一种测量文献之间关系的分析方法，开启了共被引分析研究与实践在科学计量学领域的广泛应用时代。共被引分析是指两篇或两篇以上的文献同时被别的文献引用，两篇文献构成共被引关系的条件是这两篇文献同时出现在第三篇文献的参考文献中。共被引分析能够揭示科学研究间深层次的关联性，分析学科结构；反映科学的发展历程，并成为其历史发展规律的有效依据；反映学科间的交叉、渗透的程度和依赖关系（蒋菲，2015），从而得出学科间关系的结论；反映交叉学科研究热点，探索交叉学科研究前沿，发掘新的研究方向，促进交叉学科的发展。与传统的统计研究方法相比，共被引分析方法的客观性、科学性和高效性是最为突出的优势（蒋菲，2015）。

共被引分析又可以分为文献共被引分析（documentco-citation analysis，DSA）、期刊共被引分析（journalco-citation analysis，JCA）、作者共被引分析（authorco-citation analysis，ACA）、学科共被引分析（subjectco-citation analysis，SCA）等。在文献共被引分析中，通过文献共被引分析法可找出后来出版的文献及其联结，用来探测学科领域的结构，当文献共被引的次数分布改变，或达到一定门槛值时，可动态地反映学科领域主题与学术流派的关系，在科学知识图谱上，文献共被引次数高的族群会比较靠近，反之则会较分散。通过文献的共被引相关集群的分析、集群网络及其变化，显示共被引的参考文献间的结构关系，进而反映学科领域的研究领域、发展趋势与核心文献。

作者共被引分析用于了解同领域研究者著作情况、作者群的变化、推测学科领域的发展趋势。基于文献共被引概念，将共被引分析法单位从文献单元转移至作者的全部作品，其目的是用于学科领域分析，以观察领域知识结构的演进和用来产生学科领域流派的重要作者实证图谱，对于文献检索提供动态的辅助，借以探讨作者在学术领域上的活动情形。

期刊共被引分析是以期刊为单位而建立的共被引关系，人们可根据期刊的共被引关系及其强度，判断期刊的学科领域性质，了解学科领域结构，分析研究主题的改变，以及确定核心期刊的依据。在本研究中，主要应用文献共被引分析和作者共被引分析。

6. 社会网络分析方法

社会网络分析（Social Network Analysis，SNA）是一种社会研究方法，也称为“结构分析”，是由社会学和社会心理学的研究者在19世纪六七十年代创立的。是指人、集团、组织或者其他组织信息与知识处理实体的关系和流动的映射和测量。网络中的节点表示的是人或者集团，而链接反映的是节点之间的关系或者流动，既可以是无向的，也可以是有向的（蒋菲，2015）。也就是说，通过社会网络分析，每一个共同体都能构建一个社会网络，以节点表示个人，链接表示存在联系，以此建立个人关系模型，描述群体关系的结构特征，研究这种结构对群体或者个体的影响（陆丹，2016）。

用网络图的方式表现个人之间、群体之间的关系是比较清晰直观的。社会网络分析可以分为两种：关系取向和位置取向。关系取向关注行动者之间的社会性黏着关系，通过社会联结本身如密度、强度、对称性、规模等来说明特定的行为和过程。位置取向则关注存在于行动者之间的，且在结构上处于相等地位的社会关系的模式化，它讨论的是两个或两个以上的行动者及其之间的关系所折射出来的社会结构，强调用结构等效来理解人类行为。

社会网络分析可以用某些网络模型来示意一些复杂多样的关系形态，然后根据网络模型和它们的变化来解释个人行为及社会结构的意义。以科学合作网络分析为例，想要得知某两位科学研究者之间存在或不存在合作关系，就要看他们是否共同发表过论文。社会网络分析理论的运用有以下几个前提条件：第一，行动者和行动是紧密联系的整体，其关系是彼此关联、彼此依存的；第二，信息和资源流转的途径是行动者之间的关联；第三，网络结构关系对行动者而言具有提供关联途径和限制行动范围的双重作用；第四，网络模型在把各种结构整合为概念的同时还转化为体现行动者之间特殊关系的行动模型（蒋菲，2015）。

社会网络分析提出了若干个概念和定量分析的指标，主要包括：（1）度数：社会网络中只需要一条直线就能联结的两个点被看作是相邻的，一个点有多少个相邻点，其数量即为度数，也可以被称作是关联度。在无向网络中，一个点的度数等于与该点相连的线的条数。而在有线网络中，一个点的度数被分为点入数和点出数，点入数是以某个点为终点的有向边的条数，点出数是以该点为起点的有向边的条数；（2）密度：密度反映网络中点之间关系的亲密程度，社会网络中点之间的连线越多，意味着密度就越大；（3）捷径：两点之间的最短途径；（4）距离：两点间捷径的长度；（5）中心性：可分为个体的中心度和网络的中心势。个体的中心度反映的是个体处于网络中心的重要程度，网络中心势反映的是整个网络中各点的差异性程度；（6）紧密型、中介性、桥、簇、团、凝聚子群分析、核心—边缘结构分析等（蒋菲，2015）。采用可视化科学知识图谱，这些概念和指标可以反映出有重要地位的期刊、论文、作者、机构等。例如：通过中介性、中心性等指标就可以找出具有核心地位的关键词、期刊、作者、机构，从而反映某一学科领域的学科结构、作者的合作关系及其团队、信息的传播和交流效率、资源的共享程度（蒋菲，2015）。

由上述说明可以看出，科学知识图谱融合了引文分析、社会网络分析、词频分析等多种文献计量法，该方法可以通过文献所承载的各种指标数据及其结构变化，来对某个学科领域或者研究主题的发展趋势进行深度展示。如果依据时间规律对这些关系网络方面的变化进行分析，就可以找到预测学科发展辩护动态趋向的依据。借助文献这种学术媒介，可以追溯研究主题、研究热点、研究前沿、知识演进、合作网络等。

因为本研究与过去相关研究最大之不同，除了选择国内和国外关于教师专业发展研究的时间范围定在二十年跨度之外，还借用科学知识图谱这个科学精确的文献计量学工具，以直观形象的图像和表格对国内外教师专业发展研究的研究状况做一个宏观但却精准的揭示和分析。

## 第二节 国内外教师专业发展研究概述

本小节对教师专业发展的概念内涵、理论基础、范式取向、国内外教师专业发展的总体走向做一个概述。

### 一、教师专业发展的概念内涵

对于教师专业发展的概念内涵，研究者们出于各自不同的角度，进行了多种解释。教育资源信息中心（ERIC）资料库词典这样解释“专业发展”：专业发展是指提高专业化事业成长的活动，这样的活动包括个人发展、继续教育、在职教育和同伴协作。霍伊尔（HoyleE）认为，教师专业发展是指在教学职业生涯的每一阶段，教师掌握良好专业实践所必备的知识和技能的过程。富兰和哈格里夫斯（Fullan，Hargreaves）认为教师专业发展是指教师通过在职教师教育或教师培训而获得特定方面的发展。格拉特霍恩（Glatthorm）认为教师专业发展即教师由于经验增长和对教学系统审视而获得的专业成长。佩里（Perry）认为，教师专业发展意味着教师个人在专业生活中的成长，包括信心的增强、技能的提高、对所任教学科的不断更新深化，以及对自己课堂教学行为原因意识的增强。台湾学者罗清水认为，教师专业发展是教师为了提升专业水平和专业表现，经过自我选择而进行的学习和活动的过程，目的是促进自身专业成长、增进教学效果、提高教学效能。从群体的角度看，教师专业发展就是教师群体职业专业化的过程，是这个群体符合专业标准的程度。批判理论者提出，教师专业发展是教师独自和与他人一起不断学习和发展更好的专业知识、专业技能、专业思想、情感智能，而且这种学习和发展具有批判和反思性。

从上述各派学者的论述可以看出，尽管他们各执一词，但是教师专业发展的概念内涵基本上是从两个角度来解释：一是从教师个人的角度来解释教师的专业成长过程；二是从教师教育的角度来解释教师专业发展的过程。每个角度又是多层面的发展过程，两种角度的理解及其对应的多个层面，交织在一起形成了对“教师专业发展”的丰富的阐释。

综合各派学者的见解，教师专业发展可以理解为：教师的专业成长或教师内在专业结构、专业知识、专业水平、专业素养、专业心理的不断更新完善的动态发展过程。在这个过程中，教师通过不断的专业学习、反思、探究来提升专业能力，从而达到专业成熟的境界。教师专业发展贯穿职前培养、新任教师培养、在职培训整个职业生涯，是一个动态的过程；教师专业发展不仅包括教师个体的专业知识、技能和情感等微观维度，还包括对学校、社会等宏观情境的理解和洞察；教师专业发展不仅仅需要教师个体的努力，还需要学校、机构、社会等也担负起教师专业发展的责任，而教师专业发展的情境也不仅局限在课堂，局限在教师个人，也需要教师群体、教师教育机构、社会机构的参与，因此也具有情境性。

## 二、教师专业发展理论基础概述

从宏观整体上看，教师专业发展理论分为现代主义和后现代主义，后者是前者的进步和替代。两者在认识论、教师培养模式、教师发展方式、教师自主性等方面都有不同。

现代主义认为教师知识具有权威、客观、确定、标准的性质，现代主义持技术理性的认识论观点。而后现代主义认为教师知识具有个体、情境、复杂、不确定的性质，重视教师的实践性知识，后现代主义持实践理性认识论。由此，现代主义和后现代主义产生了不同的教师培养模式的观点。现代主义把教师看作知识的被动接受者，强调对教师的知识灌输，认为教师应接受理性知识、标准化知识、权威知识；而后现代主义认为教师更多是知识的生产者，教师可以在教学实践中通过反思和探究生成有价值的教师实践性知识，增长教师智慧。

现代主义认为教师发展是来自国家和学校的外来要求，教师是被动的，教师培训也是外促式的。后现代主义则持相反观点，认为教师发展是主动的，是教师激发自身潜力、唤醒自身创造力的过程，教师是专业发展的主体，教师培训是内生式的。与此对应，两种理论也对教师专业发展模式持完全不同的观点。现代主义倡导专家的讲座式培训，培训是出于学校需要，而不是出于教师需要。教师在培训中是被动的改造式的地位。后现代主义认为教师培训内容应该是互助式和探究式的教学研讨，例如参与课程设计与实践，个人或合作式的行动研究，在此过程中，教师是主动自控的，自我生成的。后现代主义体现出教师自主专业发展，人文关怀、叙事探究、自主意识、自主能力、教师个人实践性知识等是后现代主义的鲜明标签。

教师专业发展理论基础从现代主义到后现代主义是一种更迭演进，这种演进和社会学领域的人本主义、建构主义遥相呼应，息息相通。从一定意义上来说，这种演进是人类文明的必然进步，更体现了人在社会活动中的突出地位和主动作用。

## 三、教师专业发展的范式取向

范式这一概念是美国学者科恩（Kuhn，1962）提出的。是某一研究群体所共同遵守的规则和共同信念，并由此衍生一系列准则、假设、理论和方法。

随着教师专业发展的理论基础从现代主义向后现代主义的更迭演进，教师专业发展的范式也相应地进行演进，20世纪90年代中期，从具有现代主义特点的“技术熟练者”研究范式逐渐开始过渡到具有后现代主义特点的“研究型实践者”范式和“反思型实践者”范式。“技术熟练者”研究范式把教学看作是熟能生巧的技术操作，而教师被看作是技术娴熟的操作工人。“研究型实践者”范式提倡教师成为研究者，即强调“思先于行”，开始注重教师的思考和教学主动性的发挥。“反思型实践者”范式比“研究型实践者”范式又前进了一步，提倡实践者以反思为基础，采取反省式的探究方式，对教学实践进行不断的审视和修正。一般认为，教师的反思过程包括以下四个循环往复的环节：“积累经验→观察分析→反思发现→积极验证”。

## 四、国内外教师专业发展的总体走向

教师专业发展起源于西方国家。1765年，德国建立第一所公立师范学校；1795年，法国在巴黎建立师范学校；1839年，美国第一所公立师范学校在马萨诸塞州建立。第二次世界大战之前，西方发达国家已建立了基本系统的教师教育体系。

二战之后，世界各国普遍重视教育，希望通过教育来促进社会发展，从而需要大批量的高素质的教师。对教师数量和素质的双重高要求都对教师教育提出了新的挑战。在此背景下，教师的高学历化、专业化、学习终身化成为教师教育新的命题，教师的职前教育和在职培训都得到了空前发展。世界范围内20世纪60

年代进入教师教育大发展时期，并在80年代进入相对繁荣期，并一直持续至今。教师教育的重点也从“教师培训”逐渐演化为“教师专业发展”，教师也从被动的被培训者成为主动的终身学习者。

与世界教师教育改革趋势相一致，我国的教师教育也经历了重大的变革。新中国成立前，我国的现代师范教育就已起步。尤其是改革开放以来，教师教育体系逐步完善，取得了十分显著的成绩。20世纪80年代，我国基本建立起了制度化、规范化的教师职后培训体系。各县都基本建有教师在职进修学校，基本形成师范院校负责教师职前教育、进修学校负责教师职后培训的教师教育体系。

教师教育的顺利发展使人们越来越注意到教师职业的特性和教师专业发展的规律和内容。对教师专业发展的研究起源于西方国家，从早期的教师能力研究、教师知识研究、教师生涯发展理论研究、教师反思研究，到近期的教师信念研究、教师情感研究、教师教学专长理论研究、教师合作研究，尤其最近十年，教师专业发展研究领域又出现了新颖的研究命题，如教师倦怠理论研究、教师赋权增能理论研究、教师性别研究等。从以上各阶段研究命题可以看出，教师专业发展研究总体上呈现从早期的认知、技能等理性模式过渡到近期的情感、信念、赋权增能等感性模式。这也体现了教师作为发展主体的地位从被动到主动的转变，对教师的研究总体经历了从理性到感性、从外围到内心、从宽泛到具体的发展脉络。

我国教师专业发展研究起步在时间上晚于西方国家。大约起始于20世纪90年代中期，并逐渐由弱到强，快速发展，研究文献的数量和质量呈直线上升态势。我国教师专业发展研究基本借鉴和沿袭西方国家研究成果，在相当长的一段时间内，我国教师专业发展理论研究基本停留在对国外理论的引介和阐释上，实践研究尝试根据理论进行本土化实践探索与总结。近年来，我国学者开始尝试关注我国特有文化历史背景来把握我国教师专业发展问题的独特性，并取得了一定的成绩。

## 第三节　科学知识图谱在教师专业发展领域应用情况概述

科学知识图谱具有强大的信息加工能力、便捷低廉的获取方式、非常优越的可视化呈现方式，因此从它诞生的那一刻起，就受到了人们的强烈关注和普遍应用。由于科学知识图谱的发明人陈超美教授受聘为大连理工大学教授，因此国内比较早应用和推介科学知识图谱的是大连理工大学，为科学知识图谱的普及和推广作出了很大的贡献。

文献搜索结果表明：科学知识图谱几乎在每个学科都有应用：图书情报、医学、统计学、工程学、化学、地理学、经济学、新闻学、政治学、教育学等。人们应用科学知识图谱对过去一段时间的文献进行分析和总结，可以精准地了解某一学科某一领域的发展轨迹和研究前沿，为以后的研究起到一个承前启后和继往开来的作用。

教师专业发展属于教育学领域的一个分支，目前也有教育学界学者针对教师专业发展领域的某一时段或某一话题，应用科学知识图谱进行分析。如周文杰、魏政莉（2012）借助知识图谱对2001—2010年间国外教师培训研究的现状进行了考察，揭示了本领域的三个热点区域和八个子热点区域，并对研究概貌进行了评述。卢强（2013）对2001—2011年间国内教师专业发展研究的热点和研究进行了呈现和分析，勾勒出这一领域的研究现状、研究热点、研究前沿，并指出未来发展趋势。王圣云、吴丽红（2014）应用CiteSpace对1995—2014年间的国外教师权力研究的热点和脉络演进做了全面的分析，并以5年为一时间段，对每个时间段的热点和演进特征得出结论。吴文涛、徐赟（2015）对2003——2013年十年间的国内幼儿教师专业发展的热点和趋势做了可视化分析，并对未来发展趋势做出合理预测。古海波、顾佩娅（2015）运用CiteSpace对1995—2014年间国际教师情感研究进展进行可视化呈现和分析，对研究热点和前沿演进脉络做了准确的分析。

从上文可以看出，我国教师专业发展研究界在近几年应用科学知识图谱做出了可贵的有益的尝试，但已有文献或对教师专业发展某一话题研究进展做出分析，或仅针对国外研究或国内研究，尚未发现文献跨度长达二十年、针对国内国外的教师专业发展研究全景式分析，因此，本研究尝试以二十年时间跨度，对国内和国外教师专业发展研究进行全景式分析，并基于此，对国内外研究进行同时段比较，以期得到两个领域的异同点，并为我国未来教师专业发展研究提出可行性建议。

# 第三章　研究设计

本章将对本书的整体研究设计和研究步骤的实施进行详细的叙述，包括对研究架构、研究方法和研究对象的介绍，对研究工具、研究程序以及资料处理的详细解释，以及对本研究局限性的说明。下面分六小节逐一进行介绍。

## 第一节 研究架构

本研究将采用文献计量学的方法，借助现代信息技术，用知识可视化的方法分析研究国内外教师专业发展研究领域的相关文献，利用 CiteSpace 软件的强大功能，绘制相应的一系列知识图谱，诸如共现图谱、合作图谱、共引图谱等，以此来揭示二十年来（1996—2016 年）教师专业发展研究的研究现状和发展情况，分析结果还可进一步用于研究热点和前沿的分析、研究领域演进的分析、研究成果的科学评价等。

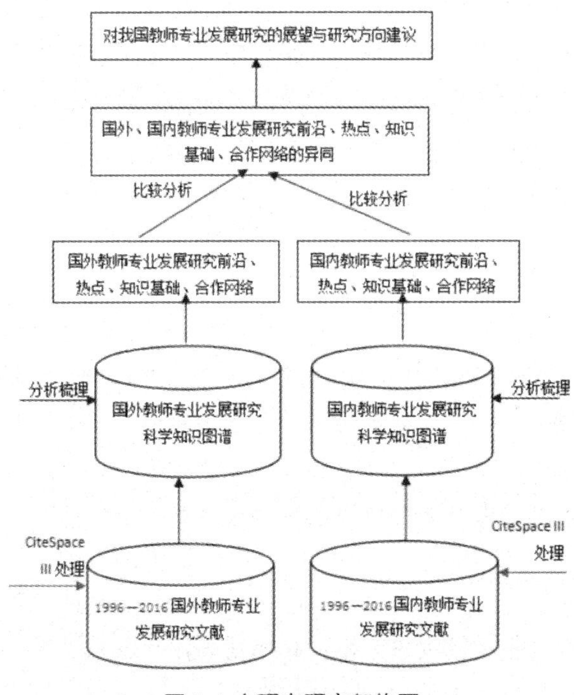


图 3-1 本研究研究架构图

## 第二节 研究方法

本节综合运用科学计量学和文献计量学的科学知识图谱，运用 CiteSpace 软件对所选数据库文献进行分析，具体使用了引文分析、共被引分析、词频分析、共词分析、社会网络分析等多种知识图谱分析方法。

### 一、引文分析

本研究采用引文分析法归纳总结国内外教师专业发展研究的文献类型，区分文献引文的资料类型、主题、年代等重要信息，比较不同时间区间所使用的文献的核心特征，了解国内外教师专业发展研究领域的发展趋势，挖掘新的研究方式与角度。引文分析法有助于研究者了解认识该研究领域研究主题的变化和演进。

### 二、共被引分析

在共被引关系网络中，作者的相关信息，诸如作者数量和结构方式变化等，都可作为推断特定研究领域的动态变化的依据。例如 CiteSpace 的作者共被引分析，通过作者之间的共被引关系建立学术网络，对该学术网络的分析反映了研究者之间的联结关系和他们的群体特点。通过作者共被引分析，宏观层面可以反映科学体系的学科构成和结构特征；微观层面又能够解释学科间的相互交叉和依赖关系（刘旭等，2010）。本研究的共被引分析包括作者共被引分析、文献共被引分析和期刊共被引分析。

### 三、词频分析和共词分析

词频分析属于文本挖掘的重要手段。换句话说，词频分析法是确定某一特定领域研究的热点和发展趋势的文献计量学方法（张勤，2011）。而共词分析法可以用来判断该文献所代表的该研究领域的主题间的关系。总体来说，词汇在文献中出现的次数越多，就说明文献间主题的关联性越强。对关键词的词频分析和共词分析，可以确定教师专业发展研究的热点和未来的发展趋势。

### 四、社会网络分析

社会网络分析是指对社会关系结构和属性进行分析的研究方法，它的研究对象是不同的个体所构成的关系，而不是研究者本身。本研究将利用 CiteSpace 软件，尝试挖掘国内外教师专业发展研究的不同聚类间的联结关系。

## 第三节 研究对象

本书的研究对象、研究范围、样本来源以及资料搜索方式等将在下文进行说明。

### 一、数据库

本书对1996年至2016年间的教师专业发展相关文献进行研究，选取的文献资料主要来源于知网，即中国学术期刊网络出版总库CNKI所收录的中文核心期刊，这是因为CNKI数据库具有较高的学术性、权威性和代表性。CNKI也是目前世界上最大的持续进行动态更新的中文学术期刊全文数据库，收录全面，文献内容和标注清晰明确，方便利用文献进行计量统计所需的资料处理，该数据库还具有较高的准确性和可靠性。由于，CNKI资料库缺乏进行共被引分析等所需的CR（参考文献）字段，所以进行这类分析需要改用中文社会科学引文索引CSSCI来源期刊。事实上，本研究综合了这两个数据库作为国内教师专业发展研究的资料来源。

国外教师专业发展研究的资料来源为Web of Science引文数据库。Web of Science是美国ISI公司基于WEB开发的产品，包括三大引文库（SCI、SSCI和A&HCI）和两个化学数据库（CCR、IC），以ISI Web of Knowledge作为检索平台。Web of Science的数据每周更新，以便方便研究者了解最新的学术动态。跟CNKI，CSSCI一样，Web of Science也是国外学术期刊收录最全的数据库之一，同时具有很高的权威性、准确性和可靠性。

### 二、研究对象

研究对象是近二十年国内外重要期刊的教师专业发展研究重要文献。正式发表的学术论文或出版的专业著作是学术界普遍认可的学术成果。从出版形态的角度来说，经过专家同行审阅评价的出版物才是具有权威性和一定学术价值的文献，而核心期刊文献的出版要求更高、更严格，因而可以保证学术文献的专业性和可靠性。使用这些文献进行计量分析得出的分析结果也更令人信服，有足够的说服力。期刊是学术文献的主要载体，是同行进行学术交流的主要平台。期刊文献在学术界被引频次越高，该文献的学术价值就越高，学术贡献就越大。与本研究相关的学术文献可能不仅仅局限于教育学科，因此，在进行文献检索时并没有限定学科范围，而是通过主题或关键词的限定提高文献搜索的准确性。因为笔者认为这样的方式有助于更全面地了解国内外教师专业发展研究的整体特征，也更有助于深入探讨教师专业发展领域研究主题的变化和研究热点、研究前沿的发展方向。

### 三、搜索方式

为了尽可能全面地搜索教师专业发展研究的相关文献，考虑到不同时期对这一领域研究的不同称谓，本研究并不止使用“教师专业发展”作为关键词，还使用了“教师教育”“教师培训”等作为关键词进行检索。时间段选取了 1996 年到 2016 年的 20 年中教师专业发展领域的研究作为研究对象。选取这段时间是因为我国教师专业发展起步较晚，20 世纪 90 年代才刚刚起步，本研究选取的时间段从我国该领域研究的起点开始，到当时最新的研究时间结束，探索国内教师专业发展研究的动态发展。为了对比国内研究和国外研究，国外数据资料的选择也截取 1996—2016 年二十年之间的文献资料。

在检索文献时，为了保证搜索到的文献都是与该领域相关的学术文献，而不包含无用信息，研究者对搜索出的文献进行人工核对，删除掉投稿须知、卷首语、征稿启事、年度总目录、会议资讯等无效文章，最终筛选出有效文章 CNKI 数据库为 4680 篇，CSSCI 数据库为 2308 篇，Web of Science 数据库为 1400 篇，其中有效文章的发表时间均为 1996 年 1 月 1 日至 2016 年 12 月 31 日。每一条文献资料都包含该论文的题目、作者、作者职称、关键字、所属基金、期刊名称、论文发表时间、期卷信息、摘要、参考文献等题录信息，并以 TXT 文本格式保存。

## 第四节 研究工具

本研究主要采用了 CiteSpace 软件作为研究工具。CiteSpace 软件是由大连理工大学陈超美教授于 2004 年 9 月设计开发的。它是一款基于 Java 语言编写的专门用于引文分析的咨询视觉化软件。或者说，CiteSpace 是专门用来识别科学文献并呈现某特定研究领域的新趋势、新发展的软件。本研究所使用的 CiteSpace

是最新的版本。通过对文献资料的相关分析处理，探究教师专业发展领域的研究热点和研究前沿，探索研究前沿的变化趋势，挖掘研究前沿与其知识基础之间的内在联系，发现不同研究热点之间的关系，辨别这二十年来该领域研究的关键作者、关键文献和关键期刊，概括该领域研究的演化路径等。CiteSpace 软件的使用使研究者能够更直观、更准确地了解该领域的发展概况。

CiteSpace 提供了多种功能可供选择，包括针对施引文献的合作图谱与共现图谱分析，具体包括作者合作、国家合作、机构合作、特征词、关键词、学科类别等子类的图谱分析。针对被引文献提供了共引图谱的绘制分析，具体包括作者共被引、文献共被引和期刊共被引分析功能。其中使用最频繁的文献共被引功能帮助研究者通过图谱中的节点、聚类、色彩等分析某特定研究主题的演变过程，有利于发现该领域研究的关键作者、关键文献和关键期刊等。共词图谱则有助于研究者分析研究热点以及热点的演进趋势。

## 第五节 研究程序与资料处理

本书的研究步骤或研究程序大致分为四个阶段，即文献探讨与理论建构阶段、文献检索与准备阶段、知识图谱的解读与分析阶段以及总结分析阶段。在文献探讨与理论建构阶段，研究者对相关文献进行了回顾与梳理，建构本研究的理论框架、研究路径等。文献检索与准备阶段，研究者按照 CiteSpace 软件对数据资源的要求，对数据进行规范严格的筛选与处理。在知识图谱的解读与分析阶段，研究者运用 CiteSpace 软件进行各类图谱的绘制并进行科学解读。总结分析阶段则是通过对所绘制的知识图谱进行分析，归纳总结本研究的研究结论。

本研究使用的 CiteSpace 软件的流程包括：软件安装、数据采集、数据处理、参数功能设置、可视化和图谱解读。

本书将大致应用 CiteSpace 的如下功能：

1. 确定教师专业发展研究文献的搜索主题词，尽可能全面地覆盖该领域的重要研究文献。

2. 收集数据：在 CNKI 进行关键词检索，部分研究，如共被引分析转为使用 CSSCI 数据库进行检索，对信息进行人工筛选，删除无用信息，并最后以 TXT 文本格式保存。

3. 启动软件：启动 CiteSpace 软件，开启新项目（New Project），导入数据选择 data 文件夹，输出数据导入 project 文件夹。

4. 参数设置：包括一系列参数的设定。比如时区的选择、阈值选择、功能设定等。本研究中时间分区均选择以每一年为一个时间切片，并在每一个时间切片中选择出现频率最高的前 50 个节点。其他具体的参数需要根据分析类型做出选择。

5. 显示：CiteSpace 每运行一次，就会输出一份图谱。如果图谱图形比较混乱，本研究会采用寻径（pathfinder）的剪枝方式对图形进行修剪。

6. 可视化：CiteSpace 软件提供的可视化方式有聚类视图、时间线视图和时区视图。本研究采用的主要是聚类视图和时区视图。

7. 图谱分析：CiteSpace 会提供一些自动生成的信息，通过对这些图谱的解读，就可以了解该研究领域的整体状况和发展趋势。聚类视图中的节点代表分析对象，节点越大，说明出现频次越高。节点内圈颜色和薄厚程度代表不同时间段的出现频次，节点间的连线表示共引或共现关系，连线越粗，表示节点间的联系越紧密。颜色从冷色过渡到暖色，表示时间从早期到近期的变化。时区视图则呈现了该领域文献的增长状况。某一时间段切片的文献越多，表明该时段研究成果越多，该领域研究处于繁荣期，反之，则说明研究处于低谷期。

依据上述研究思路和研究框架，本研究期望运用 CiteSpace 科学可视化软件，通过科学计量学的方法对国内外教师专业发展研究有所突破，提供新的研究成果。

## 第六节 研究局限性

本研究在研究方法和研究设计上具有一些创新之处，但也因为科学计量学和知识图谱本身的局限性影响到本研究，使得本研究存在以下不可避免的不足和遗憾。

1. 文献选取的限制

用于本研究的文献资料仅限于在期刊上公开发表的学术论文，而不包括学术专著、博士论文、硕士论文、研究报告等其他类型的文献资源。但事实上，其他类型的资源对教师专业发展研究领域的贡献也很大，其中也不乏优秀和经典作品。因为文献资料来源单一，可能会导致研究结果出现一定偏差。

2. 文献与关键词在“质”上的不对等

CiteSpace软件的共词分析功能，只要两个词在文献中出现，无论文献本身的质量如何，在知识图谱的分析中都被认为是一样的。显然，这样分析其实忽略了文献同量不同质的问题，难免遗漏一些重要信息。而且，学术文献中关键词的标识具有作者的主观性，并没有严格的学术标准来规范，有时难以概括学术论文的真正关键信息。

3. 数据库本身的不足

对国内文献数据库进行可视化分析，由于CNKI本身引文数据缺少参考文献字段，所以CiteSpace无法实现对CNKI文献的一部分分析功能，这时只能改用CSSCI数据库，但CSSCI数据库筛选出的文献数据总量又比CNKI数据库少很多，因此可能一定程度上影响到最后的研究结论。

这些不足和遗憾大多是由CiteSpace软件本身的特性决定的，几乎无法避免，但本研究仍然通过对文献的深入阅读和对研究课题的深入思考，尽力修整弥补了研究结论可能出现的偏差。在对CiteSpace所绘制的图谱进行分析时，充分考虑到实际情况，而不仅仅是叙述图谱上展示的信息。

# 第四章 国内教师专业发展研究热点的知识图谱分析

本章选取1996—2016年间CNKI数据库有关国内教师专业发展研究的论文作为分析对象，使用共词分析方法分别绘制国内教师专业发展研究的关键词知识网络。

## 第一节 国内教师专业发展研究热点的阶段性分析

为了探讨1996—2016年间教师专业发展领域的发展轨迹，本节，分四个阶段分别考察其关键词共现网络，并借助教师专业发展领域的文献内容和学科知识对图谱进行解读，以求准确地概括国内教师专业发展研究领域的热点问题和演化过程。

利用CiteSpace软件在操作界面的参数选择上选择关键词（keyword）作为网络节点类型（Node Type），每一年为一个区分，并且选择每一个时间段出现频次最高的30个数据，即Text Nperslice为30，对CNKI收录的相关文献进行关键词共现分析，得到分阶段的国内教师专业发展研究的关键词共现网络图谱。图谱各个圆圈的大小表示关键词出现频次的多少，圆圈越大说明相应关键词出现次数越多。此外，圆圈处于图谱中的位置可以清晰地表现出关键词共词程度的高低即关键词的中心性，关键词在共现网络中的中心性越强，该关键词与其他关键词共同出现的概率越高，该关键词在共现网络中的影响力自然就越大。

### 一、1996—2000年研究热点的知识图谱分析

在图4-1关键词共现网络图谱中生成关键词节点18个，连线23条。Frequency代表关键词的共现频次（后文缩写为Freq），Centrality代表中介中心性（后文缩写为Cent）。中心性反映了一个节点（如关键词或引文）在整个网络中作为“媒介”的能力，也就是占据其他两个节点之间最短路径的能力。如果没有这个节点，其他两个节点就无法交流。某个节点具有的中心性越高，就会越多地占据这样的“中介性”位置，很多节点必须通过它才能与其他节点产生联系。因此，中心性在很大程度上能够代表研究的热点领域，在图谱中体现出了节点对

其他关键词的辐射和控制能力。

图 4-1 国内教师专业发展研究关键词共现网络图谱（1996—2000）

需要指出的是，根据文献检索结果，国内 1996 ～ 1997 年核心期刊上没有关于教师专业发展的论文发表，国内关于教师专业发展的第一篇论文见刊于 1998 年。因此图 4-1 的被分析文献的时间段为 1998 年至 2000 年。

表 4-1 高频次关键词及其中心性统计表是由 CiteSpace 软件后台生成的数据列表修改而成，显示了各个关键词的共现频次和中心性。

表 4-1 高频次关键词及其中心性值统计表

（1996—2000）（共 18 项）

| Freq. | Cent. | Keyword | Freq. | Cent. | Keyword |
|---|---|---|---|---|---|
| 18 | 0.99 | 教师教育 | 1 | 0.00 | 一体化 |
| 3 | 0.01 | 在职进修 | 1 | 0.00 | 受训教师 |
| 2 | 0.01 | 师范教育 | 1 | 0.00 | 发展策略 |
| 1 | 0.00 | 专业发展阶段 | 1 | 0.00 | 中小学教师 |
| 1 | 0.00 | 培养目标 | 1 | 0.00 | 对儿童态度 |
| 1 | 0.00 | 双专业制度 | 1 | 0.00 | 中等学校 |
| 1 | 0.00 | 教学专业化 | 1 | 0.00 | 师范专业 |
| 1 | 0.00 | 初等学校 | 1 | 0.00 | 实践性 |
| 1 | 0.00 | 培训的相关性 | 1 | 0.00 | 初任教师资格 |

从表 4-1 信息可以得知，国内 1998—2000 年属于教师专业发展的最初起步期，“教师教育”名词出现的频次高达 18，占据了 0.99 的中心性，处于图谱的极中心位置。说明这三年仅仅是国内教师专业发展的萌芽期，甚至“教师专业发展”这个名词都还没有得到普遍认可。研究者们还没有对本领域的核心问题和外延问题进行关注。

## 二、2001—2005 年研究热点的知识图谱分析

在图 4-2 中，关键词共现网络图谱生成关键词节点 55 个，连线 159 条。相比于 1996 ～ 2000 年间，无论是关键词节点数量还是连线数量都有了极大的增加，说明 2001 ～ 2005 年间，我国的教师专业发展文献数量激增，教师专业发展研究领域开始得到人们显著的关注。从图中可以看出，“教师教育”“教师专业发展”“教师专业化”“教师发展”等是频次和中心性较高的关键词。其中，“教师专业发展”这个名词首次明确出现在这一时期的文献中，并且占据了较高的频次和中心性。

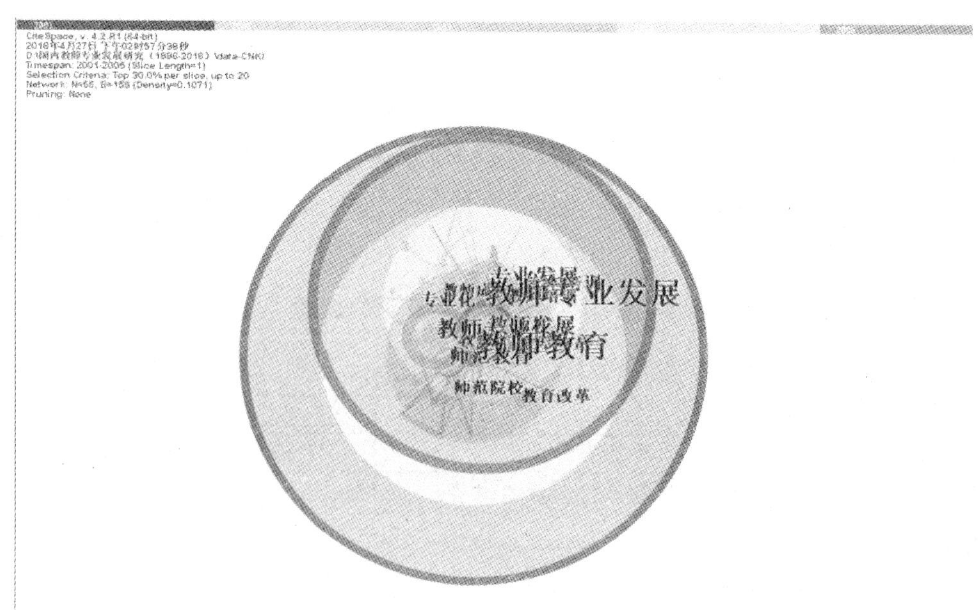


图 4-2 国内教师专业发展研究关键词共现网络图谱（2001—2005）

表4-2 高频次关键词及其中心性值统计表

（2001—2005）（前40项）

| Freq. | Cent. | Keyword | Freq. | Cent. | Keyword |
|---|---|---|---|---|---|
| 365 | 0.66 | 教师教育 | 10 | 0 | 综合性大学 |
| 265 | 0.83 | 教师专业发展 | 9 | 0.01 | 行动研究 |
| 59 | 0.08 | 教师专业化 | 9 | 0 | 校本教研 |
| 45 | 0.30 | 教师发展 | 9 | 0.01 | 职前培养 |
| 43 | 0.05 | 专业发展 | 9 | 0.03 | 在职培训 |
| 28 | 0.15 | 师范教育 | 8 | 0.03 | 教育理念 |
| 27 | 0.04 | 课程改革 | 7 | 0 | 专业发展学校 |
| 26 | 0.03 | 校本培训 | 7 | 0 | 教师专业化发展 |
| 22 | 0.03 | 专业化 | 7 | 0 | 中小学 |
| 16 | 0.03 | 教师培训 | 7 | 0 | 教学方式 |
| 15 | 0 | 师范院校 | 7 | 0 | 基础教育 |
| 15 | 0 | 教育改革 | 7 | 0 | 教师角色 |
| 15 | 0.01 | 教师评价 | 6 | 0 | 教师文化 |
| 14 | 0 | 教师成长 | 6 | 0.01 | 教师工作者 |
| 12 | 0.02 | 中小学教师 | 6 | 0 | 新课程改革 |
| 11 | 0.06 | 专业成长 | 5 | 0 | 就业后培训 |
| 10 | 0 | 一体化 | 5 | 0 | 师范大学 |
| 10 | 0.01 | 教育教学实践 | 4 | 0 | 主体性 |
| 10 | 0 | 反思性教学 | 4 | 0 | 知识管理 |
| 10 | 0 | 教师继续教育 | 4 | 0 | 以校为本 |

表4-2中高频次关键词除了“教师教育”“教师专业发展”“教师专业化”“教师发展”“专业发展”等，还出现了“师范教育”“课程改革”“校本培训”“教师培训”“教师评价”等有关教师专业发展的外延话题，说明这一时期的国内教师专业发展领域研究者们开始关注实践中教师专业发展的促进策略，并认识到教师是专业发展的主体，校本教研、专业发展学校、职后培训是促进教师专业发展的举措之一。应该引起注意的是：“反思性教学”和“行动研究”首次成为这一时期的高频关键词，“行动研究”的中心性达到了0.01，显示了较强的在网络中作为“媒介”的能力，说明更多其他文献通过这个名词建立了联系。这说明这两个来自国外研究的新名词开始进入我国研究者的视野，并且显示出了较好的作为研究话题的潜力。但也应该注意到的是，这一时期的国内教师专业发展文献更专注于中小学教师的教师发展，并认识到师范大学是作为未来教师的师范生的专业

发展第一站。

## 三、2006—2010 年研究热点的知识图谱分析

在图 4-3 中，关键词共现网络图谱生成关键词节点 50 个，连线 139 条。

表 4-3 中高频次关键词排在前几位的仍然是“教师专业发展”“教师教育”“教师发展”“专业发展”“教师专业化”等，但值得注意的是“教师专业发展”首次超过“教师教育”成为最高频次关键词，这说明“教师专业发展”这个名词正式成为国内学界的共识。

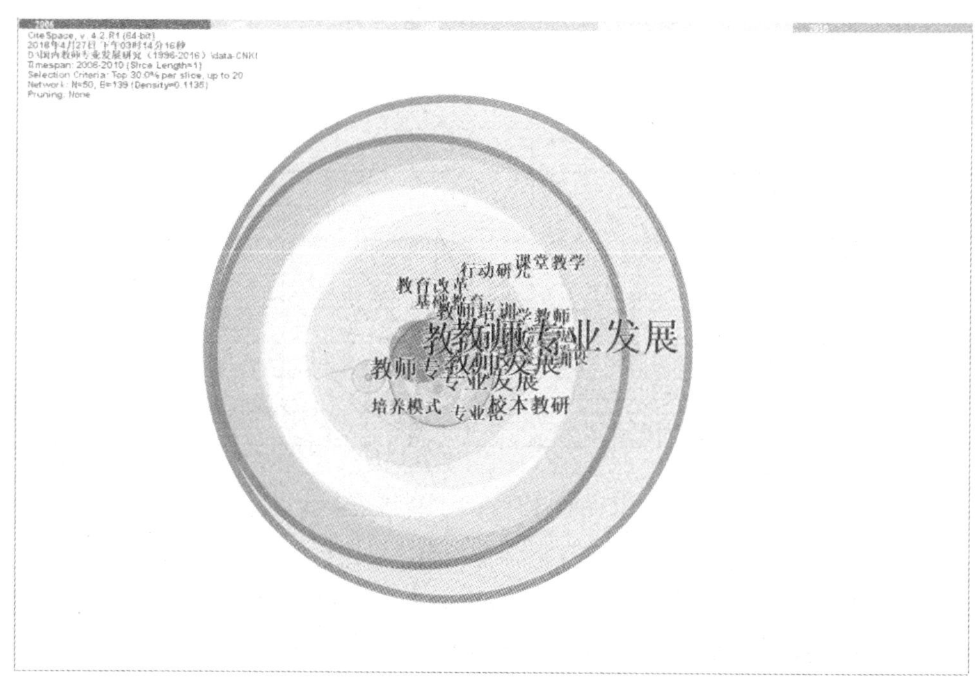


图 4-3 国内教师专业发展研究关键词共现网络图谱（2006—2010）

其次，“课程改革”“校本教研”“校本培训”“教育改革”“教师评价”“中小学教师”“行动研究”“师范教育”仍然处在高频次关键词的前列，说明国内教师专业发展研究者们仍然把“课程改革”“校本教研”“校本培训”“教育改革”“行动研究”作为教师专业发展的策略和途径进行了更深入地讨论。有关中小学教师的专业发展问题仍持续得到研究者的关注。应该引起注意的是，“教师

知识”“教师学习”“教师成长”首次出现，这说明，这一时期的国内教师专业发展研究的研究范围进一步外延，研究深度进一步加大，研究者们开始关注教师知识和教师学习在专业发展中的作用，有关讨论开始兴起。

表 4-3 高频次关键词及其中心性值统计表

（2006—2010）（共 50 项）

| Freq. | Cent. | Keyword | Freq. | Cent. | Keyword |
|---|---|---|---|---|---|
| 843 | 0.78 | 教师专业发展 | 15 | 0 | 农村教师 |
| 723 | 0.77 | 教师教育 | 15 | 0 | 师范生 |
| 190 | 0.18 | 教师发展 | 15 | 0 | 高师院校 |
| 88 | 0.07 | 专业发展 | 14 | 0 | 中小学 |
| 69 | 0.08 | 教师专业化 | 14 | 0 | 教学方式 |
| 41 | 0.08 | 课程改革 | 14 | 0 | 信息技术 |
| 36 | 0.07 | 教师培训 | 13 | 0 | 课程体系 |
| 35 | 0.02 | 校本教研 | 13 | 0 | 澳大利亚 |
| 32 | 0.01 | 校本培训 | 12 | 0 | 学习共同体 |
| 25 | 0.01 | 教育改革 | 12 | 0 | 新课程 |
| 25 | 0.01 | 中小学教师 | 12 | 0.01 | 新课程改革 |
| 22 | 0 | 教学反思 | 11 | 0.01 | 高等师范院校 |
| 22 | 0.02 | 基础教育 | 11 | 0 | 学校管理 |
| 22 | 0.01 | 教师评价 | 11 | 0 | 叙事研究 |
| 20 | 0.02 | 培养模式 | 10 | 0 | 教师专业 |
| 20 | 0 | 专业化 | 10 | 0 | 教师职业发展 |
| 19 | 0 | 教师成长 | 9 | 0 | 教育工作者 |
| 19 | 0.83 | 行动研究 | 9 | 0 | 小学教师 |
| 19 | 0 | 课堂教学 | 8 | 0.01 | 师资培训 |
| 17 | 0 | 课程教学 | 8 | 0 | 发展性教师评价 |
| 17 | 0 | 教师学习 | 8 | 0 | 人才培养模式 |
| 16 | 0.01 | 实践性知识 | 7 | 0 | Blog |
| 15 | 0 | 师范院校 | 7 | 0 | 高校教师 |
| 15 | 0 | 教师知识 | 6 | 0 | 专家引领 |
| 15 | 0.01 | 反思性教学 | 6 | 0 | 实践智慧 |

几个高频次关键词值得注意：“信息技术”“学习共同体”“叙事研究”。这说明随着信息技术的普及，应用信息技术和网络为教师专业发展提供新的思路和途径这个话题引起了研究者们的关注和兴趣。而“学习共同体”和“叙事研究”的首次出现，说明我国研究者们密切关注国外最新教师专业发展研究成果并积极引介到国内，同时也说明我国教师专业发展研究领域的研究中心逐渐下沉。

## 四、2011—2016 年研究热点的知识图谱分析

在图 4-4 中，关键词共现网络图谱生成关键词节点 60 个，连线 170 条。

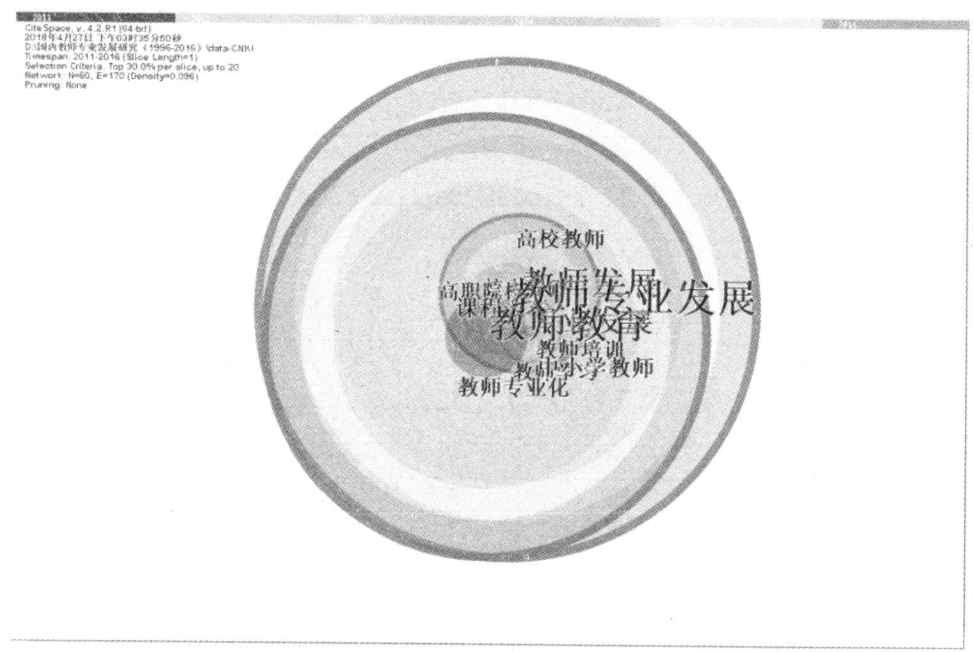


图 4-4 国内教师发展研究关键词共现网络图片（2011—2016）

表 4-4 高频次关键词除了延续前十五年的“教师专业发展”“教师教育”“专业发展”“教师发展”等之外，“课程改革”“中小学教师”“教师培训”“教师学习”“行动研究”“学习共同体”等仍然占据高频次关键词的前列，说明这几个话题持续成为研究者关注的热点。值得注意的是，“高校教师”“高职院校”“外语教师”首次作为高频次关键词出现，显示着高校教师、高职教师尤其是外语教师的专业发展问题开始得到研究者的关注，并得到充分的讨论。“实践取向”“实践智慧”“TPACK（Technological Pedagogical Content Knowledge）整合技术的学科教学知识”等几个关键词也出现在人们的视野，表明教师专业发展研究更加趋向人本主义，教师的个人实践性知识的价值开始得到重视并展开了相应的讨论。另外，“Mooc”和“大数据”的频次虽然不是很高，但也是作为崭新的两个关键词首次出现，这固然和信息技术的发展相关，但同时也说明了研究者开始关注把最新的信息技术运用到教师专业发展策略中，以期建立大数据时代的更高效的

教师专业发展新模式。

表 4-4 高频次关键词及其中心性值统计表

（2011—2016）（共 60 项）

| Freq. | Cent. | Keyword | Freq. | Cent. | Keyword |
|---|---|---|---|---|---|
| 1041 | 0.75 | 教师专业发展 | 16 | 0.01 | 教育信息化 |
| 920 | 0.7 | 教师教育 | 16 | 0 | 师范生 |
| 337 | 0.37 | 教师发展 | 15 | 0 | 教育改革 |
| 137 | 0.12 | 专业发展 | 15 | 0 | 实践取向 |
| 48 | 0.04 | 课程改革 | 15 | 0 | 卓越教师 |
| 46 | 0.03 | 中小学教师 | 14 | 0 | TPACK |
| 39 | 0.07 | 教师专业化 | 14 | 0 | 实践智慧 |
| 38 | 0.02 | 高校教师 | 14 | 0 | 职业教育 |
| 37 | 0.01 | 教师培训 | 14 | 0 | 职业教育 |
| 28 | 0.01 | 高职院校 | 14 | 0 | 共同体 |
| 28 | 0.01 | 教师学习 | 14 | 0 | 教学能力 |
| 24 | 0 | 校本教研 | 13 | 0 | 教师文化 |
| 23 | 0.02 | 教学反思 | 13 | 0 | 外语教师 |
| 23 | 0.01 | 基础教育 | 13 | 0 | 校本培训 |
| 22 | 0.02 | 实践性知识 | 12 | 0 | 一体化 |
| 21 | 0 | 课堂教学 | 12 | 0 | 影响因素 |
| 21 | 0 | 专业化 | 11 | 0 | 学前教育 |
| 21 | 0.83 | 学习共同体 | 11 | 0 | Mooc |
| 20 | 0 | 行动研究 | 11 | 0 | 教学实践 |
| 20 | 0 | 学科教学知识 | 10 | 0 | 教师专业 |
| 20 | 0 | 农村教师 | 10 | 0 | 教师教育课程 |
| 19 | 0.01 | 小学教师 | 10 | 0 | 实践教学 |
| 18 | 0 | 教师专业标准 | 9 | 0 | 乡村教师 |
| 17 | 0 | 课程设置 | 8 | 0 | 大数据 |
| 17 | 0.01 | 澳大利亚 | 8 | 0 | 学校改进 |
| 16 | 0 | 教学学术 | 7 | 0 | 学校本位 |
| 16 | 0 | 职前教师 | 7 | 0 | 新加坡 |
| 16 | 0.01 | 培养模式 | 6 | 0 | 教研活动 |
| 16 | 0 | 教育实习 | 6 | 0 | 专业自觉 |
| 16 | 0 | 大学教师 | 5 | 0 | 教师非正式学习 |

## 第二节 国内教师专业发展研究热点的整体性分析

本节使用的方法与上一节的分阶段研究相同，将 1996—2016 年视为一个整体的时间段，为了和时间段的扩充相对应，在利用设定 CiteSpace 软件时选择每一时间段中出现频次最高的 20 个数据，即 Text Nperslice 为 20，对相关文献进行关键词共现分析，得到整体的我国教师专业发展研究关键词网络图谱。

### 一、关键词共现网络图谱

在图 4-5 关键词共现网络图谱中，共生成关键词节点 78 个，连线 249 条。

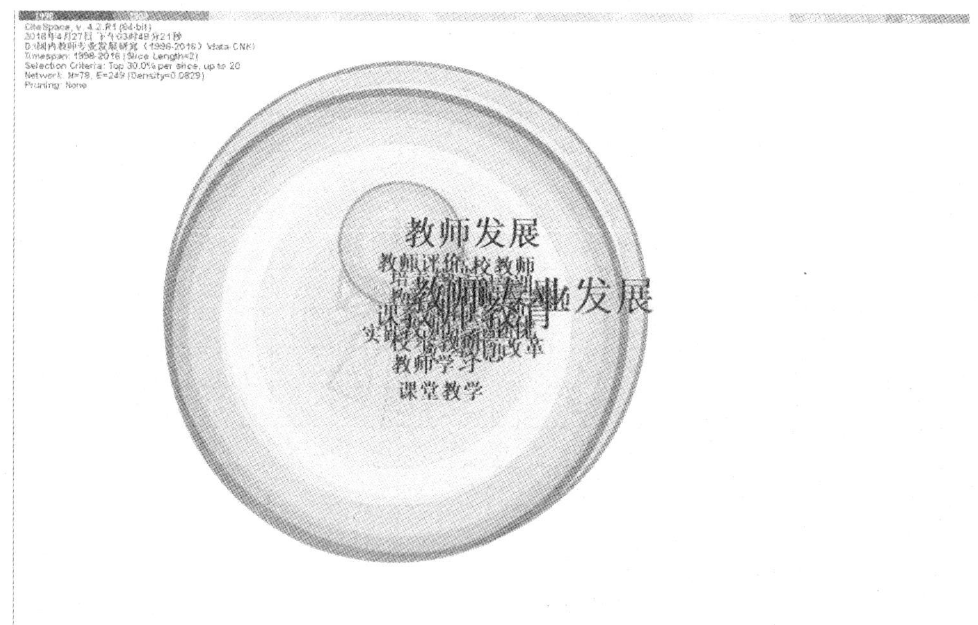


图 4-5 我国教师专业发展研究关键词共现知识图谱（1996—2016）

表 4-5 列出了 20 年间我国教师专业发展研究领域的关键词，并加入关键词首次出现年代 Year 的显示。

表 4-5 高频次关键词及其中心性值统计表

（1996—2016）（共 78 项）

| Freq. | Cent. | Keyword | Year | Freq. | Cent. | Keyword | Year |
|---|---|---|---|---|---|---|---|
| 2151 | 0.50 | 教师专业发展 | 2000 | 27 | 0 | 影响因素 | 2000 |

续表

| Freq. | Cent. | Keyword | Year | Freq. | Cent. | Keyword | Year |
|---|---|---|---|---|---|---|---|
| 2026 | 0.91 | 教师教育 | 1998 | 27 | 0.01 | 教育信息化 | 2016 |
| 573 | 0.28 | 教师发展 | 2001 | 25 | 0 | 教师继续教育 | 2004 |
| 268 | 0.08 | 专业发展 | 2002 | 25 | 0.01 | 职前培养 | 2002 |
| 167 | 0.02 | 教师专业化 | 2002 | 22 | 0.01 | 实践智慧 | 2014 |
| 117 | 0.04 | 课程改革 | 2002 | 21 | 0 | 高等师范院校 | 2006 |
| 89 | 0.09 | 教师培训 | 2001 | 20 | 0 | 教育教学实践 | 2002 |
| 84 | 0.09 | 中小学教师 | 1998 | 20 | 0 | 综合性大学 | 2004 |
| 71 | 0.02 | 校本培训 | 2004 | 19 | 0 | 职业教育 | 2016 |
| 68 | 0 | 校本教研 | 2004 | 19 | 0 | 大学教师 | 2014 |
| 63 | 0.01 | 专业化 | 2001 | 17 | 0 | 共同体 | 2016 |
| 61 | 0.08 | 师范教育 | 1998 | 16 | 0 | 专业发展学校 | 2002 |
| 55 | 0.01 | 教育改革 | 2002 | 16 | 0 | 教师专业化发展 | 2004 |
| 52 | 0.03 | 基础教育 | 2006 | 15 | 0 | 主体性 | 2001 |
| 50 | 0 | 课堂教学 | 2006 | 15 | 0 | 终身学习 | 2000 |
| 48 | 0.02 | 行动研究 | 2004 | 15 | 0 | 卓越教师 | 2016 |
| 47 | 0.02 | 教学反思 | 2008 | 15 | 0 | 在职培训 | 2002 |
| 47 | 0 | 教师学习 | 2008 | 14 | 0 | 培养目标 | 1998 |
| 47 | 0 | 教师评价 | 2002 | 12 | 0 | 实践性 | 1999 |
| 45 | 0.02 | 教师成长 | 2002 | 11 | 0 | Mooc | 2016 |
| 45 | 0 | 高校教师 | 2012 | 10 | 0 | 高职教育 | 2012 |
| 44 | 0 | 培养模式 | 2006 | 9 | 0 | 反思性实践 | 2001 |
| 43 | 0 | 师范院校 | 2003 | 9 | 0 | 乡村教师 | 2016 |
| 41 | 0.01 | 实践性知识 | 2010 | 8 | 0 | 师资培养 | 1998 |
| 38 | 0 | 中小学 | 2001 | 8 | 0 | 大数据 | 2016 |
| 35 | 0 | 一体化 | 2000 | 8 | 0 | 协同创新 | 2014 |
| 35 | 0 | 高职院校 | 2014 | 7 | 0 | 在职进修 | 1998 |
| 35 | 0 | 农村教师 | 2010 | 6 | 0 | 中等学校 | 1998 |
| 34 | 0.02 | 学习共同体 | 2008 | 5 | 0 | 教学专业化 | 2000 |
| 34 | 0 | 澳大利亚 | 2010 | 5 | 0 | 个性化 | 2001 |
| 33 | 0 | 教师文化 | 2010 | 3 | 0 | 专业发展需求 | 2001 |
| 33 | 0 | 师范生 | 2016 | 2 | 0 | 体系构建 | 2001 |
| 32 | 0 | 教师职业发展 | 2010 | 2 | 0 | 专业发展阶段 | 1999 |
| 31 | 0 | 信息技术 | 2008 | 2 | 0 | 初等学校 | 1998 |
| 31 | 0 | 反思性教学 | 2002 | 1 | 0 | 对儿童态度 | 1998 |
| 31 | 0.02 | 专业成长 | 2001 | 1 | 0 | 双专业制度 | 1999 |
| 31 | 0 | 小学教师 | 2012 | 1 | 0 | 伴随式 | 2001 |
| 30 | 0 | 高师院校 | 2006 | 1 | 0 | 受训教师 | 1999 |
| 28 | 0 | 学科教学知识 | 2012 | 1 | 0 | 伦理关系 | 2001 |

## 二、关键词共现时区图谱

为了显示 1996—2016 年间国内教师专业发展研究热点的演化，本研究在关键词共现网络的基础上绘制了图 4-6 关键词共现时区图谱。如图 4-6 所示，可以看到 20 年间国内教师专业发展研究热点在时间维度上的演进以及关键词之间的相互影响。

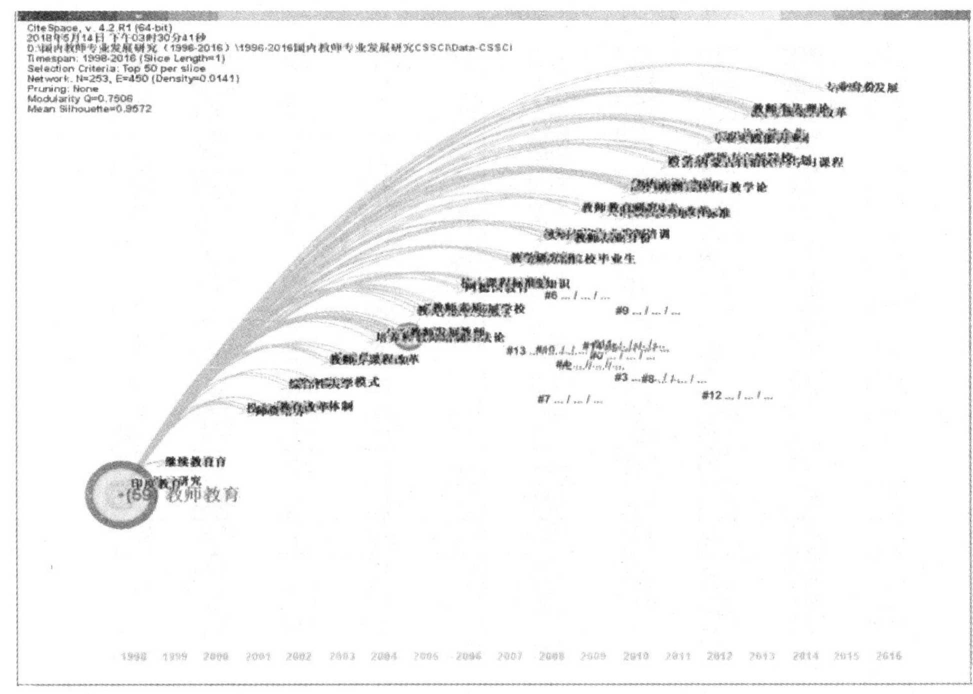


图 4-6 国内教师专业发展研究关键词共现时区图谱（1996—2016）

表 4-6 国内教师专业发展研究代表性关键词出现时间表

| Keyword | Year | Keyword | Year | Keyword | Year | Keyword | Year | Keyword | Year |
|---|---|---|---|---|---|---|---|---|---|
| 1996—2001 | | 2002—2006 | | | | 2007—2011 | | 2012—2016 | |
| 专业化 | 2001 | 校本培训 | 2002 | 教师知识 | 2006 | 教师学习 | 2008 | 高职院校 | 2012 |
| 教师专业化 | 2001 | 校本教研 | 2004 | 课程设置 | 2006 | 高校教师 | 2010 | TPACK | 2012 |
| 课程改革 | 1998 | 课堂教学 | 2002 | 师范院校 | 2003 | 学习共同体 | 2008 | 职前教师 | 2012 |
| 教师培训 | 2001 | 行动研究 | 2004 | 反思性教学 | 2002 | 信息技术 | 2008 | 教育信息化 | 2012 |
| 中小学教师 | 1998 | 教学反思 | 2006 | 教师文化 | 2004 | 小学教师 | 2008 | 教学学术 | 2012 |
| 师范教育 | 1998 | 教师评价 | 2002 | 澳大利亚 | 2004 | 师范生 | 2008 | 卓越教师 | 2015 |
| 教师成长 | 1999 | 培养模式 | 2002 | 影响因素 | 2004 | 学科教学知识 | 2001 | 外语教师 | 2012 |
| 一体化 | 2000 | 教育改革 | 2002 | 教师专业标准 | 2003 | 教育实习 | 2008 | 实践取向 | 2012 |

续表

| Keyword | Year | Keyword | Year | Keyword | Year | Keyword | Year | Keyword | Year |
|---|---|---|---|---|---|---|---|---|---|
| 1996—2001 | | 2002—2006 | | | | 2007—2011 | | 2012—2016 | |
| 中小学 | 2001 | 实践性知识 | 2004 | 教师角色 | 2004 | 教师教育课程 | 2010 | 教育实践 | 2012 |
| 专业成长 | 2001 | 农村教师 | 2006 | 新课程改革 | 2004 | 教师研究 | 2010 | 教学能力 | 2014 |

表 4-6 根据 Σ 值大小选出了每个时间段代表性关键词，并列出了这些关键词出现的时间。

结合这两个图表，可以看到，国内教师专业发展研究热点递进呈现如下特点：

一是 1996—2001 年间国内学者开始对教师专业发展研究展开讨论，但话题高度重合。而且 1996—1997 年国内有关教师专业发展的文献量为零，所以如图所示，相关文献是从 1998 年开始出现的。而 2002 年之后，讨论话题开始多样化。所以在图 4-6 中，1996—2001 年间节点虽然密集但重合度高，尤其 1998—2000 年间基本无衍生节点。1996—2001 年和后面时区节点连线增多基本是在 2002 年之后，并从此呈现较强的传承关系。

二是讨论话题呈现从抽象化到具体化的过渡趋势。从早期的“教师培训”“教师发展”到中后期的“TPACK”“实践取向”“教师专业标准”等，说明国内教师专业发展研究重心逐渐下移。

三是国内教师专业发展研究的时代性明显，特别是后教育学领域和信息技术领域的影响明显。2002 年后，逐渐出现了和研究领域相关的话题，如“实践性知识”“学科教学知识”“教师专业标准”等，而随着信息技术和互联网的发展，2008 年之后关键词中出现了“信息技术”“教育信息化”等。

## 三、国内教师专业发展研究研究热点与主要领域分析

通过分析归纳上文图谱中具有高频次和高中心性的节点，并对相关文献进行检索和分析，基本上可以把 1996—2016 年间国内教师专业发展领域研究热点概括为以下几个方面：

1. 课程改革

通过对相关文献的检索及分析，有关“课程改革”和有关“教育改革”的论文讨论内容基本方向相同，只是由于研究者不同的理解造成了称谓的不同，因此，这两个名词合并一起讨论。只是“课程改革”在文献中出现的时间比“教育改革”

要早一些。这两个关键词中心性值为0.05。可见研究者们形成共识：课程改革和教师的专业发展关系密切，课程改革是教师专业发展的关键节点和良好机会。这两个高中心性节点辐射出“校本教研”“课程设置”“学习共同体”等其他高频关键词。有关课程改革和教育改革的代表性研究文献有：

程振响（2002）在《研究型教师专业发展及其保障体系》一文中，从教育发展、课程改革和教师专业化角度探讨呼唤造就研究型教师队伍，讨论了研究型教师专业发展的理念、结构及其保障体系等。钟启泉、杨明全（2002）等在《课程改革促进教师专业发展的个案研究——以江西省临川二中为例》一文中，讨论了课程改革和教师专业发展两者的关系。课程改革既对教师的专业发展提出要求，又给教师的专业发展提供了良好契机，并对临川二中具体的实践案例进行了分析。

操太圣、卢乃桂（2006）认为教育改革需要建立在教师愿意承担新的角色和责任的基础之上。大学与中小学伙伴协作模式有助于打破学校及教师原有的平衡状态，并在平等、民主的基调中，化解教师对改革创新的保守态度及负面情绪，使教师在“高挑战、高支持”的专业情境中获得积极的心理和情感体验，进而最终促进教师专业发展。

许世静（2008）等提出在课程改革背景下，可以借助叙事探究促进教师发展。她认为各层教育改革者几乎总是以课程改革作为教师专业发展的起点，而且总是把改革的焦点放在提高教师新知识和新技能上。许世静认为应该将教师知识和为教师知识区别开来，并提出利用叙述探究促进教师知识和教师发展，并提出一组相应的建议。

沈章明（2012）在《诗教传统与教师专业发展》一文中，提出自己的创新型观点：以诗教精神改善教师在课程改革中的困境，促进其专业发展。沈章明认为教育领域的人际关系与个体心理秩序较为失序，在不断变化的现实面前，教师经常感到束手无策。然而教师教育者和研究者却经常忽视教师主观态度对其专业发展的影响。中国诗教传统重视时空观察和逻辑提升、情感养成，强调群居切磋，追求自我生成与完善。合理利用诗教传统，有助于消除话语霸权、改变既有的研究思路，并最终促进教师可持续专业发展。

张莲（2013）等报告了北京外国语大学英语学院课程改革与教师发展之间的

良性互动机制构建，涉及其理论、策略与实践。研究表明：课程改革与教师发展之间存在良性互动关系；前者作为社会文化中介工具影响着后者，后者作为实现前者目标的基础，也会反过来影响前者。二者的互动关系既推动了课程改革的进程，也激发了教师队伍成长的内在生命力，彰显了教师发展的现实意义。

黄山（2014）基于对 17 篇 SSCI 文献的考察，对“教师作为研究者”这个说法提出自己的见解。新课程改革使“教师作为研究者”得到了普遍认同和重视，然而，在实践过程中却走入了误区和困境：校本教研成为教师的负担；学校青睐“大课题”“大问题”；校外专家对教师研究有绝对话语权；论文等成果作为评价教师的标准。黄山重新审视三种已有观点：“教师作为行动研究者”“教师作为学生研究者”“教师作为正式研究者”，反思其背后专业观的模糊所指以及研究范式的冲突。并在此基础上提出：明确教学专业的边界；重新认识课程研究范式，合理评价教师研究。

郑少鸣、姜虹（2014）等分享了著名的青浦实验的探索经验。萌生于 20 世纪后期的青浦区教育改革实验，旨在大面积提高教学质量。青浦实验以教师全员培训的形式于 21 世纪初得到完善。实验将教师的专业发展置身于课堂教学实践中，倡导教师专业学习要扎根内在需求、扎根鲜活经验、扎根行动反思。经过十余年的研究与实践，建立了教师在职学习的新范式：课例为载体；以教师和研究者合作教研为平台；以“专业引领”和“行为跟进”为特征；融理论学习、教学设计、行为反省为一体的“三关注两反思”实践模型。

霍秉坤（2015）对在课程改革中，教科书使用取向和教师专业发展的关系进行了深入思考。教科书可能会随社会发展和科技进步而发生形式上的演变，但作为主要教学工具仍是难以取代的。霍秉坤指出教师在课程改革中过度倚赖教科书。着眼解决方法，他分析了教科书、教师、学生、学习等因素之关系，根本解决办法是重视教师专业发展。

石耀华、余宏亮（2015）纵向分析了四年的“国培计划”需求调查问卷，结果显示农村教师专业发展在某种程度上陷入了“内卷化”困境，具体表现为“较强的发展渴求”与“不明显的发展成效”两个突出矛盾。在课程改革面前“教师群体性失语”是这种困境的深层原因。可以从“重构农村教师身份认同”和“探索基于网络平台的多元发展路径”等两方面入手，引导农村教师专业发展摆脱“内卷化”困境，以改善专业生态。

沈伟、黄小瑞（2016）从“教程观”与“学程观”两个维度考量教师的课程理解。分层抽样的实证研究发现教师在教学投入上分为四种类型，每一类教师都持有不同的课程理解。资源利用单一的功利型教师和指向教学任务的资源复制型教师持“教程观”，根据学生有选择性利用资源的教师持“学程观”，利用多种资源关注学生的教师“学”“教”兼顾。为了促进教师专业发展和课改成功，教师需走向学程导向下的课程理解；教师专业发展机构应提高教师专业发展活动的适切性。

2. 校本培训

对文献的研判发现，“校本教研”是指教师为了提高学校的教育质量，从学校的实际出发，依托本校的资源和特色而进行的教育教学研究。其中，教师是校本教研的主体，校本教研的直接目的是促进师生共同发展。“校本培训”是指以学校为单位，面向教师的旨在提高教师专业水平和教学能力的学习方式，最终目的是促进师生共同发展，提高学校办学质量。从字面上看，两者有区别：校本教研中教师的角色更为主动；校本培训中教师的角色偏向被动接受。但两者却有更多共性：以教师所在学校为场所，以教学中的问题为依托，以教师的专业发展为目的。因此，“校本教研”和“校本培训”被在此合并讨论。

陆胜新（2007）是国内较早的对校本培训的践行者，他从“互动研训”的角度论述了学校实施教师校本培训的具体做法，通过学思互动、赛研互动、行引互动等实践促进教师的专业发展。余保华（2008）认为应对校本教研的内涵进行详尽分析，进一步明确其意义，掌握校本教研组织与实施的具体策略。

牛瑞雪（2008）对校本教研中，不同层级教师的发展道路进行了实证研究。教师专业发展不同层级的个案研究显示，校本教研是教师群体专业成长的最佳途径。参与教师专业发展的几种力量，对于教师专业发展各有不同的作用，教研员应立足于地区性教师专业发展的促进，校长在教师专业发展中应起到引领和管理作用，学科教研组是教师专业知识交流和专业发展的核心场所，教师个体通过行动研究也可以实现专业发展的目标。

王洁（2009）关注中小学教师校本教研中的课例研究，她认为课例研究实践中有不少误区。课例研究作为一种对标课堂改进的教师在职学习方式，应该通过教师群体聚焦现实的教育教学问题，透视课堂观察，不断行为自省、反思，在促进调整的过程中完成。这样的课例研究可以使教师学习理论，借鉴实践，获得处置性经验，从而增进实践智慧。

王鉴（2011）对U-S协作（大学与中学协作）提出自己的看法。新课程改革以来，基于U-S协作的校本教学研究成为一个亮点，成为基础教育课程改革的一个重要特色。大学专业研究人员掌握的课堂研究的理论与方法，对欲从事课堂研究的中小学教师来说是十分宝贵的，其专业的引领作用不仅十分必要而且意义重大，是中小学教师专业发展的捷径之一。U-S协作校本研究途径主要有两条，一条是通过引领集体备课、公开教学、评课活动等来优化课堂教学；另一条是通过“引领备研”“引领听课、观课”“引领评课”等活动来完成课堂教学研究。专家基于校本教学研究的专业引领保障了教师观念的变革、能力的提升和专业发展。

李庆华等（2012）对微格教研付诸实践的成效进行了深入探讨，提出了微格教学的校本教研提升教师专业发展的四个途径，即以观摩反思提升教师专业自我发展、以协作研讨促成良性教师专业发展生态、以同事互训提高教师专业技能、以建设立体化专业发展档案袋改善教师专业发展评价。

陈雨亭（2014）聚焦于寻找和设计实施高效的课堂教学模式或方法的校本培训经常漠视个性化、私人化的经验和困惑，在这种情形下，自我往往被挤压，而教师专业发展的最大动因来自内部。学校应该开展“内向型校本教研”，植根于本校情境，构建多元对话平台，融研究、交流、合作于一体，触动教师的自传研究意识，探索个性化的经验，从而帮助教师专业成长。“内向型校本教研”应该以促进教师自我建构的方式进行，帮助教师把自己过去的经验、未来期望与现在的实践相交汇，从而实现个体更深入地理解当前的情境与自己实践的意义。

徐艳红等（2015）进行了“1121”翻转校本教研的探索。太原大学外语学院第一附属小学创造性地基于“翻转”理念构建“1121”校本教研模式，从目标确立、课例展示、互助研讨、共识达成等四个方面实现“翻转”。以此唤醒教师的主体意识，聚焦独立思考，加强合作沟通，让校本教研真正成为自觉自愿的教育生活方式。

贺相春（2016）等基于对国培计划改革的反思，对教师培训出发点、教师学习特征与发展路径进行了深入分析，提出了基于互联网的混合性教师培训迭代模型，从宏循环规划设计、中循环网络研修和校本教研实践融合、微循环促进知识向能力迁移等三个层面对模型进行了分析。

孙晓雪（2016）对校本教研中的集体备课进行了深入的思考。就现实情况而言，集体备课未能实现其应有的价值。针对集体备课存在的理念陈旧、内容欠缺逻辑、过程流于形式、管理缺席等问题，提出相应对策：应厘清备课内涵，突出集体备课的先进性；确定备课流程，加强集体备课的规范性；提升备课管理，凸显集体备课的实效性；改善备课效果，优化集体备课的反思性，以期为中小学校集体备课的高效运行提供参考。

3. 教师教育

教师职前专业发展是教师专业发展的极其关键阶段，因此针对师范生的教师教育历来是研究者的关注热点。根据 CiteSpace 的关键词分析结果，加上对文献的二次搜索和研读，可以发现：在这个领域的研究中，研究者的话题涉及“教师培训”“培养模式”“课程设置”“师范教育”“师范生”“师范院校”“教育实习”“职前教师”“教师教育课程”等，但文献内容均围绕教师教育这个研究主题。鉴于此，涉及以上关键词的文献均在此合并讨论。

侯晋川、梁永平（2003）提出我国高等师范教育改革的基本思路。作为教师教育关键环节的高等师范教育，必须与我国基础教育发展方向相匹配，凸显素质教育和创新教育。切实改变高师院校办学条件差、师资水平低、培养模式单一的现状，吸收借鉴国外教师教育经验：培养模式多样化、课程设置科学化、师范教育与在职培训一体化，真正确立开放式教育、终身化教育、综合性教育的科学教师教育理念，借助课程、教材、课时等方面的修补性改革，促使根本性的教育模式改革发生。

于忠海（2004）探讨了综合性大学在发展教师教育中的困境，并提出对应策略。综合性大学发展教师教育面临着如下困境：培养模式的封闭与开放、课程设置的学科性与教育性、职前与职后的分裂与一体化等。综合性大学必须从制度上建立专业化的教师教育机构，推进教师教育的专业性、学术性建设，并且分阶段、分步骤的实施。

邓艳红（2004）对小学教育专业实践活动提出自己的思考。教师教育中的“教育实践活动”不应等同于“教育实习”，应指与高师学生单纯的理论知识学习相对应的、在于促进师范生向专业化教师发展的一切客观现实性的活动。高等师范小学教育专业的教育实践活动方案应注重以下几点：突显入学教育的师范性；规范化、序列化教师基本功训练；将专业技能训练与教育理论学习有机整合；重视多元情境下的教育实习，变“实习生”为“助教”；争取教育行政管理部门的参与，增加教育实践基地。

宋永忠（2005）认为：中国教师教育体系正历经历史性变革，要使变革成功并建立起现代教师教育新体系，必须对其进行明确的定位。新体系要以“开放化”和“专业化”为特征。建立起这样的教师教育新体系需要相应的政策予以保障。王杰（2005）探讨了新课程改革和教师教育的挑战及应对策略，新课程改革对教师教育体系在办学理念、教育模式、课程设置等方面都提出了新挑战。应构建多元、开放的教师教育体系，推进一体化的教师教育模式，设置合理课程，突出专业化特色。

王芳、卢乃桂（2010）通过展示一项实证研究的结果，探讨教育实习中师范生、学校指导老师和大学带队老师之间的“三角关系”，并分析其对师范生学习教学的影响。研究发现，指导老师和带队老师都认为自己在学生实习中的作用有限，而且双方之间缺乏有效的沟通。建议应在教育实习中明确双方的指导角色和责任，并应建立相应机制鼓励督导双方合作。

吴琼（2010）提出教育实习的新模式“顶岗实习、置换培训”。“顶岗实习、置换培训”是在教师教育一体化进程中对实践教学模式的改革和创新。该模式以改革教师教育实习为突破口，以农村中小学为基地，努力提升职前教师和在职教师的专业化素质，实现了多赢效应：促进教师教育一体化、践行教育教学改革、发展农村基础教育。

周寰（2014）等构建了实习教师“现实冲击”的理论模型。他们认为实习教师在初次接触教育实践过程中，几乎都会体验到理想与现实不相符合的“现实冲击”（reality shock）。这一现象不仅会严重影响教育实习的积极作用，还可能导致实习教师在入职阶段的适应困难，甚至放弃教师职业。此项研究构建了实习教师“现实冲击”的理论模型。该模型对“现实冲击”的内容、结果和影响因素三个方面进行了深入的分析，有利于实习教师个体、师范院校以及实习学校科学认识这一现象，并据之改善教育实习现状。

张松祥（2014）提出教师教育共同体体制建设的思路。张松祥认为近年来教师教育共同体形式合作多于实质合作，缺乏严密组织体制是关键原因。针对当下教师教育共同体的形式化、松散性，提出教师教育共同体新主张：师范院校为领导、优秀中小学为主导和以政府为引导。并呼吁建立必要组织规则，促进共同体由互惠型向交融型转变。

李斌辉、张家波（2016）对师范生教育实习中存在的风险提出自己的思考并构想了规避方法。教育实习中的风险主要表现为："现实冲击"致使师范生专业认同降低；"边缘性参与"使师范生容易受到学校消极文化的影响；实习的"有限情境"造成狭隘经验的简单复制；"基于学校"的实习会弱化教师教育的专业性。师范院校可从以下几方面来规避教育实习的风险：提供多元化实习教学情境、强化师范生的实践反思性、提高指导教师的指导能力、与实习学校共建文化融合。

4. 行动研究

值得注意的是，关于"行动研究"的研究力量是不容忽视的，并呈现蓬勃的发展势头。在对行动研究的探讨中，"教学反思""反思性教学""实践智慧"等热点词和行动研究的讨论是分不开的。因此，上述热点词合并一起讨论。

刘朋（2001）对教育行动研究的伦理问题进行了思考，他认为教师是教育行动研究的主体。教育行动研究的特征应包括实践性、反思性和协同性。行动研究涉及三个伦理关系：教师与行政组织（学校）之间、教师与研究者之间以及教师与学生之间。

任庆梅（2006）专门探讨了外语教师的反思性教学和专业发展的密切关系。并就反思性教学模式对促进外语教师专业发展的作用和方法进行了分析，认为个案研究反思性教学模式可用于培养教师的创新实践能力，为我国高校外语教师专业发展提供了切实可行的途径。

卢立涛、井祥贵（2012）对教育行动研究在中国的发展状况进行了审视和反思。教育行动研究促进了教育研究的发展，也出现了一些问题，表现为"重理论轻应用""低水平重复""文不对题"等泛化及滥用现象；混淆了行动与行动研究；行动研究过程中存在"去理论化"倾向。呼吁我国教育界秉持跨学科研究取向，以问题为中心，正确认识、定位和评价教育行动研究，厘清概念、纠正"唯方法主义”倾向、重视理论思维。

周钧（2014）以一位中学教师为研究对象进行了一项案例研究。他发现，历经了行动研究后，教师教学观念和教学实践的改变包括了线性模式和动态模式；教师领导力得到发展，带领团队实施校本课改；教师在实践中逐渐形成了反思习惯，提升了批判性反思水平，做到研究与教学整合为一；行动研究能促进合作式、学习型教师文化的生成；同时，教师通过行动研究克服了职业倦怠。

周迎、刘育东（2014）探讨了教师实践共同体和教师发展的关系。实践共同体与行动研究均注重在教学实践中寻求教师专业发展的重要驱动力。研究表明，以行动研究为依托、在实践共同体框架下的专业发展平台，不但能支持和促进参与教师之间的知识共享，而且能有效促成教师进行具有创新意义的反思性实践。

孙敬霞（2014）对行动研究和高校管理的关系进行了探讨。基于行动研究以解决实际问题改进工作为导向，并通过计划、行动、观察、反思螺旋式上升，因此对推动高校管理科学化具有至关重要的意义。管理者和教师对科学管理的一致认同、领导支持和相关职能部门的密切配合、团队参与人员互动、对行动研究每个步骤的评价与反思是在高校管理中有效实施行动研究的条件。

赵晨光、刘彦娟（2015）等提出了合作行动研究视角下的高校新教师专业发展模式。即以新教师和研究者为双主体，以教师档案袋为媒介，借助课题培训和课堂教学研讨两种方式，基于新教师教学过程中的主要问题，共同制订解决方案，可以实现新教师和研究者共同发展。

张亚妮、程秀兰（2016）基于“学习故事”对幼儿园教师的实践智慧进行了一次行动研究考察，实践智慧是教师专业发展的重要目的和核心要素。本研究以高校学前教育教师和幼儿园教师为主体成立研究共同体，以幼儿游戏与学习活动的观察指导为起点，以幼儿园教师撰写“学习故事”为抓手，采用协同式行动研究方法，实施了历时三轮的行动研究，结果发现基于“学习故事”的行动研究有助于教师更新教育理念、丰富教育实践知识、加强教育实践能力、促进理论与实践融合，进而提升教师的实践智慧，并提出应进一步探索适合每个幼儿园实际状况、符合教师专业发展水平的幼儿课程体系，才是促成教师实践智慧生成与发展的现实选择。

5. 教师知识

在 1996—2016 年这一时期，有关教师知识的研究文献也是不容忽视的。有的文献对“教师知识”进行宽泛的谈论，有的文献专注于“实践性知识”“学科教学知识”“默会知识”“TPACK（整合技术的学科教学知识）”等进行详细论述。鉴于上述热点词都属于“教师知识”的范畴，因此在此一并讨论。

马兆兴（2005）提出加强教师实践课程来改善教师实践性知识。实践课程是以获取实践性知识、发展实践能力和实践智慧为目的的课程，它有着与理论课程不同的实施模式。实践课程的开发对于教师专业发展、教师教育课程体系的建设等都具有重大意义。

孙自挥、高晓芙等（2008）针对四川地区中学英语教师队伍的实际培训状况，对该教师群体的学科教学知识进行了深入分析，并对学科教学知识和教师专业发展的关系做了理性思考：学科教学知识（PCK）是教师知识的核心，是教师特定知识结构中学科内容、教育心理学、课程学和情境知识等的特殊整合。

董绍才（2008）认为在教师知识组成中，默会知识也是一种非常重要的教师知识，对教师专业发展起着非常重要的作用，但目前教研室的“双评”活动却忽视了对默会知识的关注和重视，降低了活动实效。教育管理人员应从默会知识论的视角，对当前“双评”活动中存在的问题进行剖析，并结合当地实际情况提出新的解决方法。

陈向明（2009）作为我国教师知识尤其是实践性知识研究的开拓者和引领者，对教师知识进行了深入的理论层面的思考。她认为，从知识论的角度考量，什么是“知识”，如何能被证明知识是“真实的”，如何理解教师知识的“有用性”，教师知识是如何生成的，教师（应该）具有什么样的知识，教师职业能否因其知识特性成为一门“专业”，教师的实践性知识有什么研究意义，应该用什么不同的研究范式和探究方法等，都值得深入探讨。并且陈向明明确指出：教师实践性知识是一种重要的“知识”类型，它是“真实有用的”；它有自己独特的生产方式，为教师职业所必需，而且为教师职业成为“专业”提供了必要条件；提供了教师实践性知识研究的新视角和新方法。

韩继伟、黄毅英、马云鹏、卢乃桂（2011）对东北城市的初中数学教师的教师知识进行了实证研究。通过对东北三个城市初中的 150 名数学教师的知识状况进行调查分析发现，这些城市的初中数学教师的知识结构类型主要有均衡型、经验型和分科型，教师知识分为课程知识、学科知识、教育理论知识、学科教学知识四类。在教师的专业发展过程中，这四种教师知识的重要性程度从大到小的顺序是：学科教学知识、学科知识、教育理论知识、课程知识。省会城市初中数学教师的教师知识状况还是比较好的，其发展能够适应新课程改革的需要，教龄不同、毕业班级任课次数不同的教师在教师知识上有着显著差异。

叶盛楠、郑东辉（2012）认为教师知识中应包括“教师评价知识”。“教师评价知识”是课堂评价知识研究需要解决的逻辑前提，但却被当作一种先验的认识，而没有得到充分的重视。通过考察教学与评价关系，文章分析了基于标准的教育改革对教师的课堂评价期望，以及教师实践课堂评价的现实诉求，论证了教师需要课堂评价知识的合理性和必要性，进而使该类知识成为教师知识的有机组成部分。

张海、王以宁等（2013）对小学教师知识管理策略的学科差异进行了研究。此研究以“国培计划”的吉林省农村小学数学、语文教师为研究对象，了解了教师知识管理现状，旨在帮助教师有效利用知识管理理念去学习、交流与合作，优化自己的知识管理策略。该文倡导将教师知识管理作为一种先进的理念与技术付诸实践，以实现教育创新，提高教育教学水平，更好地促进教师教育的开展。

巴春蕾、孔凡哲（2014）对我国教师知识研究中的偏颇提出自己的反思和批评。他们认为我国研究者受建构主义的巨大影响，一直用建构主义来研究教师知识，认为教师知识是在教学实践中建构而成，“实践性知识”是根本、主要的知识。相应地“理论性知识”不是直接从实践中建构的，因而被漠视甚至被否定。这种重“实践性知识”而轻“理论性知识”的成见对教师专业发展十分有害，我们需要保持清醒。

李莉（2014）讨论了职前教师的实践性知识的生成。文章认为：实践性知识是教师专业成长的重要知识基础，职前教师实践性知识的生成，有利于促进职前教师知识结构的均衡发展和不断完善，有利于增强入职后的教师胜任力。高等师范院校的教师教育应该在课程设置上加大实践性课程的比例，在教学中完善实践类课程的教学方法，并引导职前教师在实践中反思，促使其实践性知识的有效生成。

陈列（2015）将地方高校青年教师专业发展的问题放在知识管理的视域下进行讨论。他认为可以运用企业知识管理策略，指导青年教师对自身现有知识进行分类管理，通过设立导师制、建立知识分享交流的平台、进行教学研究和镜面反思等途径，对教师知识的获取、储存、分享、运用、转化进行管理，使教师有机会将个人的外显知识和内隐的实践性知识转化成系统性且能相互传承与保存的资料，丰富和完善教师知识结构，提升教师的教育能力，加快青年教师向骨干教师甚至专家型教师转变。

赵磊磊、赵可云（2015）对技术接受模型视角下教师 TPACK 能力发展进行了探讨。技术接受模型视角下的教师 TPACK 能力的发展过程大致需要经过“认知”“接受”“适应”“探索”“提升”五个阶段，由此，形成“TPACK-TAM（技术接受视角）”模型。发展教师 TPACK 能力的策略包括：提高教师的技术感知度，关注教师信念形成和基本知识素养的提升，经过学科“境脉化使用”阶段，明确教师TPACK能力发展的实质内涵，以“自动化”作为教师TPACK能力的测定标准。

岳群智、王爱华（2016）对教师 TPACK 发展心理进行了动力分析。此项研究采用质性研究方法，对某大学参与 MOOC 的三位教师进行了深度访谈，运用勒温的心理动力理论进行深入分析，构建了教师 TPACK 发展的心理动力模型，同时对心理空间各维度的重要因素进行提取和阐释，并结合案例说明各要素在 TAPCK 发展不同阶段发挥作用的程度，最后提出促进教师 TAPCK 发展的建议。

6. 国外研究成果借鉴

由于国内教师专业发展研究起步比国外晚，所以对国外研究成果的引介和借鉴一直占据我国教师发展研究的一席之地。所引介的成果主要来自教育水平较发达的美国、英国、澳大利亚等国家，其中对来自澳大利亚教师专业发展的借鉴占了相当大的比重。

柳国辉（2005）对澳大利亚标准导向的专业教学体制进行了介绍。澳大利亚在教学标准、绩效评价与教师学习之间建立了有机联系，诸如，教学标准的制定、专业原则、内容标准、发展的水平标准，这些措施为澳大利亚提高教学专业的质量提供了保证。

张树德（2007）讨论了澳大利亚教师教育的特点和启示。澳大利亚教育管理部门为适应课程改革的需要，实质性整合了专业设置和课程体系。同时，澳大利亚还重组教育资源中心，力图从资源的组织管理上助力教师的专业发展。此外，教师职后培训与进修也以教师的日常教学需要为中心，有的放矢地进行培训。澳大利亚规划教师教育的做法对我国有启示借鉴作用。

冯大鸣（2008）介绍了美国、英国、澳大利亚教师专业发展研究新进展。在21世纪初的10余年间，美、英、澳教师专业发展研究虽取得了新的进展，但“教师专业发展—学生成就改进”的黑箱仍未打开，教师的离职与短缺现象依然严重，全面提升学校教育质量的愿望并未实现。造成这种状况的最基本的原因是：教师专业发展政策实施中价值追求的偏离；对教师专业发展中文化因素的研究尚未形成充分的影响力；研究界未能完成教师专业发展知识基础的一致认同。然而，这并不意味着上述三国的教师专业发展研究已陷入了难以前行的困境，而是一种持续性的螺旋上升。

蒲阳（2011）讨论了美国教师教育转型中学术传统的影响。学术传统在美国教师教育转型中始终存在：专门化阶段初遇挑战、渐趋弱势；学历化阶段现实体现、似弱实强；综合化阶段则逻辑延伸、继续主导。该结论对我国教师教育的转型有所启示。

汪霞、钱小龙（2012）对美、英、澳三国教师教育课程改革动向进行了分析。美国、英国和澳大利亚三国的教师教育课程正在经历范式的更替，并围绕普通教育课程、专业学科课程和教育学科课程这三类教师教育的主要课程类型迅速展开和推进，在教师教育课程改革的动向方面呈现一些共性的特点，包括普通教育课程更具通识性和广博性，专业学科课程更具实践性和实用性，教育学科课程更具融合性和完整性。

俞婷婕（2012）对“澳大利亚政府优质教师计划”进行了解读。“澳大利亚政府优质教师计划”（AGQTP）为澳联邦政府制定、推行的一项“旗舰型”教师专业发展政策，计划的首要目标在于提升教师的专业素质。该计划在统领实践的框架、活动实施模式、活动开展渠道及价值取向等方面颇具特色。

杨茂庆（2012）探讨了澳大利亚教师职前培养的教育实习经验与启示：强调大学与中小学合作，分阶段的教育实习方式，多样化的教育实习标准与内容，多元化的教育实习评价主体。借鉴澳大利亚经验，我国高等教育界应加快教育实习基地建设，采取阶段性和连续性相结合的教育实习方式，丰富教育实习内容，形成多元化的教育实习评价主体。

杨捷（2012）回顾了美国教师教育大学化转型的状况。美国教师教育大学化转型主要包括从师范学校到综合大学教育学院、从独立师范学院或师范大学到综合性大学、大学设立教育学院三种形式。美国教师教育大学化转型一方面加强了教师教育的职能，拓展了层次，加大了教师教育中通识课程的比重，促进了教师专业发展，推动教育学科的规范化发展；另一方面，美国教师教育大学化转型也导致教师教育的边缘化和身份丢失，这引起了人们对教师教育大学化转型有效性的反思。

胡秀威、肖甦（2013）对澳大利亚变革型教师专业化工程进行了引介。此工程针对修正传统教师专业培养过程存在的“独立”“排他”“保守”等弊端，变革型教师专业化体现了“融合”“合作”“开放”等后现代社会发展特征的人才培养观。为了实现新时期教师专业化的转型，联邦政府与教育联合会等机构签订协议，以此启动国家教师专业化工程，自上而下、由点到面地推进，以期逐步完成全国学校系统教师专业化的整体变革。

李翠英、孙倚娜（2014）概述、评价和比较了美国、澳大利亚、以色列、日本四个国家的英语作为二语教师的能力标准，探讨了我国英语教师发展在能力标准制订、评估等方面存在的不足，指出为实现英语教育改革目标，亟须制订统一、可行的英语教师能力标准。文章进而结合联合国教科文组织关于21世纪教育发展形势的论述，提出国际化视野下我国英语教师能力标准的制订设想，呼吁广大英语教师基于个人专业发展规划，着力提升作为教育者的专业素养。

谌启标、柳国辉（2014）对澳大利亚教师专业发展政策改革进行了回顾。21世纪以来，澳大利亚政府出台了一系列教师专业发展的政策，其中较有代表性的政策文本包括：澳大利亚政府优质教师计划、国家教师专业标准、澳大利亚教师专业学习章程、澳大利亚教师绩效与发展框架等。当前澳大利亚教师专业发展政策的改革特点主要表现为新联邦主义、新专业主义、新实证主义和新管理主义的取向。

仲伟合、王巍巍（2016）借鉴美国、澳大利亚及欧盟高校外语教师专业发展的经验，在“国家标准”背景下阐释我国英语类专业师资队伍建设的发展方向。文章建构了我国高校英语教师专业能力框架，对英语教师专业能力发展体系建设提出了建议，以期推动我国英语类专业的内涵式发展。

俞婷婕（2016）介绍了澳大利亚联邦政府于2011年颁布的《澳大利教师专业标准》（APST）以及实施情况，该全国性教师专业标准对师范毕业生的专业素质能力要求更倾向于强调专业知识与能力。该国承担教师培养任务的大学亦非常注重专业课程在教师教育课程体系中的地位。文章经分析得出结论：APST与澳大利亚大学教师教育课程设置之间存在着专业取向上的一致性。

## 第三节 综合讨论

本章以CNKI数据库中1996—2016年国内有关教师专业发展的5904篇文献作为研究对象，运用CiteSpace可视化分析软件绘制了关键词共现知识图谱，分析了研究热点词汇的分布状况以及文献概况，本节将在前文数据的基础上进行综合讨论。

从1996—2016年不同阶段及整体的教师专业发展研究热点演化的知识图谱可以看出，这20年经历了我国教师专业发展研究从起步到壮大再到成熟的发展过程，详细特点如下。

### 一、总体研究经历了从无到有、从弱到强、由粗到精的过程

从1996—2000年分阶段的热点分析图谱可以看出，我国的教师专业发展研究约起始于1998年，最初的名词称谓为“教师教育”而不是“教师发展”。除了专业文献数量少之外，热点话题也局限于“专业发展阶段”“培养目标”等内容宽泛的理论探讨性文章，几乎没有实证性研究文献。

而从2001年起，我国教师专业发展研究进入快车道，文献数量显著增加，文献质量也大幅提高，研究者的构成也呈现多元化，除了专业的教师教育研究者，还包括大量的一线教师。“课程改革”“校本培训”“教师评价”“行动研究”等热点关键词在这一时期得到呈现。

从2002年至今，是我国教师专业发展研究的成熟期。文献数量急剧增加，热点话题数量也大量增加并趋向多元化。“教学反思”“课程体系”“学习共同体”“叙事研究”“实践性知识”“实践取向”等新热点话题出现，说明我国教师专业发展研究研究热点领域日益扩大，大大充实了研究内容。

## 二、研究对象更具体并面向实践，且随着时代不断变迁

随着热点话题范围显著扩大，研究文献不再仅限于宽泛的理论探讨，而是面向实践，逐渐着眼于实践中的具体问题。研究者们不再更多探讨教师发展的本质、规律和内涵等宽泛、思辨性的宏观问题，而是更加关注教师专业发展的现实、微观问题，如教师实践性知识的发展规律和内容变化、教师学习共同体的构建和实施策略、教师教育课程为顺应时代变化和教育形势而进行的改革某些特殊群体教师专业发展的特点和现实出路等。

同时，我国教师专业发展研究在近10年更注重结合实践做深入研究，关注具体事物的根本性的或重大的差异，研究事物各个方面的具体特征，关注教师在现实发展中的困境和解决方法，探究教师发展的现实规律，产生对实践更有指导意义的研究成果。这种从抽象到具体的发展也符合科学研究的规律，也是我国教师专业发展研究的应然之举。

## 三、研究热点具有较强的时代性和政策性

经研究热点知识图谱分析，1996—2000年间，排在前10位的关注点是在职进修、师范教育、专业发展阶段、培养目标、双专业制度、教学专业化、初等学校、一体化、受训教师、发展策略；2001—2005年间，排在前10位的关注点是教师专业化、师范教育、课程改革、校本培训、教师评价、教师成长、中小学教师、反思性教学、行动研究、职前培养；2006—2010年间，排在前10位的关注点是课程改革、教师培训、校本教研、校本培训、教育改革、中小学教师、教学评价、教师成长、师范生、信息技术；2011—2016年间，排在前10位的关注点是课程改革、高校教师、教师培训、高职院校、教师学习、校本教研、教学反思、实践性知识、学习共同体、行动研究、TPACK。

从上述关注点可以看出，各个阶段的研究有明显的传承关系，比如“课程改革”“校本培训”“中小学教师”“师范教育”等，但随着时代发展，教师教育更加人性化、以教师为中心的理念、计算机技术和教师发展的有机结合等时代新特征出现，也出现了“校本教研”“实践性知识”“行动研究”“TPACK”“信息技术”等关注点。被关注教师群体从“中小学教师”到“高校教师”“高职院校”，更多类型的教师群体被纳入研究的范畴。教师培训的重点从单一的“师范

教育”到在保留“师范教育”的基础上，增加了“教师培训”，即从重视职前教师教育到职前教育和职后培训并举，这都是时代给我国教师专业发展研究领域带来的影响。

1996—2016年间我国教师专业发展研究的热点内容也及时地反映了我国教育政策的变化轨迹，具有较强的政策性。教育界认识到传统教育的不足，教学不应该是一个自上而下的、灌输的、单向的过程，而是双向的、互动的过程，教育更加注重教学过程中的生命性、生成性、建构性、对话性、交往性。在学习观方面，逐渐摒弃僵化的、粗放的学习观，倡导合作学习、自主学习、反思学习、研究性学习、感悟学习、建构主义学习，注重学习者的积极性、主动性和差异性，注重以学习者为中心，而不再是以教授者为中心。教育思维更注重事物的多元性、差异性、具体性、过程性，更加倾向于人本主义，关注现实中丰富多变的实际状况。上述因素在我国教师专业发展领域得到了体现：由“教师培训”转向“教师学习”“教师成长”“实践性知识”；由理论学习转向“教师反思”“学习共同体”“行动研究”“实践智慧”。从上述热点词的转向可以看出，我国教师专业发展研究适应时代发展需要和国家政策走向，更加注重教师在自身专业发展中的主体地位，教师作为“人”尤其是“社会人”的本体地位得到凸显，教师专业发展的生命本质得到重视，教师更被看作是一个积极主动的学习者，从书本、课堂、实践、交往中全方位建构性学习，从而形成独特的、螺旋形的专业发展路径。

## 四、总体来看，研究重心不合理上浮，研究力量分布欠均匀

从国内1996—2016年间教师专业发展研究的热点词分布情况看，前8位热点词分布“教师专业发展”“教师教育”“教师发展”“专业发展”“教师专业化”“课程改革”“教师培训”“中小学教师”的频次和中心性分别为2151（0.50）、2016（0.91）、573（0.28）、268（0.08）、167（0.02）、117（0.04）、89（0.09）、84（0.09），频次环比下降悬殊，说明相当多的研究文献话题停留在对教师专业发展的概念性思辨性理论探讨上，呈现研究重心上浮现象，而没有合理下沉；研究力量也欠缺合理性分散和均匀，造成一定程度研究力量的浪费。

# 第五章　国外教师专业发展研究热点的知识图谱分析

本章选取 1996—2016 年间 Web of Science 数据库中有关教师专业发展的论文作为分析对象，使用共词分析方法绘制国外教师专业发展研究的关键词知识网络。

## 第一节 国外教师专业发展研究热点的阶段性分析

和第四章国内教师专业发展研究研究热点分析类似，本节以分四个阶段分别考察其关键词共现网络，以求准确地概括国外教师专业发展研究的热点问题和演化过程。

### 一、1996—2000 年研究热点的知识图谱分析

在图 5-1 关键词共现网络图谱中共生成关键词节点 47 个，连线 92 条。

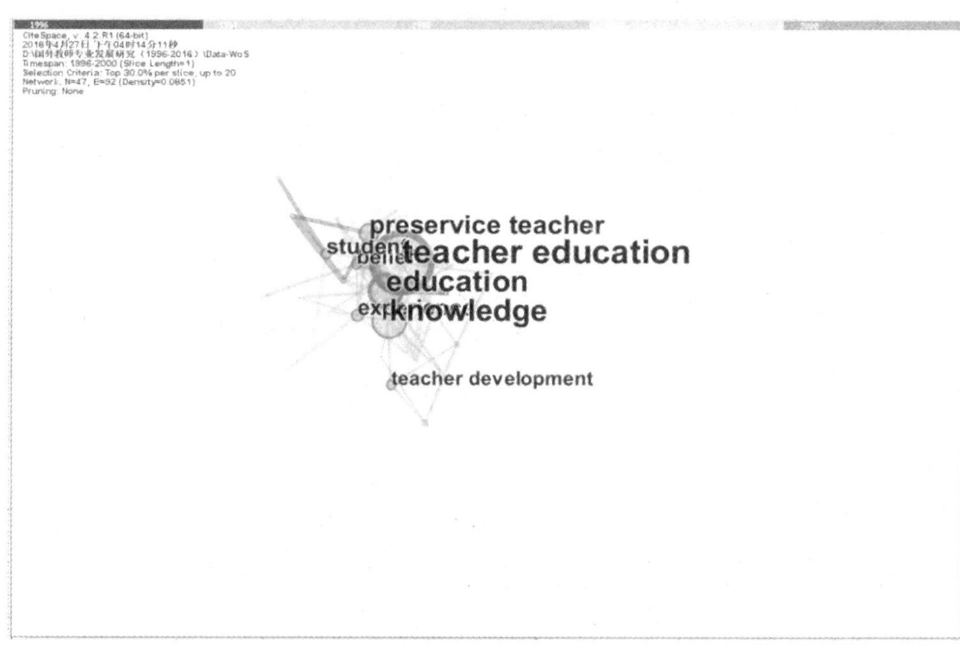


图 5-1 国外教师专业发展研究关键词共现网络图谱（1996—2000）

表 5-1 高频次关键词和中心性值统计表是由 CiteSpace 软件后台生成的数据列表修改而成，显示了各个关键词的共现频次和中心性，每个关键词首次出现的年份也包括在内。在表 5-1 中，中心性较高的词是“teacher development”“education”“preservice teacher”“school”“experience”“classroom”“belief”“diversity”“collaboration”等，说明在1996—2000年间，上述几个关键词是国外教师专业发展研究领域的重要议题，而其他议题是上述热点关键词的具体体现和延伸。

表 5-1 高频次关键词及其中心性值统计表

（2001—2005）（前 42 项）

| Freq. | Cent. | keyword | year | Freq. | Cent. | keyword | year |
|---|---|---|---|---|---|---|---|
| 28 | 0.57 | teacher education | 1996 | 3 | 0.01 | beginning teacher | 1996 |
| 19 | 0.16 | knowledge | 1996 | 3 | 0.00 | instruction | 1996 |
| 17 | 0.28 | education | 1996 | 3 | 0.00 | professional growth | 1998 |
| 12 | 0.19 | preservice teacher | 1996 | 2 | 0.03 | studentteaching | 2000 |
| 8 | 0.16 | student | 1996 | 2 | 0.04 | teacher thinking | 1999 |
| 8 | 0.16 | experience | 1998 | 2 | 0.01 | constructivism | 1999 |
| 7 | 0.03 | preservice | 1997 | 1 | 0.00 | 5th grade teacher | 1999 |
| 7 | 0.11 | belief | 1996 | 1 | 0.00 | argument | 1998 |
| 6 | 0.04 | teacher | 2000 | 1 | 0.00 | color | 1997 |
| 6 | 0.08 | preservice teacher education | 1999 | 1 | 0.00 | casebased teacher | 2000 |
| 5 | 0.00 | school | 1998 | 1 | 0.00 | certificate | 1999 |
| 5 | 0.00 | perspective | 1997 | 1 | 0.00 | acculturation | 1999 |
| 5 | 0.15 | teacher development | 1999 | 1 | 0.00 | botswana | 1999 |
| 5 | 0.00 | reform | 2000 | 1 | 0.00 | action research course | 2000 |
| 5 | 0.00 | conception | 1997 | 1 | 0.00 | ally | 2000 |
| 4 | 0.00 | student teacher | 1999 | 1 | 0.00 | caringandteaching | 2000 |
| 4 | 0.00 | language | 2000 | 1 | 0.00 | activity theory | 2000 |
| 4 | 0.00 | diversity | 1999 | 1 | 0.00 | acquisition | 1996 |
| 4 | 0.01 | classroom | 1999 | 1 | 0.00 | authenticas sessment | 2000 |
| 3 | 0.00 | professional development school | 1999 | 1 | 0.00 | agreement | 1996 |
| 3 | 0.00 | community | 2000 | 1 | 0.00 | comprehension | 1997 |

## 二、2001—2005年国外教师发展研究热点的知识图谱分析

在图 5-2 关键词共现网络图谱中共生成关键词节点 59 个，连线 183 条。

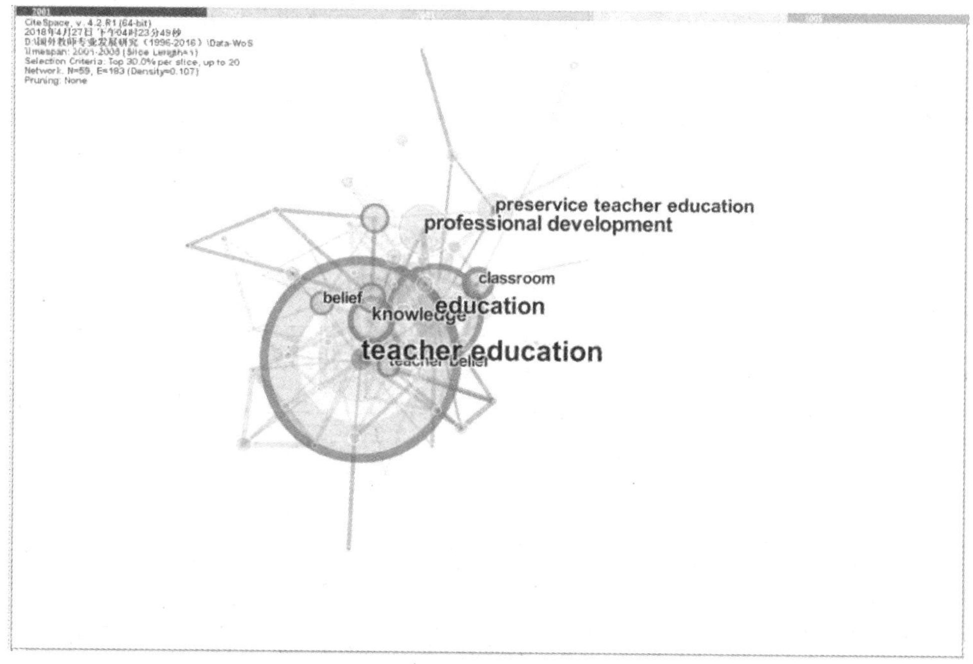


图 5-2 国外教师专业发展研究关键词共现网络图谱（2000—2005）

表 5-2 高频词关键词及其中心性值统计表

（2001—2005）（前 50 项）

| Freq. | Cent. | keyword | year | Freq. | Cent. | keyword | year |
|---|---|---|---|---|---|---|---|
| 85 | 0.51 | teacher education | 2001 | 7 | 0.07 | curriculum | 2004 |
| 41 | 0.24 | education | 2001 | 6 | 0.00 | preservice | 2003 |
| 24 | 0.06 | professiona development | 2001 | 6 | 0.00 | preparing teacher | 2002 |
| 18 | 0.03 | knowledge | 2003 | 6 | 0.00 | teaching | 2005 |
| 13 | 0.14 | preservice teacher education | 2001 | 6 | 0.01 | Inservice teacher education | 2002 |
| 13 | 0.13 | student | 2001 | 6 | 0.03 | race | 2001 |
| 12 | 0.25 | classroom | 2001 | 6 | 0.00 | professional development school | 2003 |
| 11 | 0.15 | teacher belief | 2001 | 6 | 0.07 | discourse | 2003 |
| 11 | 0.18 | belief | 2002 | 6 | 0.00 | instruction | 2002 |
| 10 | 0.08 | beginning teacher | 2001 | 5 | 0.00 | mentoring | 2005 |
| 10 | 0.03 | reform | 2001 | 5 | 0.00 | Teacher education | 2001 |

续表

| Freq. | Cent. | keyword | year | Freq. | Cent. | keyword | year |
|---|---|---|---|---|---|---|---|
| 9 | 0.03 | student teacher | 2003 | 5 | 0.00 | collaboration | 2005 |
| 9 | 0.01 | pedagogy | 2001 | 4 | 0.01 | context | 2003 |
| 9 | 0.07 | school | 2002 | 4 | 0.01 | community | 2005 |
| 9 | 0.00 | reflection | 2001 | 4 | 0.00 | action research | 2005 |
| 9 | 0.00 | teacher educator | 2002 | 3 | 0.00 | standard | 2005 |
| 9 | 0.01 | perspective | 2004 | 3 | 0.01 | achievement | 2002 |
| 8 | 0.00 | language | 2004 | 3 | 0.00 | student teaching | 2001 |
| 8 | 0.07 | pedagogical content knowledge | 2001 | 3 | 0.00 | education reform | 2004 |
| 8 | 0.00 | teacher development | 2004 | 3 | 0.01 | mathematics | 2002 |
| 8 | 0.06 | inquiry | 2002 | 3 | 0.00 | motivation | 2005 |
| 7 | 0.10 | experience | 2002 | 3 | 0.00 | accreditation | 2005 |
| 7 | 0.01 | diversity | 2004 | 3 | 0.00 | critical reflection | 2003 |
| 7 | 0.01 | multicultural education | 2004 | 2 | 0.00 | issue | 2002 |
| 7 | 0.02 | teacher knowledge | 2001 | 2 | 0.01 | elementary teacher | 2002 |

表5-2中的高频词除了延续前五年的“education”“knowledge”“preservice teacher”“belief”等关键词外，还首次出现了“professional growth”“diversity”“in struction”“5th teacher”“acculturation”“color”等关键词，但“teacher education”仍然处于图谱的比较中心的位置，说明这一时期国外的教师专业发展研究在原有基础上，研究外延进一步拓展，深入到教师教育具体环节中，热点关键词分布也随之发生了变化。

## 三、2006—2010年国外教师发展研究热点的知识图谱分析

在图5-3关键词共现网络图谱中共生成关键词节点52个，连线174条。

从表5-3中可以看出，国外2006—2010年间的教师专业发展研究的热点关键词，除了上一个五年的“teacher education”“knowledge”“preservice teacher”“belief”“experience”等关键词仍然占据前几名外，还出现了如“refl ection”“collaboration”“pedagogy”“mathematics”“mentoring”“inquiry”“multiculturaleducation”“race”“social justice”等新的关键词，说明这一时期的国外教师专业发展研究不仅仅关注教师自身，而且开始关注教师发展环境，尤其是社会和政治发展环境。其中“reflection”的中心性值达到0.05，“collaboration”中心性值达到0.08，“multicultural education”达到0.08，鉴于高中心性值是话

题影响度的具体体现，上述三个关键词有较大的影响力。

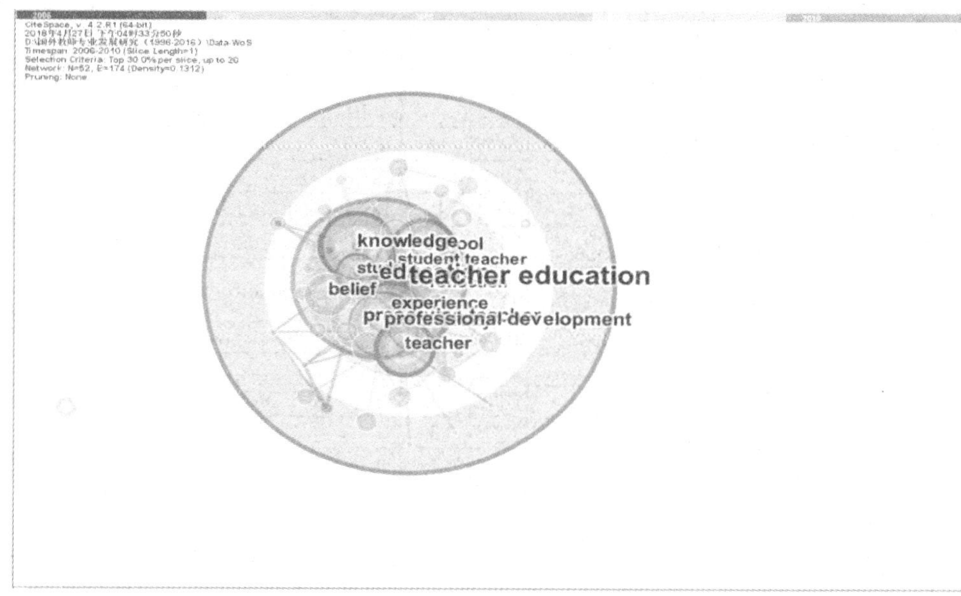


图 5-3 国外教师专业发展研究关键词共现网络图谱（2006—2010）

表 5-3 高频次关键词及其中心性值统计表

（2006—2010）（前 44 项）

| Freq. | Cent. | keyword | year | Freq. | Cent. | keyword | year |
|---|---|---|---|---|---|---|---|
| 203 | 0.31 | teacher education | 2006 | 13 | 0.00 | teacher education | 2009 |
| 83 | 0.24 | education | 2006 | 13 | 0.08 | collaboration | 2006 |
| 36 | 0.23 | knowledge | 2006 | 12 | 0.00 | pedagogy | 2010 |
| 35 | 0.14 | professional development | 2006 | 12 | 0.00 | beginning teacher | 2007 |
| 34 | 0.07 | preservice teacher | 2007 | 12 | 0.00 | mathematics | 2009 |
| 31 | 0.20 | school | 2007 | 11 | 0.00 | mentoring | 2009 |
| 29 | 0.12 | experience | 2006 | 11 | 0.01 | science | 2008 |
| 28 | 0.17 | diversity | 2007 | 11 | 0.00 | inquiry | 2010 |
| 28 | 0.29 | teacher | 2006 | 11 | 0.08 | multicultural education | 2010 |
| 26 | 0.01 | belief | 2007 | 10 | 0.00 | perception | 2006 |
| 24 | 0.13 | student teacher | 2006 | 10 | 0.01 | race | 2010 |
| 21 | 0.05 | reflection | 2008 | 9 | 0.01 | social justice | 2010 |
| 21 | 0.12 | student | 2006 | 9 | 0.00 | attitude | 2008 |
| 18 | 0.03 | Reform | 2006 | 9 | 0.00 | instruction | 2009 |
| 18 | 0.02 | perspective | 2008 | 8 | 0.00 | educational reform | 2006 |
| 17 | 0.01 | teacher development | 2009 | 8 | 0.00 | preservice | 2007 |
| 15 | 0.01 | identity | 2010 | 8 | 0.00 | inclusive education | 2009 |

续表

| Freq. | Cent. | keyword | year | Freq. | Cent. | keyword | year |
|---|---|---|---|---|---|---|---|
| 15 | 0.02 | preservice teacher education | 2006 | 8 | 0.01 | teacher belief | 2007 |
| 14 | 0.05 | model | 2006 | 8 | 0.00 | disposition | 2007 |
| 14 | 0.00 | classroom | 2007 | 7 | 0.01 | technology | 2007 |
| 13 | 0.00 | initial teacher education | 2010 | 7 | 0.00 | practicum | 2006 |
| 13 | 0.01 | literacy | 2007 | 6 | 0.00 | cooperating teacher | 2006 |

## 四、2011—2016 年国外教师发展研究热点的知识图谱分析

在图 5-4 关键词共现网络图谱中共生成关键词节点 64 个，连线 250 条。

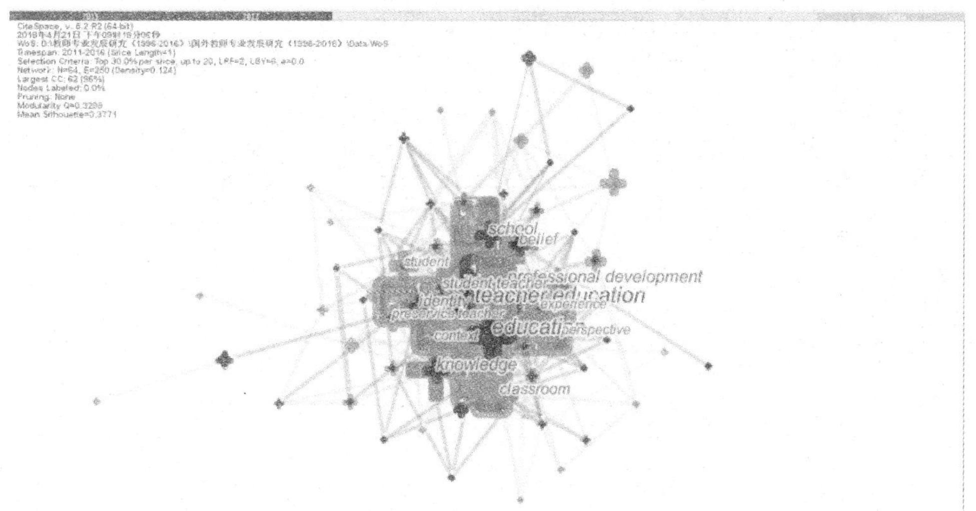


图 5-4 国外教师专业发展研究关键词共现网络图谱（2011—2016）

从表 5-4 可以看出，国外教师专业发展的研究热点在 2011—2016 年间得到了新的发展，除了延续了上一个五年的“teacher education”“education”“professional development”“school”“knowledge”“belief”“classroom”等热点话题外，还出现了一些新话题，如“context”“instruction”“teacher educator”“curriculum”“discourse”“poverty”“poverty”“efficacy”“motivation”，说明国外教师专业发展研究的研究范围得到进一步拓展，更多的新问题得到研究者的关注。其中“instruction”“perception”“teacherlearning”“attitude”等几个关键词虽然频次不是很高，但中心性值分别高达 0.12、0.07、0.05、0.06，说明这几个话题受到研究者普遍关注。

表 5-4 高频次关键词及其中心性值统计表
（2011—2016）（前 58 项）

| Freq. | Cent. | keyword | year | Freq. | Cent. | keyword | year |
|---|---|---|---|---|---|---|---|
| 199 | 0.17 | teacher education | 2011 | 10 | 0.01 | curriculum | 2011 |
| 156 | 0.32 | education | 2011 | 9 | 0.03 | impact | 2012 |
| 72 | 0.11 | professional development | 2011 | 9 | 0.02 | equity | 2016 |
| 68 | 0.27 | school | 2011 | 9 | 0.04 | model | 2012 |
| 67 | 0.10 | knowledge | 2011 | 9 | 0.00 | teacher development | 2011 |
| 47 | 0.11 | belief | 2011 | 8 | 0.00 | initial teacher education | 2012 |
| 44 | 0.15 | classroom | 2011 | 8 | 0.00 | discourse | 2012 |
| 44 | 0.05 | student teacher | 2011 | 8 | 0.06 | attitude | 2013 |
| 38 | 0.20 | identity | 2011 | 7 | 0.00 | student teaching | 2015 |
| 31 | 0.04 | student | 2012 | 7 | 0.00 | pedagogical content knowledge | 2013 |
| 29 | 0.09 | experience | 2012 | 6 | 0.01 | multicultural identity | 2011 |
| 29 | 0.04 | preservice teacher | 2012 | 6 | 0.00 | poverty | 2016 |
| 25 | 0.08 | context | 2011 | 6 | 0.00 | pedagogy | 2016 |
| 25 | 0.00 | perspective | 2011 | 6 | 0.00 | motivation | 2012 |
| 24 | 0.03 | preservice teacher education | 2015 | 6 | 0.00 | race | 2011 |
| 22 | 0.06 | teacher educator | 2011 | 6 | 0.00 | field experience | 2012 |
| 19 | 0.02 | diversity | 2012 | 5 | 0.01 | policy | 2012 |
| 19 | 0.01 | reform | 2012 | 5 | 0.00 | efficacy | 2013 |
| 17 | 0.01 | literacy | 2011 | 5 | 0.00 | academic work | 2013 |
| 16 | 0.04 | beginning teacher | 2012 | 5 | 0.00 | casestudy | 2013 |
| 16 | 0.03 | community | 2012 | 5 | 0.00 | teacher education | 2014 |
| 16 | 0.12 | instruction | 2012 | 4 | 0.00 | teaching | 2012 |
| 15 | 0.05 | teacher learning | 2011 | 4 | 0.00 | work | 2012 |
| 13 | 0.00 | teacher | 2012 | 4 | 0.00 | quality | 2014 |
| 13 | 0.03 | mathematics | 2011 | 4 | 0.01 | selfefficacy | 2012 |
| 13 | 0.07 | perception | 2012 | 4 | 0.02 | career | 2012 |
| 11 | 0.00 | social justice | 2016 | 4 | 0.01 | future | 2014 |
| 10 | 0.01 | achievement | 2011 | 4 | 0.00 | higher education | 2014 |
| 10 | 0.02 | teacher knowledge | 2013 | 4 | 0.00 | teacher preparation | 2012 |

## 第二节 国外教师专业发展研究热点的整体性分析

本节使用的方法与上一节的分阶段研究相同，将 1996 ~ 2016 年视为一个整体的时间段，每两年为一个时间分区，对 web of science 收录的国外教师专业发展研究文献进行关键词共现分析，得到整体的国外 1996—2016 年间国外教师专业发展研究关键词网络图谱。

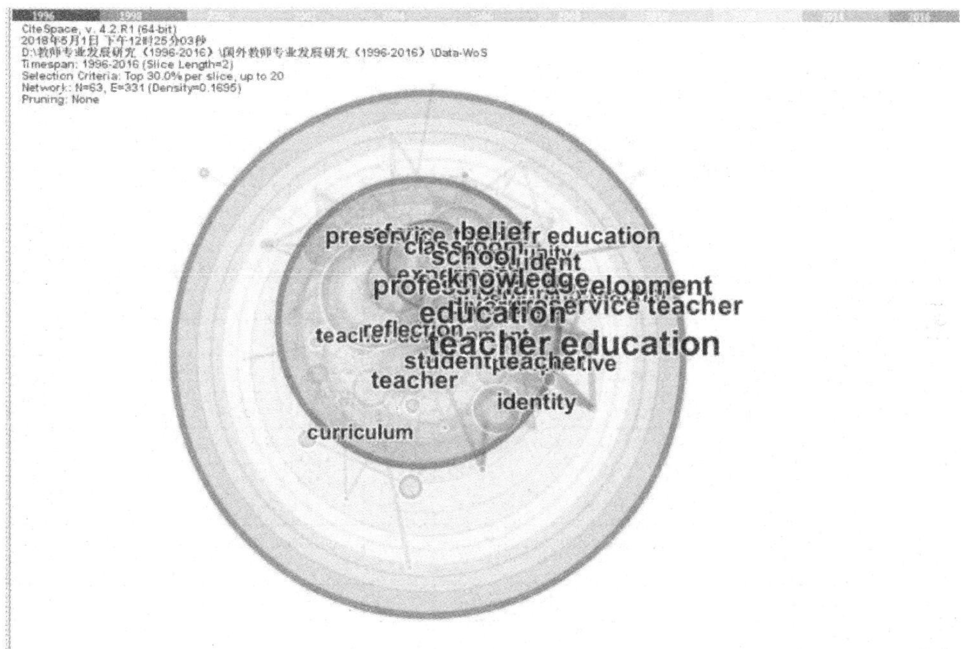


图 5-5 国外教师专业发展研究关键词共现网络图谱（1996—2016）

从表 5-5 可以得知，频次在 40 次以上的关键词有：teacher education、education、knowledge、professional、development、school、preservice teacher、belief、student teacher、experience、student、classroom、preservice teacher education、teacher、diversity、reform、perspective、identity、reflection、beginning teacher、curriculum、community、teacher development、teacher educator、context、mathematics、instruction、literacy 这些主题。中心性最高的关键词依次是 teacher education（0.30）、education（0.29）、classroom（0.18）、preservice teacher（0.15）、knowledge（0.14）、professional development(0.14)、experience(0.13)、student(0.12)、beginning teacher(0.10)、diversity（0.09）、preservice teacher education（0.09）、perspective（0.08）、belief（0.07）、collaboration（0.06）、race（0.05）、school（0.04）、multicultural education（0.03）、reflection（0.03）、inquiry（0.03）。

表 5-5 高频次关键词及其中心性值统计表

（1996—2016）（前 62 项）

| Freq. | Cent. | keyword | year | Freq. | Cent. | keyword | year |
|---|---|---|---|---|---|---|---|
| 515 | 0.30 | teacher education | 1996 | 33 | 0.05 | race | 2000 |
| 297 | 0.29 | education | 1996 | 33 | 0.06 | collaboration | 2004 |
| 140 | 0.14 | knowledge | 1996 | 33 | 0.00 | student teaching | 2000 |
| 133 | 0.14 | professional development | 1996 | 32 | 0.00 | science | 1996 |
| 113 | 0.04 | school | 2000 | 32 | 0.01 | perception | 2012 |
| 95 | 0.15 | preservice teacher | 1996 | 31 | 0.00 | impact | 2012 |
| 95 | 0.07 | belief | 1996 | 31 | 0.01 | model | 2006 |
| 82 | 0.03 | student teacher | 1999 | 31 | 0.01 | attitude | 2008 |
| 82 | 0.13 | experience | 1998 | 30 | 0.00 | socialjustice | 2016 |
| 77 | 0.12 | student | 1996 | 29 | 0.01 | preservice | 1997 |
| 74 | 0.18 | classroom | 1998 | 29 | 0.01 | pedagogical content knowledge | 1996 |
| 72 | 0.09 | preservice teacher education | 1999 | 28 | 0.03 | multicultural education | 2004 |
| 69 | 0.02 | teacher | 1996 | 28 | 0.00 | field experience | 2012 |
| 69 | 0.09 | diversity | 1999 | 26 | 0.01 | Equity | 2016 |
| 63 | 0.01 | reform | 1998 | 26 | 0.01 | language | 2000 |
| 62 | 0.08 | perspective | 1996 | 25 | 0.00 | mentoring | 2004 |
| 63 | 0.00 | identity | 2010 | 24 | 0.00 | preparing teacher | 2002 |
| 62 | 0.03 | reflection | 2008 | 24 | 0.00 | thinking | 1996 |
| 51 | 0.10 | beginning teacher | 1996 | 21 | 0.01 | conception | 1997 |
| 45 | 0.00 | curriculum | 2004 | 18 | 0.00 | socialization | 2016 |
| 45 | 0.00 | community | 2000 | 17 | 0.00 | accountability | 2016 |
| 43 | 0.00 | teacher development | 2000 | 17 | 0.00 | Professional development study | 1998 |
| 42 | 0.00 | teacher educator | 2005 | 17 | 0.00 | performance | 2006 |
| 42 | 0.00 | context | 2010 | 11 | 0.00 | educational reform | 2006 |
| 41 | 0.00 | mathematics | 2008 | 11 | 0.00 | image | 1998 |
| 40 | 0.01 | instruction | 1996 | 11 | 0.00 | disposition | 2007 |
| 40 | 0.00 | literacy | 2006 | 9 | 0.00 | professional growth | 1998 |
| 39 | 0.01 | pedagogy | 2000 | 9 | 0.00 | inservice-teacher education | 2002 |
| 37 | 0.03 | inquiry | 2002 | 6 | 0.00 | constructivism | 1999 |
| 36 | 0.00 | teacher belief | 2000 | 6 | 0.00 | acquisition | 1996 |
| 34 | 0.01 | motivation | 2006 | 1 | 0.00 | agreement | 1996 |

## 二、关键词共现时区图谱

为了显示 1996—2016 年间国外教师专业发展研究热点的演化，本研究在关键词共现网络的基础上绘制了图 5-6 关键词共现时区图谱，如图 5-6 所示，可以看到国外教师专业发展研究热点在时间维度上的演进以及关键词之间的相互影响。

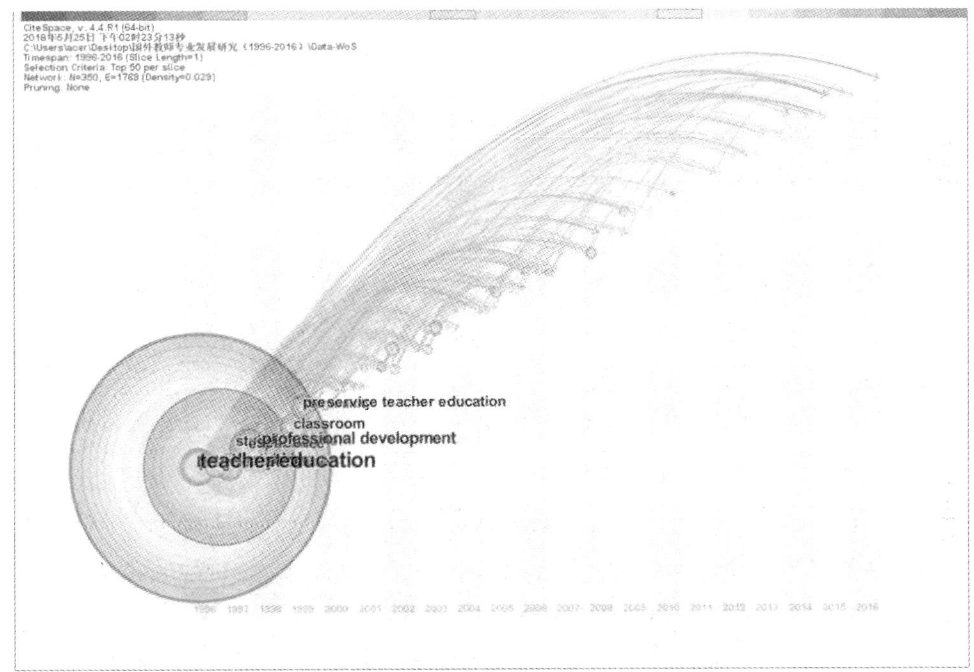


图 5-6 国外教师专业发展研究关键词共现时区图谱（1996—2016）

表 5-6 根据 Σ 值大小选出了调表型关键词，并列出了这些关键词出现的时间。

表 5-6 国外教师专业发展研究代表性关键词出现时间表

| keyword | year | Keyword | year | Keyword | year | Keyword | year | Keyword | year |
|---|---|---|---|---|---|---|---|---|---|
| 1996-2000 | | | | 2001-2005 | | 2006-2010 | | 2011-2016 | |
| Teacher education | 1996 | classroom | 1998 | preparing teacher | 2002 | literacy | 2006 | perception | 2012 |
| knowledge | 1996 | reform | 1998 | inquiry | 2002 | motivation | 2006 | impact | 2012 |
| Professional development | 1996 | Preservice Teacher education | 1999 | curriculum | 2004 | model | 2006 | Field experience | 2012 |
| Preservice teacher | 1996 | diversity | 1999 | collaboration | 2004 | performance | 2006 | Socialjustice | 2016 |

续表

| keyword | year | Keyword | year | Keyword | year | Keyword | year | Keyword | year |
|---|---|---|---|---|---|---|---|---|---|
| 1996-2000 | | | | 2001-2005 | | 2006-2010 | | 2011-2016 | |
| perspective | 1996 | community | 2000 | multicultural education | 2004 | reflection | 2008 | socialization | 2016 |
| instruction | 1996 | pedagogy | 2000 | Teacher educator | 2005 | mathematics | 2008 | account ability | 2016 |
| Pedagogical content knowledge | 1996 | student teaching | 2000 | | | attitude | 2008 | | |
| constructivism | 1996 | language | 2000 | | | identity | 2010 | | |
| experience | 1998 | race | 2000 | | | context | 2010 | | |

结合这两个图表，我们可以看到，国外教师专业发展研究领域热点演进呈现如下特点：

一是该领域在 20 世纪 90 年代后期已经进入研究活跃期，teacher education、knowledge、preservice teacher、belief、constructivism 等话题在 20 世纪 90 年代后期就开始受到重视，一直持续并影响其他热点的出现，所以在图 5-6 的关键词时区试图中，1996—2000 期间的连线特别密集，而且和后面时区中节点的连线也相当多，这些研究热点和后面的时区热点传承关系比较强。

二是 preservice teacher、student teacher、school、pedagogy 等的话题一直处于较中心性的位置，与此相关的关键词如 reform、instruction、educational reform、preparing teacher 等在各阶段的出现频次也相对较高。

三是国外有关教师专业发展研究的讨论逐渐从课堂、学校过渡到社会，尤其到了 2011 年之后，social justice、race、socialization、equity 等关键词逐渐成为研究热点，该领域的研究视角得到了拓展。研究者们渐渐意识到教师专业发展并不只是局限在教师微观的生活环境和专业环境，还和社会这个宏观的环境息息相关。

## 三、国外教师专业发展研究研究热点与主要领域分析

通过归纳上述图谱中具有高频次和高中心性的节点，基本把 1996—2016 年间国外教师专业发展研究热点领域概括为以下几个方面。

### （一）Preservice teacher

有关 preservice teacher（职前教师）的国外文献占据了相当大的比重，说明国外研究者普遍认同职前培养对教师专业发展的重要作用。此处选取了关于职前教师研究中的被引量较高的代表性文献进行讨论，这些文献基本代表了本领域的

研究状况。

Price J.N.（2000）讨论了在为职前教师开设的行动研究课程中，教师通过亲身体验所经历的变化。文章分析了四位职前教师的行动研究体验故事，探讨了职前教师在行动研究中所经历的矛盾和挑战。矛盾主要包括5个方面：个体和机构改变、行动和理解、支持和挑战、激情和理智、规则和解放。综合考虑这五种挑战，作者认为教师教育者应该基于既有历史、教学和情境，面对挑战，深度理解教师行动研究中发生的改变。同时这种矛盾复杂的状况给教育行动研究提供了一个有用的框架。这对职前教师理解教学的本质、深入体会教学工作中变化的生成演变是不可或缺的。

Clive Beck、Clare Kosnik（2002）报告了一项来自加拿大的有关教师教育项目的实证研究结果。作者认为加拿大的教师教育课程被认为过于理论化，而和教学实际不直接相关。因此，教育专家们认为教师教育改革的关键一步是减少学生在校园的学习时间，并提出一系列建议。根据相关建议，作者修改了职前教师校园培训计划并对学生的反馈意见进行了调查。调查结果显示，学生对修改后的计划反响良好，新计划尤其有助于帮助认识更宽泛的教学目标、学到更多教育方法、提高教学技能、增加课程知识、增强自己作为专业人员的意识。但是，新计划对学生的影响大小也取决于新计划的培训内容和培训方法，同时，来自学校的支持也是不可缺少的因素。

Russel Michael、Bebell Damian（2003）调查了职前教师对计算机技术在教学中的应用状况，考察在教室内外两种情境下，计算机技术用于教学的目的和程度。调查选取22个马萨诸塞学区的2894名教师为研究对象，定义了6种计算机技术用于教学的特定用途。研究发现教师更多地依靠计算机技术用于课程准备和沟通，而不是安排教学活动和完成教学活动。除此之外，研究发现，职前教师更善于利用技术，并更多依赖计算机技术用于课程准备和师生、同事沟通，而经验丰富的老教师更多把技术应用于课堂教学，使学生更积极地投入到课堂。

Sara Dexter，Eric Riedel（2003）提出在教师教育课程中应关注对职前教师信息技术能力的培养。文章指出，应在职前教师培养计划中设置教育技术课程，教授教师如何把现代技术融入到教学中去，并且为了使培训更有效，应对职前教师的技术融入能力设置考察，使之成为课程不可分割的一部分。

MooreR（2003）报告了一项关于职前教师实习课程的调查结果。77名教师参加了为期三周的语言艺术的课堂实习，调查主要关注实习教师对实习课堂中教学的反应和体会。调查结果显示，尽管在大学学习时，教授一直不断强调把教学理论付诸课堂实践，但实习教师的体会却并不针对理论和实践的转化，相反，对课堂节奏步骤的时间管理、预期教学内容的有效达成、课堂管理是实习教师最大的三点收获。

Ridley D.S（2005）关注 the professional development school（教师发展学校）的培训状况。作者认为目前为止，关于教师发展学校促进职前教师发展的文献更多关于态度分析，而关于教师发展效果变量的对比性分析较少。文章报告了位于校园的教师发展学校中一项长达两年的教师发展效果比较性研究，研究比较了课程计划、教学有效性、课后反思能力、专业教学知识的内容保持性。调查结果显示，尽管参训教师相比不参训教师得分较高，但两者区别却并没有统计学意义。但是参训教师一年后的教学实践得分却比不参训教师得分显著增高。

Gomez L.M、Shwrin M.G（2008）探讨了逐渐普及的计算机技术用于职前教师培训的可能性和有效性。文章提出可以以一种深入参与的方式，通过网络把职前教师、学校工作人员和大学教授联系在一起。作者进一步指出，计算机技术应用于教师教育机构应注意以下四点：一是有意识培养懂计算机和网络技术的教育专业人员；二是有较强的实践和理论的联系；三是提供更多地以实践为中心的培训；四是对教学本质和时间进行深入反思，并举例说明如何更好地实现这些目标。

Buehler.J，RugglesGere.A（2009）讨论了职前教师在教学实践中的文化能力发展问题，并认为职前教师面临多重来自工作中文化方面的挑战。文章以一位白人新入职教师在教学中遭遇文化挑战并成功和解的经历为例，研究结果说明：教师的文化能力受到来自认知和情感两方面的挑战，确切地说，情感挑战来自种族分化的状况，教师内心会不可避免产生情感冲突，而来自教师所在学校的积极因素、教师对种族状况的正确态度会有助于教师顺利发展文化能力。文章建议，教师教育者不应该仅仅关注教师文化能力的养成，而且也要关注教师在养成过程中的内心冲突以及消除过程。并呼吁给予新入职教师更多关爱，帮助教师顺利度过文化能力养成的难关。

Jenny L.Ferrier-Kerr（2009）对职前教师在实习环境中如何建立专业人际关系提出了自己的见解。文章认为在实习环境中建立良性积极的专业人际关系至关重要，这需要专业方法，同时也需要各方努力。作者讨论了在最后阶段的实习中，指导教师和实习教师间专业关系本质和建立的具体方法。

Sally Galman（2009）报告了一项有关职前教师身份认同的人种志研究。研究涉及的职前教师参与了一项大型教师准备培训项目，通过讲述故事，他们分享了成为教师的最初始的体会，讲述了教师身份认同发展过程中的不和谐感受。特别需要指出的是，这种不和谐在教师身份认同中恰恰起到了催化剂的作用，教师在这种不和谐的发生和和解过程中的体会是非常有益的，作者尝试构建了一个包括教学、教师工作、教师自身的教师身份认同的理论模型。研究结果为教师教育者提供了启示：什么是教师教育培训项目中最重要的因素，教师损耗背后的深层原因是什么。

Heather Coffey（2010）讨论了在实习环境中，实践证明：专业共同体能为职前教师理解理论和实践关系提供很大的帮助。论文记录了在美国东南部一所儿童基金会自由学校中，职前教育研究者们的经历。职前教师通过批判性反思、网络日志、每日情况汇报来参与共同体的活动，教师们认为上述活动使自身受益匪浅，共同体的互动沟通使自己对教师职业获得更深地体验。项目在弥合教师教育理论和实践沟壑方面是一个有益和成功的尝试。

（二）Belief

教师信念研究是国外教师专业发展研究的另一个热点。研究者从不同角度、应用不同方法对教师信念做出不同的解读。

Elana Joram、Anthony J Gabriele（1998）关注职前教师的信念。他们认为职前教师的一些落后的教师信念未必一定是坏事，如果经过培训，障碍完全可以变成成长的机遇。文章以职前教师在参加教育心理学课程时的信念体验为例，培训后教师的信念和培训前的教师信念相比发生了提升，说明教师的教学信念并不是难以改变的，而是完全可以得到优化的。

AlanH.Schoenfeld（1998）记述了有关教师信念的大学研究项目，项目有意观察一组教师在教学情境中如何做出特定决定、采取特定行动，并且探寻其背后的原因。研究基于两个假设：一是教师的信念、目标、知识都是一致并相互支撑的；二是教师的信念、目标、知识支配教师行为并与教师行为是相匹配的。文章根据数据构建了教师信念、目标、知识和教师行为的概念模型，表明了上述几个因素间的关系。

Tillema H.H（2000）指出在教师信念提升的过程中，以反思为中心的学习起到了关键的作用，是教师信念提升的重要路径。而教学实践是反思发生的基础，教学实践和反思是相互作用、相互促进的关系。文章更进一步指出，对于职前教师来讲，实践后反思相比实践前的专业准备更有价值，更有效，也更可行。

Diane Holt-Reynolds（2000）讨论了建构主义在教师教育理论界盛行的情况下，职前教师是否有相应的信念来指导自己的教学实践。既然建构主义认为知识不是由直接传授而来，而是由自己通过多个渠道建构而来，相应的，教师的角色也不再是传统知识的传授者，而是成为学生知识建构的便利提供者。文章给教师教育者提出建议，认为教师教育者应充分认识到建构主义给教师信念带来的影响和变化，并把这种变化融入到教师教育课程中去，帮助职前教师更好地做好职业准备。

Stipek、Deborah J、Givvin、Karen B、Salmon、Julie M（2001）考察了和数学教学相关的教师信念和实践关系。数学教师的教师信念包括：数学的本质、数学学习的本质、数学能力的本质、谁应该控制学生的数学活动、为使学生参与到数学活动中而得到的外在回报的价值、教师在数学教学中的自信和享受程度。研究分析了这些教师信念的相关度和一致性，以及教师信念和教师可见的教学行为之间的关系。分析结果表明教师信念的各个维度具有高度相关性，教师信念和教师行为也具有一致性。

Marina Mattheoudakis（2007）做了一项历时三年的研究来调查职前教师学习和教学信念。研究探讨了教师三年的教学实践对教师信念产生了哪些可能性的变化。研究结果显示：即使教学实践对教师信念有逐渐的甚至有时候是重要的改变，但教学实践对教师信念的影响力仍然不高。这种影响和教师教育计划的设计和培训内容直接相关，文章对教师教育项目提出了改进建议。

Simon Borg、Anne Burns（2008）调查了来自 18 个国家的 176 名英语教师，目的在于考察教师在融合语法与语言技能教学中的教师信念和实践情况。教师们被要求填写调查问卷，问卷涉及整体语法教学信念、特定教学信念、融合语法与语言技能教学的实践情况。问卷结果显示：大多数教师认为不能孤立地教授语法，而应该把语法教学融入到语言技能教学中去。研究同样考察了教师对融合式教学的见解以及如何评价什么是成功的融合式语法教学，考察结果显示，教师认为有两种融合式教学方法：暂时性和情境性。教师对教学方法的评价不失实用价值和专业水准。

Peggy A.Ertmer、Anne T.Ottenbreit-Leftwich、Olgun Sadik（2012）关注现代技术支持下的新教学情境中教师信念的变化状况。文章指出，既有的关于新教学情境下的教师信念研究发现：通常教师赞成的信念和教学实践并不统一，部分原因是因为各种外界因素使得教师不能把赞成的信念在实践中变成现实。但是本文作者认为，好多这类的障碍在实践中慢慢消失，因此作者想重新求证新技术支持的教学环境下教师信念情况的新变化。12 名教师被作为研究对象，经过对研究对象的课堂内外观察和访谈，文章得出结论：教师的教学信念和教学实践基本保持一致。持以学生为中心教学信念的教师往往在实践中知行合一，他们也会相应采纳如主动性、学生自主选择、合作等教学行为。这些教师也会更多地拥护以学生为中心的教学大纲，而不是自上而下的、机械性的教学大纲。教师对教育技术的积极信念对教师的成功教学影响最大。研究还发现：大多数教师认为内部因素（如对教育技术的热情和解决问题的心态）和来自外部的支持（如行政管理者和个人学习网络）在教学实践的形成方面起到了最关键的作用。教师对教育技术的消极看法和目前落后的知识技术水平是教师应用新教育技术方面的最大障碍。

Van Uden、JolienM、Ritzen、Henk、Pieters、JulesM（2014）用量化研究方法分析教师信念、教师行为对学生参与度的影响。鉴于学生参与度是学习的一个重要指征，此项研究选取 200 位教师和 2288 位学生作为研究对象，应用问卷调查的方式来考察教师职业动机、可见的教师人际行为、对教师知识的态度、教学自我效能感等是否和学生参与度呈相关关系。学生参与涉及三个方面：行为参与、情感参与、认知参与。分析结果显示：教师人际行为和学生三个维度的参与呈较强相关关系。值得注意的是，学生年龄和他们的参与度几乎没有相关性。

Jiménez、JuanE、Shanahan、Isabel（2016）基于数据分析结果，讨论了来自西班牙的一项基于网络的教师培训项目，作者调查了职前教师和在职教师阅读教学知识和内隐教学信念在培训后的变化。调查结果显示：培训可以提高教师的语音教学意识、流利性、词汇量、语音教学能力。教师意识到对阅读策略的理解是高质量阅读教学的必要之举。同时培训也对教师的内隐教学信念产生了影响。

（三）Knowledge

关于教师知识的研究是国外教师专业发展研究的一个重要分支，研究主要集中在教师学科教学知识、信息技术情境下的学科教学知识、教师实践性知识，研究者们对上述知识进行理论内涵的思辨和基于实证研究基础上的检验和新发现。

Carpenter、ThomasP、Fennema、Elizabeth、Franke、MeganL（1996）通过一项实证研究，考察了小学数学教师的学科教学知识的生成和转化情况。文章认为，学生的想法可以给教师学科教学知识、特定学科知识、课程知识和课堂教学知识提供来源。教师利用学生的大量非正式数学思维，对自己的非正式学科知识进行阐释、转化、重构，而反过来这些也会促进教师提升自己的学科教学知识。因此理解学生的思维可以有助于教师对学科教学知识进行更宽泛的重构和自我提升。

Mary Anna Lundeberg、Geoffrey Scheurman（1997）报告了一项职前教师教育实验，通过要求职前教师分析争议性教学案例来发展教师的学科教学知识。在本科生教育心理学课堂上，学生在上课前和上课后两次对同一个争议性教学案例进行分析，两次分析结果被用来比较分析，用以观察教师在教育心理学课堂授课之后教师学科教学知识的变化情况。实验结果分析表明：职前教师在案例分析中发展了教师学科教学知识：发现新问题、反复斟酌观点、考虑他人的看法、尝试植入理论概念。研究显示：反复分析教学案例的教学方法是发展职前教师知识的有效教学方法，可以起到“锚定”后续教学的作用。

Donald Freeman（1998）尝试重新定义 TESOL 教师（二语教师）的知识基础。文章认为二语教师的知识基础必须围绕教学活动本身，应该包括以下几点：谁在教学？教什么？教学情境是什么？教学方法是什么？而且教师的知识基础应该包括教师知识产生的社会、文化、机构环境。因此语言教师教育的知识基础应该首先承认教师是教学的学习者，学校的环境也应该被考虑在内。

Jan H.van Driel、Douwe Beijaard、Nico Verloop（2001）从教师实践性知识的视角，讨论了科学教育改革情境下的教师专业发展。人们一直认为：过去的改革之所以不成功，是因为没有把教师现有的知识、信念、态度考虑在内。教师的实践性知识被定义为以个人为基础，以行动为中心。由于实践性知识是由教师在工作中构建的，因此教师实践性知识融合了经验性知识、正式知识以及个人信念。作者认为需要通过长期的专业发展项目来实现教师实践性知识不断的积极变化。以下几项策略尤其有效：一，在网络中学习；二，同伴互助；三，合作式行动研究；四，运用案例。在项目伊始，应该对教师的实践性知识做一个调查，并且在项目进行中密切观察教师实践性知识的变化。

Azita Manouchehri（2002）报告了一项研究结果，有关中学数学教师的专业教学知识发展过程中同伴互动所起到的积极作用。研究以两位参加课堂实习的实习教师为例，实习期为11周，研究结果表明：同伴互助和合作性反思可以为教师教学知识发展提供便利；同伴可以帮助自己把学习问题、教学行为概念化，而反思则加速了这一进程。

Hashweh、Maher（2005）针对教师知识，对既有的教师学科教学知识的定义和内涵提出挑战。文章提出七点新见解：第一，教师学科教学知识是个人知识；第二，学科教学知识是教师关于教学的知识集合；第三，教师的教学主要是计划的结果，同时也不排除是互动和行动后反思的结果；第四，教学是一个创造性过程，是不同种类的知识、信念相互作用的结果；第五，教学可以基于自身经验，也可以借鉴他人经验；第六，教学是有特定话题的；第七，成功教学的达成是（或者本应该）经由多种富有趣味的途径的，而不应该是单一的。

Charoula Angeli、Nicos Valanides（2009）对TPCK（整合技术的学科教学知识）和ICT-TPACK（技术视角下的整合技术学科教学知识）概念和内涵提出创新性的观点。文章从认识论和方法论的角度深入详细地论述了这两个名词的内涵。在认识TPCK这个概念时，通常有转化论和融入论两个主流的观点，最终，人们倾向于采纳认识论视角，认为TPCK是一个独特的知识总和，是通过每个单独的知识基础之间互动沟通而形成的。而ICT-TPACK作为TPCK的一个分支，被认为是包括知识的工具性、功能可见性、教育性、内容、学习者的统合理解。当教学内容学生难以理解，而教师感到难以教学时，教师利用技术使得教学内容更高效呈现，技术同时也给教学增加了价值。文章给出了ICT-TPACK的评价模型，模型由三种评价方式构成：专家评价、同伴评价、自我评价。

Huei-Tse Hou、Yao-Ting Sung、Kuo-En Chang（2009）讨论了一项基于网络

的教师间知识分享实证研究。教师间的知识分享可以有效帮助教师解决大量教学问题。作者设计了一项基于网络技术的教师间教学知识讨论，同时为教师提供解决问题的策略。研究选取 495 名教师作为研究对象，通过对研究数据进行量化分析、序列分析、质性分析，以期得到教师讨论行为的内容和方式。研究确认了知识分享对教师的影响以及分享活动存在的局限，并基于此，给教师教育研究者提出了进一步的建议。

Kimberley Brown（2012）讨论了二语教师教育（Second Language Teacher Education）的知识基础。Brown 认为 SLTE 受两个因素的影响：一是基于对 SLTE 本质认识基础上的对教师知识基础和教学实践的再认识；二是世界范围内对教师职业胜任力的更高要求。这两种因素的影响在 SLTE 的日益专业化方面得到体现，比如：对标准的需求；对 SLTE 领域知识基础的再思考；进一步认识到教师学习的社会文化本质；决定教师实践的是教师认知；承认教师认同在教学和教师学习中的作用；在 SLTE 中采取合作式方法；对教师教育的批判性观点。

（四）Reflection

国外教师专业发展研究者们几乎达成了共识：反思是教师专业发展的极其重要的途径，几乎是必由之路。因此探讨反思的文献在总体文献中占据了一定的比重。

John Halliday（1998）作为英国著名的语言学家，对反思性实践和技术至上主义进行了深入地探讨。他认为反思性实践和技术至上主义经常被人夸张的比喻为敏感的唯美主义和粗糙的唯科学主义，而这种夸张是误导性的，反思性实践很容易作为自我公开的必要途径，而这种自我公开恰是和许多教师教育课程中的技术偏见相吻合的。这种吻合之所以产生不是因为反思是技术性的，而是因为教师有越来越少的机会以反思形式进行理论和实践上的探寻。不管是实践性反思还是技术至上主义，都要遵循来自巴赫金和海德格尔的真实原则，同时教师教育课程也要鼓励这种真实的反思性教学实践。

反思在教师专业发展中具有重要作用，并在教师教育中加入反思教育，成为为数不少的研究者的共识。Jay，JoelleK.Johnson，KerriL（2002）认为反思已经成为教师教育的有机组成部分。但是反思的排外性和私密性使得它难以被定义和被教授。通过考察和对教学有关的各个方面的反思，作者澄清了反思的概念，使得反思在职前教师培养中有更好的操作性。文章讨论了教学反思的维度，并提供了类型学方法，为教师教育者提供了更多指导。John R Ward，Suzanne SM Cotter（2004）指出用标准来规范反思教学在教师教育中的操作。Désirée D. Mansvelder-Longayroux 等（2007）提出用档案袋方式来对反思过程和反思结果进行管理，使之可见并条理化。Paul T. Parkison（2009）提出可以通过组建学习共同体来提高反思的质量。

Gelfuso、Andrea、Dennis、DanielleV（2014）讨论了支持教师反思的质量以及外部支持问题。他们认为在世界范围内大家都在呼吁提高职前教师现场教学经验的质量，但是对于如何保障教师的教学反思质量、如何给教师反思提供更好的外部支持，仍然是一个争议的话题。文章认为应采用杜威的理论，把教师反思看作是一个判断、分析、综合、平衡的多维过程，才能保证反思的质量。在此过程中，教师应该得到比自己水平更高的资深教师或专家指导，但现有的这种外部支撑系统的状况却并不令人满意。

（五）social justice、diversity、equity

由于国外的社会制度和我国不同，又加上教师专业发展固有的社会属性，social justice（社会公平）、diversity（差异性）、equity（公正）等话题也受到一部分研究者的关注，尤其是来自美国的研究者。文献研判显示：上述三个话题的相关文献内容相似，大多数情况下是作者的措辞不同，因此把三个话题在此一并讨论。

M. Arthur Garmon（2004）调查了教师对多文化问题的意识和敏感性，作者以一位 22 岁白人女性教师为研究对象，以访谈为研究工具，得出结论：在研究对象积极的多文化意识发展中，6 个因素起到关键的作用。三个因素是倾向性的：对差异性的开明态度、自我意识、对社会公平负责。三个因素是体验性的：跨文化交往体验、支持性团队体验、教育体验。

Milner，H.R.（2009）在同类研究中具有典型的代表性。他呼吁在教师教育课程里要加入多文化教学课程，并且探讨了多文化教学的内涵：中立的种族倾向、文化冲突、精英管理制度、赤字概念、期望。但是作者认为并不仅限于此。文章认为：当教师接受教师教育时，他们的观念模式、思维、信念系统、态度、对教学的总体理解都应该被特殊强调。因为这些概念决定着教师今后的课程理解和教学实践。

另有一部分研究者关注在职教师对少数民族学生的教育。如Sleeter，C.（2008）讨论了少数民族裔的学生对理想教师的期待：不管学生目前学业表现如何，教师总是对学生更好的表现怀有期待；教师总能根据学生的基础和兴趣在学业上帮助学生；教师能和学生家庭和社区保持联系，并能以准确的文化角度来解读学生的表现；教师把少数民族裔学生看作是多文化民主的积极参与者。文章呼吁教育管理部门和教师教育者应充分认识这个问题，并为教师在教学实践中提供支持。Revathy Kumar，Lynne Hamer（2013）以调查问卷为研究工具，考察了一项教师培训计划中，教师对少数民族学生的可能性的信念和偏见的变化情况，以及这种信念和偏见与教师教学实践的关系。聚类分析结果显示，大约25%的教师对贫困和少数民族学生有不同程度的偏见；方差分析结果表明，教师在培训后即将入职前，相比于培训前，教师的偏见情况有了明显降低，更认同采用积极的态度和方法处理有关少数民族裔问题。

## 第三节 国内外教师专业发展研究热点的对比分析

本章将web of science数据库中1996—2016年国外教师专业发展研究的1590篇文献作为研究对象，运用CiteSpace可视化分析软件绘制了关键词共现知识图谱，分析了研究热点词汇的文献状况，本节在分析国外教师专业发展研究领域的特征基础上，结合国内教师专业发展研究特点，分析比较国内外教师专业发展研究热点的异同。

国外1996—2016年间教师专业发展研究领域大致有三个特征。

一是热点研究领域稳中有变。从分阶段的研究热点知识图谱来看，国外教师专业发展的基本研究领域、重点研究热点保持稳定。如“preservice teacher”“belief”“student teacher”“knowledge”“instruction”“social justice”等研究领域一直保持强劲的研究势头，处于核心的位置，且衍生出与之相关的各阶段研究热点。如“preservice teacher”在四个阶段出现的频次依次是95、12、34、29，总计170次。“belief”在四个阶段出现的频次依次是95、7、26、47，总计175次。“student teacher”“knowledge”“instruction”在近20年中出现的频次、中心性也都排在前面。但随着时间推进，也会有一些新的高频次热点词得到凸显，如“pedagogical content knowledge”“poverty”“technology”“TPACK”“community”等，说明国外教师专业发展的研究热点较为稳定但却不乏演化更迭。

二是理论研究和实证研究并重，研究内容丰富。和国内研究不同的是，国外教师专业发展研究在 1996 年就已经进入了研究繁荣期，热点话题分布较均衡，以 1996—2016 年间热点词分布情况为例，排在前 8 位的热点词“teacher education”“education”“knowledge”“professional development”“school”“preservice teacher”“belief”“student teacher”的频次和中心性分别为 515（0.30）、297（0.29）、140（0.14）、133（0.14）、113（0.04）、95（0.15）、95（0.07）、82（0.03），频次呈现逐渐降低的自然状态。相比于国内 20 年总体研究的热点词频次环比下降悬殊的状况，说明国外研究重心合理下沉，研究力量分布合理，没有出现“扎堆”现象，研究话题得到相对充分的讨论。

三是热点话题和国外特定的政治、社会状况联系紧密，具有较强的地域性特征。如有关美国的教师专业发展研究，热点词为“social justice”“diversity”“race”“equity”“multicultural education”的文献针对美国多种族社会背景。在美国，少数民族裔学生是学生群体中的重要组成部分，而公平对待不受偏见也是这部分学生合理的教育诉求。因此针对学生群体多样化，如何实现社会公平、如何保障学生受教育权利平等是美国教育界的特定主题。上述问题映射到教师专业发展领域，就相应出现了以下研究话题：如何在职前教师教育中帮助职前教师面对未来的多文化教育情境？教师对多文化教育的信念和态度如何？如何改善他们的信念？如何帮助教师在多种族教育情境中做出正确的教学决策？这也成为国外教师专业发展领域一个鲜明的特征。

# 第六章 国内教师专业发展研究前沿的知识图谱分析

“研究前沿”是指研究对本学科及相关学科的最新成果的反映或体现情况，是某个科学领域中科学文献的暂时性成分。“研究前沿”的概念是由普赖斯于1965年提出，用来描述一个研究领域的过渡本质。皮尔逊进一步发展和明确了“研究前沿”的概念，他认为就文献计量学而言，引文形成研究前沿，被引文献则组成知识基础。陈悦等人认为，在CiteSpace中，一个学科的研究前沿表现为涌现的施引文献群组，它从两个方面来体现研究前沿的特征：描述观点的正文和引用的参考文献。基本原理是统计相关领域论文的标题和摘要中词汇的频率，根据这些词汇的增长率来确定哪些是研究前沿的热点词汇。运用聚类分析对同时出现在某一篇文献中的某些术语进行分析探究后，即可绘出某领域“研究前沿术语的共现网络图”。

需要指出的是，因为研究前沿的分析需要文献共被引分析的研究，而CNKI数据库的文献输出与格式转换中没有数据格式的CR（参考文献）字段，也就无法获得CiteSpace软件运行所需要的文献共被引分析信息，所以本章采用CSSCI数据库作为数据来源。因为CSSCI数据库的每篇文献信息都包含CR字段，符合CiteSpace软件研究前沿分析对数据的要求。

## 第一节 国内教师专业发展研究前沿的总体分析

为了得到21年里国内教师专业发展研究前沿的总体情况，在软件具体操作过程中，点击设置网络节点类型（Nodetype）为term，每一年为一区分，并且选择Text Nperslice为50，即选择每一时间段中出现频次最高的50个数据，对CSSCI数据库的2603篇文献及其参考文献进行聚类分析。分析结果如图6-1所示，聚类图谱中节点共有253个，连线450条。

图 6-1 国内教师专业发展研究前沿的聚类图谱

为了更好地呈现国内教师专业发展研究的前沿与主题领域，统计了软件后台文件中的关键词列表。见表 6-1。

表 6-1 国内教师专业发展研究前沿聚类分析关键词列表

（1996—2016）（前 44 项）

| Freq. | Cent. | Keyword | year | Freq. | Cent. | Keyword | year |
|---|---|---|---|---|---|---|---|
| 59 | 0.67 | 教师教育 | 1998 | 2 | 0.00 | 教师素质 | 2005 |
| 24 | 0.29 | 教师发展 | 2004 | 1 | 0.00 | 教育发展 | 2005 |
| 8 | 0.02 | 课程改革 | 2003 | 1 | 0.00 | 儿童学 | 2015 |
| 6 | 0.02 | 教师专业化 | 2003 | 1 | 0.00 | 职历培训 | 2013 |
| 5 | 0.00 | 教师培训 | 2003 | 1 | 0.00 | 课程体系 | 2006 |
| 4 | 0.01 | 课程标准 | 2006 | 1 | 0.00 | 校本自主督导 | 2006 |
| 3 | 0.02 | 中小学教师 | 2004 | 1 | 0.00 | 教育学科 | 2003 |
| 3 | 0.00 | 教师教育课程 | 2003 | 1 | 0.00 | 学生受教育权 | 2002 |
| 2 | 0.00 | 综合性大学 | 2002 | 1 | 0.00 | 个性教育 | 2002 |
| 2 | 0.00 | 德国教育 | 2006 | 1 | 0.00 | 美国教师教育 | 2011 |
| 2 | 0.00 | 教师教育模式 | 2006 | 1 | 0.00 | 普遍服务 | 2016 |
| 2 | 0.04 | 专业实践能力 | 2012 | 1 | 0.00 | 教师教育技术标准 | 2008 |
| 2 | 0.00 | 教育信息化 | 2004 | 1 | 0.00 | 教学技能 | 2010 |
| 2 | 0.02 | 师范教育 | 2001 | 1 | 0.00 | Esp 专门用途英语 | 2012 |
| 2 | 0.01 | 师资培养 | 2001 | 1 | 0.00 | 内涵式发展 | 2014 |
| 2 | 0.02 | 专业发展学校 | 2005 | 1 | 0.00 | 规划纲要 | 2010 |
| 2 | 0.00 | 教育公平 | 2011 | 1 | 0.00 | 发展策略 | 2011 |
| 2 | 0.02 | 职前教师教育 | 2009 | 1 | 0.00 | 卓越工程师 | 2014 |

续表

| Freq. | Cent. | Keyword | year | Freq. | Cent. | Keyword | year |
|---|---|---|---|---|---|---|---|
| 2 | 0.00 | 教育研究 | 2005 | 1 | 0.00 | 主体性发展 | 2016 |
| 2 | 0.00 | 特殊教育 | 2008 | 1 | 0.00 | 终身学习 | 2004 |
| 2 | 0.00 | 教师专业身份 | 2008 | 1 | 0.00 | 数据库 | 2011 |
| 2 | 0.01 | 教师资格制度 | 2004 | 1 | 0.00 | 教师教育行为 | 2013 |

从表 6-1 可以看出，聚类分析关键词几乎涵盖教师专业发展的各个层面，主要分为以下三类：

一是有关教师专业发展的宏观性的基础问题，如：教师教育、教师发展、教师培训、教育发展、教育研究、教师专业化等。

二是有关教师专业发展的方式、途径等中观问题，如：师范教育、教师专业身份、教师资格制度、内涵式发展、职历培训、规划纲要、主体性发展等。

三是教师专业发展的具体做法以及随着时代发展出现的新问题，如：教师发展学校、数据库、Esp 专门用途英语、学生受教育权、个性教育、儿童学、课程体系、校本自主督导、课程体系等。

可见，在 1996—2016 年间，国内教师专业发展研究领域在宏观、中观、微观层面的研究前沿都得到了推进，对教师专业发展在新的时代背景下的新的内涵和新的命题有了新的思考，对具体实践层面也有了新途径、新方法、新发现。

## 第二节 国内教师专业发展研究前沿主题分析

根据 CiteSpace 软件的聚类关键词及其被引历史曲线，结合二次文献检索和阅读，进行内容分析，本节内容将对 1996—2016 年国内教师专业发展研究的前沿主题进行分析。

### 一、渐强趋势的前沿主题

（一）教师学习

图 6-2 显示了“教师学习”研究从 2008 年进入活跃期，这种活跃的状态一直保持到数据截至统计的 2016 年。“教师学习”研究呈现渐强趋势和国内外的教师专业发展研究重心从“教师培训”到“教师教育”再到“教师学习”的转变是相符合的，研究者们不再仅仅关注教师的外显行为，而是更关注教师的认知和知识层面，并且强调情境对教师学习的重要作用。这个变化趋势也是教师在专业

发展中主体性得到承认并凸显的过程。研究者们逐渐意识到教师不是被动学习发生的客体，而是主动发生的主体，并各持己见，提出不同的教师学习观和认识论。与此相应，“教师学习”也成为国内教师专业发展研究的渐热话题。

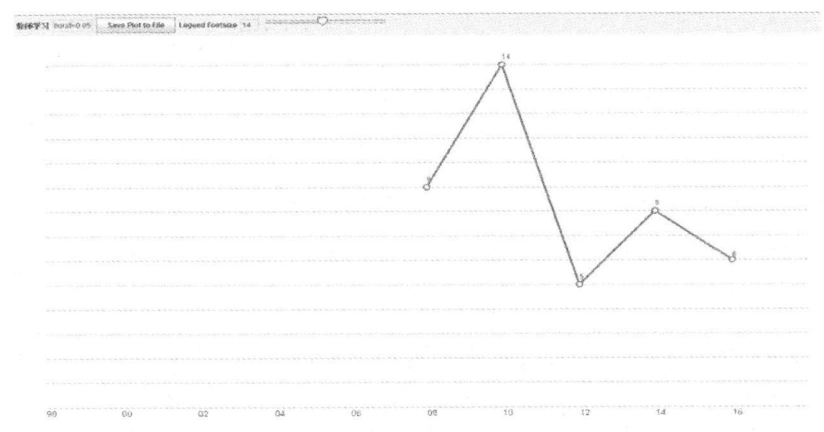

图 6-2“教师学习”被引历史曲线

张兆芹、王海军（2008）提出为了提高教师学习的有效性，应从了解教师的内在学习需求入手。教师的内在学习需求包含：一是教师的现实需求，是为了解决课堂遇到的教育教学难题；二是教师的价值需求，是为了提升教师的专业能力和理论知识。并探讨了基于满足教师内在需求的继续教育的对应策略。

肖正德（2010）指出教师学习方式向生态取向变革是学校组织不断变革与创新的现实诉求。既是出于教师生命发展的内在需求，也是学生主体发展的深切呼唤。学校秉承生态取向的教师学习观，构建生态取向的教师学习环境，打造生态取向教师学习文化，促进教师学习有效发生。龙宝新（2010）则进一步指出，教师学习的内在机制是理论成师与实践成师间的双轨同期互动。教师学习应该在教育理论与教育实践的交汇处发生，教师知行并行，而学习平台搭建是教师学习的重要保障。

孙德芳（2011）通过一项调查研究，了解教师学习的现实状况并提出对策探讨。作者做了我国东、西、中部 5 个省份 11 所中小学“教师学习的生态现状”的大范围问卷调查，分析结果显示：教师对学习有比较积极的认识，学习不再是外在驱动，更重要的是为了教师自我发展和学生成长；教师在学习时间上有性别差异和学科差异；学习内容有性别、职称、学科、学校层次差异；教师学习的政策支持辅助性不强。作者提出要理解教师学习的生命本质，凸显教师学习的主体性，提高教师学习的适应性，为教师学习提供多元资源，实现教师学习的根本性改观。

钟亚妮（2014）报告了北京市农村中小学教师研修工作站有关有效教师学习的实践探索。“北京市农村中小学教师研修工作站”是北京市教委2008年启动的一项创新型的教师专业发展项目。该项目将远郊区县教师选送入城区优质中小学，以教育教学实践观摩为主要活动，由优秀教师进行教学实践指导，以促进农村教师专业成长。实践结果表明：该项目不仅有效提高了农村教师的教育教学水平，在师德修养、专业态度与专业认同等方面也有提升，对其后续发展的影响更为深远。

孙德芳、周亚东（2016）认为教师教育中“学院式”培训显露出系列弊端。随着学习理论的研究发展，教师发展要求教师通过学习来不断自我完善，教师学习场域也得到拓延：从“学院式”走向“现场式”；从大学主导的“学院式”学习发展到大中小学共建的“现场式”学习；从共建“现场式学习”到中小学独唱的“现场式”学习，赋予更深含义的教师学习应化解“学院”与“现场”之间的二元对立，满足教师学习的层级需求，最终成就教师的终极发展。

曾艳、张佳伟（2016）剖析了上海名师工作室中名师作为教师学习领导者的实践和困境。在“名师工程”中，名师作为领袖教师，担负着引领教师群体发展的重任，是教师学习中的领导者。研究以上海市名师工作室为案例，共访谈了6位名师及学员教师24人。研究发现：名师主要通过建构有利于教师学习的活动结构来影响教师个体的专业学习，建构方式包括设立合理的学习目标、组织优质学习资源、建立互信的师徒关系等。名师虽然推动了具有自组织性质的群体性教师学习，但缺乏必要的领导力和领导技能，等级化的教研制度制约了其领导行动的深度。

（二）教学反思

从图6-3可以看出，从2006年之后有关“教学反思”的文献一直呈活跃状态，说明我国教育界重视教学反思和教师专业发展之间的关系。文献二次检索和研读结果表明，研究者一致认同教学反思是促进教师专业发展的重要途径甚至是主要途径，并对教学反思的途径和实践从不同角度进行了探讨。

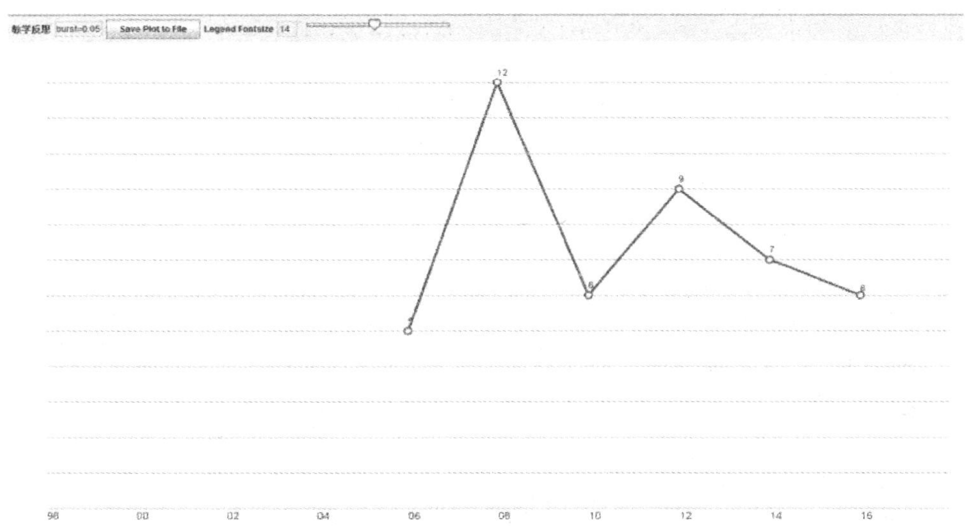


图 6-3“教学反思”被引历史曲线

教师在教学反思中存在的问题和应对策略，是为数不少的研究者关注的焦点问题。王恩惠（2009）发现在实践中有教师将教学反思目标化、任务化；脱离教学实践从而丧失个性；教学反思方式过于封闭；甚至教学反思“照猫画虎”，形不成个性化实践智慧，导致教学反思偏离本真，流于形式，缺乏个性，削弱了对教学实践的指导功能。究其原因，主要是管理层及教师个体教育理论素养欠缺，对教学反思认识不到位，带有功利化思想。应以教育理论作观照，扎根教育教学实践，加强反思后交流，才能焕发教学反思应有的生机与活力。孙振东、陈荟（2010）分析了教学反思的影响因素：学校物质条件、组织环境、人际关系和教师自身理论素养、性格特点、教龄长短。只有结合具体的、现实的教学情境，才能诊断影响教师教学反思的因素，找到问题根源，提高反思质量，达到预期效果。

仪琳（2013）通过调研发现：教师们尽管在实践中有反思行为，但反思的连续性还未建立，反思习惯尚未形成，反思对教学的促进作用并未完全体现出来。基于此，作者提出提高教师反思能力，形成反思习惯的有效途径。侯素雯（2014）针对教师教学反思的不足，提出以下策略：基于教学法展开反思；加强教学反思的管理；提倡合作的教学反思。全守杰、李红惠（2014）在调查后发现：反思来源、情感体验和理论运用等是教学反思现存的关键问题；教师的观念认识、专业实践和理论知识是教学反思的三个影响因素。为提升反思效果，促进教师个体专业发展，教师个体需要具备更强的观察力、质疑意识、把握问题的立体视野等。教师也应注重反思交流，而不是闭门造车，应积极和同事、同行用线下和线上多种方式，获取反思快乐，收获反思成果。

另一部分研究者对教学反思的内涵进行了深入的思考。曾文婕（2009）探讨了教学反思的多重路径。在现实中，教师通常将教学反思视为是在完成教学之后对教学活动进行的审视和分析。事实上，教学反思应有多重路径。其中，“活动中的反思”“观察性反思”和“对反思的反思”同样应当受到特别关注和切实践行。刘健智、谢晖（2010）认为教学反思有两个维度：具有反思主体和反思内容，反思主体维度有消极性和积极性两个层次，反思内容维度有孤立性与综合性两个层次。为了使教学反思达到积极综合性这一最理想水平，教师要综合运用反思方式，拓展反思内容。王存荣（2009）提出四种多元化反思视角：在教学实践中，审视自己——把自己当成他人；移情理解——把他人当成自己；尊重个性——把他人当成他人；坚持自己——把自己当成自己。赵明仁、黄显华、袁晓峰（2009）从场域—习性理论视角探讨了影响教师教学反思的因素。作者认为从场域—习性理论的视角看，教学反思是教师习性和学校场域互动的结果。影响教学反思的教师习性因素有：专业态度、教学信念、探究能力，影响教学反思的学校场域因素包括：领导风格、绩效责任、教师专业发展空间、发展策略、教学理念、交往社群。一方面，学校场域深刻影响着教师习性，致使教师反思中体现出学校场域的特有属性。另一方面，教师习性的能动性使学校场域成为充满个人意义的世界，从而使教学反思具有鲜明的教师个人特点。

还有一批研究者通过实证研究，探讨提升教师教学反思的实践性方法。王佳莹、郭俊杰（2012）提出视频标注工具对教师教学反思的几种具体支持方法，并从联系证据、提供分析框架和支持协作方面分析了它们对教学反思的支持作用，旨在增加视频反思的可行性和便利性。同时，在教学反思实践中除了提高教师的掌握技术操作技能，同时也要减少他们的抵触心理并增强安全感。王宁、王雪松（2016）用质性研究方法深入考察了互动性教学反思对教师专业素养的影响。研究数据表明：同伴支持下的互动性教学反思极大地增强了教师的身份认同感；增进了个人教学实践知识的质和量，并加快了实践性知识系统化的过程。郝少毅（2016）通过一项个案研究，深入考察了三位幼儿园教师的教学反思状况。研究使用访谈、实物收集、观察等资料收集方法，考察维度包括以下四个：教学反思的对象、情境、内容、时间。研究发现：研究对象的教学反思是“知行共生”的过程，尽管文化、制度等因素不直接作用于反思过程，但是却对该过程中“人的情感和意志”产生影响，从而对教学反思产生作用或反作用。

（三）教师评价

从图 6-4 可以看出，“教师评价”从 2002 年就进入研究兴盛期，一直持续到 2016 年。“教师评价”之所以受到研究者的重视，得到集中探讨，是因为教育界逐渐意识到教师评价和教师专业发展的密切关系。教师评价对教师专业发展具有反拨作用，积极的科学的教师评价是促进教师专业发展的关键影响因素，而消极的落后的教师评价也会大大阻碍教师专业发展的进程。

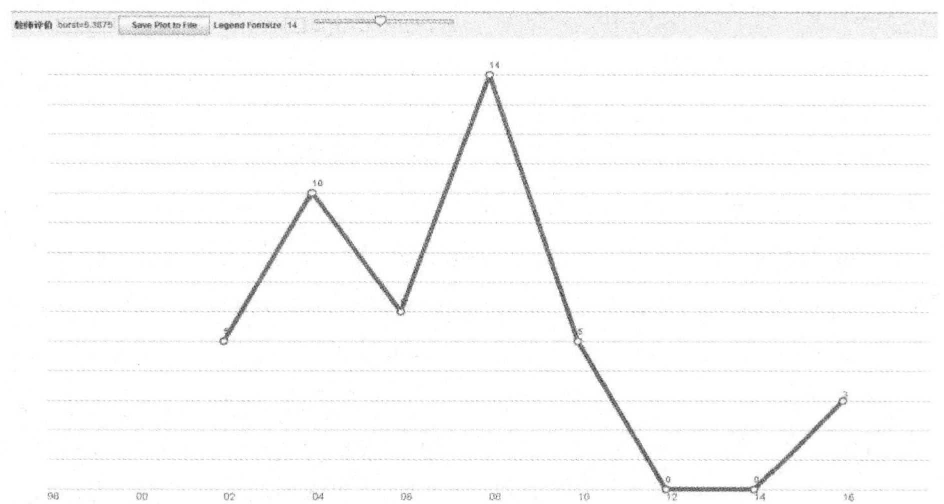


**图 6-4“教师评价”被引历史曲线**

对教师评价的理论探讨仍然占据教师评价文献的较大比重，包括教师评价的内涵、理想方式、应然取向等。滕越（2004）对教师专业发展评价的动力进行了分析。指出教师评价动力是促使教师参与并开展评价活动的驱动，教师的主体地位是教师专业发展评价的内在动力；奖惩规则是教师专业发展评价的外在动力。并提出发挥教师专业发展评价动力的实践层面策略。张晓洁、母小勇（2006）从建构主义角度探讨了教师评价。建构主义教师评价具有多维性、动态性和发展性三个特征。关注教师的个性和差异性，确立了教师的主体性地位，凸显了教师评价对教师专业发展的正向促进作用。何顺超、杨开昌（2016）指出教师可通过对以“人”的本质属性为基础的教师多元评价进行理解、反思、重构，这种教师评价以多元标准、多元主体、多元方式、多元内容、多元手段为特征，完成从关注自己到关注教学和学生，进而最终关注自己、教学、学生三者的有机融合，逐步走向本真状态，最终促进教师发展。沈玉顺（2009）提出一个以学校为基础、以专业为核心的校本中小学教师评价框架，并对实践中应用的问题进行了讨论。

另一部分研究者关注教师评价的践行情况并提出具体性解决方案。董奇、赵德成（2003）认为发展性教育评价区别于选拔性评价和水平性评价，注重对教师教育教学成绩的诊断、激励和发展。其目的在于更好地促进学生的成长，促进教师教育教学水平的提高，促进学校发展。其内容多元化，既关注升学率、学业成就，也重视教师多种素质与潜能的发展。其方法多样化，除考试与测验外，还运用多种科学有效、简便易行的评价方法，如观察、访谈等。它不只注重结果，更注重发展和变化过程，把终结性评价和形成性评价有机结合起来，重视学生、教师和学校在教师评价中的作用和主体地位。需要注意的问题是：避免从一个极端走向另一个极端；重视教育评价的元评价，力求评价效果科学、有效；抓好配套制度改革，理顺评价中的各种关系，为发展性教育评价创造支持型的社会环境。许爱红（2009）以年终考核为例，构建了详细的基础教育发展性教师评价体系。评价指标分为5个维度：基本岗位职责、教育教学能力、发展潜能、合作发展情况、个性发展水平。基本岗位职责包括师德、考勤、教学常规、工作量；教育教学能力包括教育教学理念、教学水平、后进生的转化、教学效果；发展潜能包括个人发展意愿、继续教育、个人研究和反思能力、科研成果；合作发展情况包括个人发展对学校发展的贡献、所在教研组的共同发展和奖励情况、同事之间的帮扶情况；个性发展水平包括个人的进步与成长、对学生社团兴趣小组的辅导和校本课程的开发实施情况、在教育教学中的其他突出表现。

（四）师范生

图6-5显示，有关师范生的文献量在2008年后进入活跃期。有关师范生的培养实际上一直是教师专业发展的一个常议常新的话题，说明教师的职前培养是教师专业发展的黄金时期，培养模式也是一个焦点话题，各种创意纷呈的师范生培养项目是有关师范生话题讨论的一个亮点。

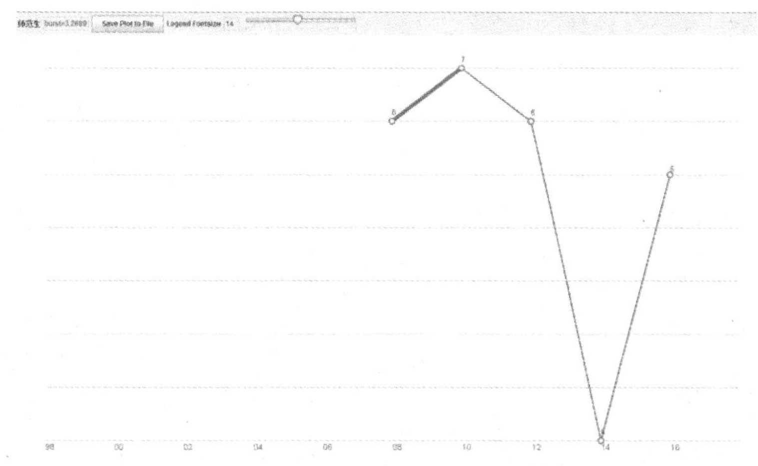

图 6-5“师范生”被引历史曲线

对师范生培养的思辨性讨论在文献中占一定的比重，这部分文献有较大的启发和指导作用。黎大志、刘洪翔（2016）提出师范生培养与基础教育的“五个衔接”：教师教育办学理念与基础教育教师精英化需求的衔接、师范类专业人才培养规格与基础教育教师岗位素质要求的衔接、师范生就业意愿的引导与缓解贫困地区优秀师资缺乏的衔接、师范生终身学习意识的培养与教师教育专业一体化的衔接、强化教师教育科研的实践导向与建立“U-G-S”合作培养师资长效机制的衔接。其中，加强教师教育一体化课程设计和促进高校、政府、中小学三者之间的通力合作最为关键。唐芬芬（2009）对高师院校的角色实践教学表达了自己的观点。当前高师院校角色实践教学存在以下误区：个人生活史的忽视、主体性缺失、实践性疏离。为提高角色实践效果，应重视丰富提升师范生的实践性知识、合理定位角色实践的榜样、丰富角色实践的途径，加强角色实践的监督和激励。

李斌辉、张家波（2016）讨论了师范生实习中的潜在风险和规避措施。潜在风险主要表现为：“现实冲击”导致师范生专业认同偏低；“边缘性参与”使师范生容易受到所在学校消极文化的影响；“情境有限”导致狭隘经验的简单复制；“基于学校”的实习削弱了教师教育的专业性。师范院校可从以下几方面来规避教育实习潜在风险：提供多样性教学实习环境、加强师范生的反思性实践、提高指导教师的指导质量、与实习学校共建“文化融合型”共同体。王晓军（2016）就师范生实践平台建设提出建议。针对实践平台存在的实践课设计简单随意、实践平台资源缺失、实践教学低效等问题，基于“互联网 +”教育的大背景，提出三点建议：基于个性化实践需要，构建自主研学模拟平台；基于学习共同体需要，构建互联网研修平台；基于实践规范化需要，构建双轨质量检测平台。

可喜的是，更多的研究者并没有止步于对师范生培养的理论探讨，而是积极投身实践，为我国师范生培养积累了宝贵的经验。刘燕、刘素婷、张顺利（2009）报告了反思性培养模式的实践：通过引导性反思、改进性反思、发展性反思和评价性反思四个循序渐进的阶段，通过反思形式、技术和内容的多层设计，有效提升了师范生专业发展潜质。通过构建以反思为主线，全程、协作、互动的师范生教育模式，探索出一个培养新型教师的教育体系。刘毅玮（2010）分享了河北师范大学的“顶岗支教”工程的实践经验。基于2008—2009年的调研结果显示，“顶岗支教”工程师范生进行针对性、系统性培养，是师范生培养的理想模式，在提升师范生教育教学能力、提高培养质量方面收到了预期的效果，受到河北省政府和教育部的充分肯定和好评。王芳、卢乃桂（2010）通过实证研究对教育实习中的师范生、学校指导老师和大学带队老师之间的“三角关系”进行了调查分析。研究发现：学校指导老师和大学带队老师都认为自己在实习中的作用有限，而且双方之间缺乏有效的沟通。建议应明确双方的指导角色和功能，建立相应机制鼓励双方合作督导。

高维（2012）应用质性研究方法，以53名大学四年级英语教育专业学生为研究对象，针对研究对象自身学习经历的隐喻性认识进行探究。研究发现：多数师范生对自身学习经历持消极态度。主要体现在普适化、灌输性的教学消磨了学生个性，禁锢了学生思想；学习的低效甚至无效；知识与实践脱离；缺乏终身受益的教育；来自同学的残酷竞争等。虽然研究对象的教学隐喻不能完全概括其学习生活史，但这无疑是他们最突出感受的一种表达。而且这种感受一直以来隐含在其内心深处，对其学习和教学观念产生持续影响。研究建议丰富师范生课程体系、树立“以学生为中心”的教学理念。林一钢、冯虹（2013）应用自编的身份认同调查问卷辅以访谈的混合研究方法，做了一项关于师范生教师身份认同的实证研究。研究发现，研究对象身份认同总体水平不高，在身份认同总体水平及各分维度，具有不同人口学特征的研究对象存在差异，女性教师身份认同明显好于男性；体育和艺术专业师范生好于文、理科生；大一、大四师范生好于大二、大三师范生。

（五）教师知识

从图 6-6 中可以看出，从 2006—2016 年的十一年间，有关“教师知识”的讨论一直呈活跃状态。说明研究者普遍认同教师知识对教师专业发展的重要作用。文献研判表明：有关教师知识的讨论中，分为理论探讨和实证研究两类。理论探讨主要关于教师知识的内涵、提升策略、教师知识和其他因素的关系，实证研究主要以量化或质性研究方法来调查教学实践中教师知识的现状、问题，以及和其他教师专业发展指征的关联度。

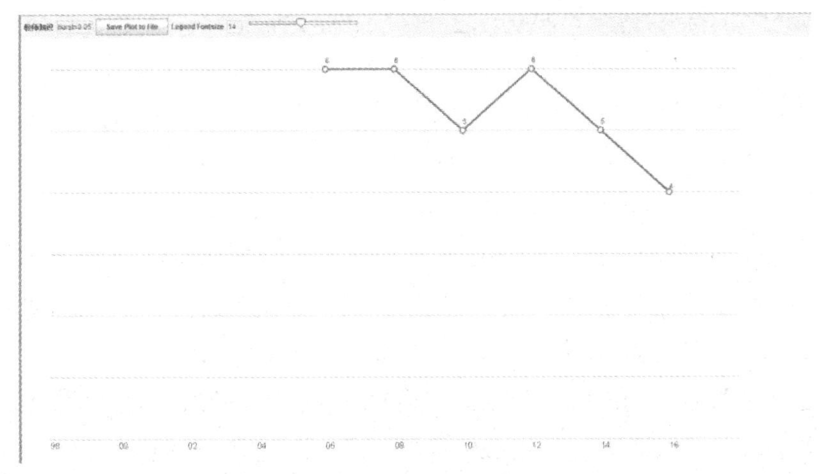

图 6-6“教师知识”被引历史曲线

张喜萍、韩清林、杨红（2008）对教师知识结构的提升途径提出见解。教师知识结构理论模型包括三个基础、五个支撑和两个核心。优化教师知识结构，应秉承教师任课结构优化和教师学科专业结构优化相结合的原则，重视导向机制、动力机制和教学整合机制。在职培训课程设置应坚持多样性的课程目标、非正规性的课程内容以及实践性的课程方式。

韩继伟、马云鹏（2008）对舒尔曼的教师知识理论进行重新解读。他认为将舒尔曼教师理论理解为正式的命题化知识甚至是理论知识，是误解了这一理论。从现代认识论的角度审视，可以发现教师知识应该既包括研究显性知识，也包括隐性知识；既包括公共知识，也包括个人知识；既包括“知道是什么”的知识，也包括“知道怎么做”的知识。艾诗根（2009）深入探讨了三种反思水平的教师知识：技术性、实践性和解放性，力图呈现其各自的作用与形态，指出教学中三种层次的教师知识并存且相互支撑和沟通，以及不同层次的教师知识与话语民主之间深层的内在联系。

龚亚夫（2011）在中小学英语教师专业等级标准制定的背景下，针对中小学英语教师知识的更深刻内涵提出自己的观点。文章认为标准应侧重教师特定的知识和能力，而知识与能力不仅包括英语语言和教学知识与能力，还包括课程、语言学习规律、测试、信息技术和认知思维、社会文化等方面知识。方红（2013）对目前实践中教师知识存在的狭隘之境进行分析并提出对策。她认为教师知识能够反映教师的价值取向、精神高度，有境界高低之分。当前教师知识境界不高，陷入学科化、权力化、客观化的狭隘之境。教师既要传授学科知识，又要立足于社会代言人的立场传授国家法定"知识"，还要顾及家长诉求和学生成长。因此，面对知识的复杂性，教师应出自合理的知识立场，在多种利益中恰当取舍，警惕知识的板结化，注重实践行为的转变，实现知识功用及价值。

韩继伟、马云鹏、赵冬臣（2011）对中学数学教师知识进行了调查。调查结果显示：教学经验与反思、和同事日常交流是最重要的职后教师知识来源，而入职后的学历教育是最不重要来源；在职前教师知识来源中，教育实习、微格教学是职前最重要的教师知识来源，而数学专业课、教育类课程是最不重要和次重要的教师知识来源。王艳（2011）应用质性研究方法做了一项个案研究，探究优秀外语教师实践性知识的构成与特点、外语教师实践性知识的来源与影响因素、学生在教师实践性知识建构中的作用。研究发现：优秀外语教师实践性知识内涵，可以概括为一个由自我知识、教育教学信念、情境知识、人际知识、批判反思性知识构成的综合连贯体；教师本人的学生时代经历、教师本人教学经验积累、自我教学反思是三个最重要的影响因素；外语教师通过经历以学生发展为本的实践，在日常教学中发现、分析、解决问题，在此过程中，教师实践智慧得以不断更新和完善，实践性知识结构和内容也得以不断再生和优化。

李利（2011）以一位信息技术职前教师为个案研究对象，以叙事探究的方式分析了教育实习阶段该教师实践性知识的形成与变化。研究发现："学徒观察"对研究对象教学信念的影响是复杂的甚至是矛盾的；在初次接触教学真实场景后，职前教师的"生存关注"一定程度上阻碍了实践性知识的生成。研究建议：

师范生教育应更加重视对职前教育“前概念”的介绍和分析，并重视帮助师范生实践规则的建构，提升自我反思能力，以进一步促进生成其实践性知识。卢立涛、沈茜、梁威（2016）考察了教研员实践性知识的生成过程。研究发现：教研员实践性知识的生成，从宏观上看，是三大层面（教育教学基础与自我“内驱力”、教研实践与自我努力、外界支持与“新课改”刺激）七小因素（教学实践经验、情感及认知内驱力、磨炼与探索、合作与交流、自学与反思、教研室与领导、新课改）相互作用的过程；从微观上看，是个体经验经过与问题情境对话、实践、反思等多个环节的作用而最终形成的结果。

## 二、渐弱趋势的前沿主题

### （一）学校文化

从图6-7可以看出，关于“学校文化”的讨论在2004—2010年进入活跃期，但2010年之后，较少有新的重要性成果出现。随着教师专业发展转向生态化取向之后，研究者们达成共识：学校是教师职后专业发展的主要生态环境，学校文化的积极或是消极，很大程度上促进或阻碍教师的专业发展进程和质量。因此，“学校文化”引起大家思考和讨论，讨论大多关于积极正向的学校文化对教师发展的意义、构建良性健康的学校文化的应然之策等。但是由于这个话题本身单一，不太具有延展性，即话题的可挖掘性不强，有关“学校文化”的讨论几乎全部集中在理论思辨和建构设想上，极少见到有关的实证研究，因此在上述讨论之后，有关这个话题的文献活跃度成渐弱趋势。

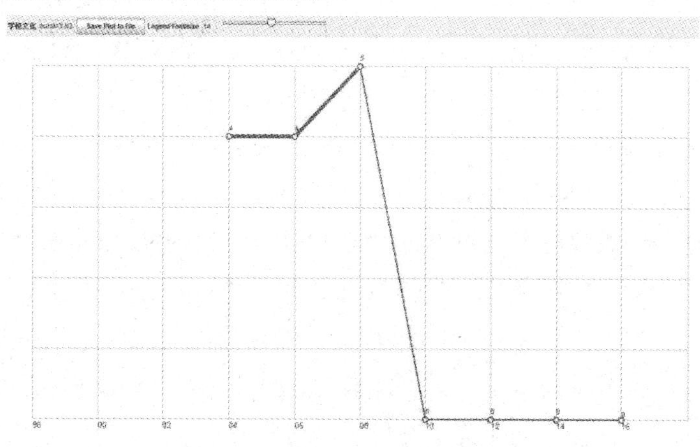

图6-7“学校文化”被引历史曲线

丁钢（2004）阐述了学校管理向学校人力资源领导这一重要转向的意义，并揭示学校内部教师专业发展与学校文化及领导发展之间的内在关系。学校人力资源领导包括四个类型：一是远见领导；二是道德领导；三是增值领导；四是情景领导。并阐述了上述四类领导的领导风格特点。正向的学校文化始终要处理好以下三个问题：一是对学校工作的不断认识；二是教学与研究的辩证关系；三是学校自我管理和相互竞争的灵活结构。叶澜（2006）对学校文化的内涵和意义提出高屋建瓴的见解。真正面向未来的学校文化，应该是扎根于传统与现实的文化土壤中，却又是超越历史与现实的文化，学校文化应指向未来，体现超越的本质。学校文化建设十分现实和紧迫的任务，不是以精神否定财富的方式来塑造学生积极的人生态度，而是要以财富与精神、幸福与人生关系的正确认识，帮助学生形成积极的人生观和健康生活方式。这是新时期发展所提出的校园新文化，唯一的方法是参与到社会新文化构建中，以社会发展新要求新精神，打造超越现实的新学校文化。崔允漷、周文叶（2007）讨论了应“如何理解”“如何提炼”“如何表达”学校文化这三个核心问题，旨在提供一种研究思路。

刘群英、胡惠闵（2007）认为学校文化的塑造重在精神内涵而不是表面文章，只有具有正向精神内核的学校文化才能真正成为培育的肥沃土壤。蒋建华（2008）提出校长应当成为学校文化的领导者，引领主要体现在如下几个方面：引领学校文化传承，引领学校文化管理，引领学校文化激励，引领学校文化创新。马延伟、马云鹏（2004）以一所学校为例，讨论了课程改革和学校文化重建的关系。文章认为：作为课程改革同时也是文化变革，是一个长期的过程；新课程的实施需要学校文化的自觉与重建；优秀正向的学校文化是学校发展教师专业的内在动力；校长是优秀学校文化的塑造者。

（二）专家引领

图6-8显示，有关“专家引领”的讨论在2008年突然活跃，这一年的文献有6篇，但是2008年之后，讨论归于沉寂，因此“专家引领”的文献属于典型的“昙花一现”式的渐弱趋势主题。究其原因，在教师专业发展研究范式转型到生态主义取向后，自我反思、同伴互助、专家引领成为教师专业发展的三个主要途径，研究者们意识到同行专家作为教师专业发展生态圈的重要因素，对教师专业发展有着直接、有效的提升作用，因此，“专家引领”的话题得到关注和探讨。值得注意的是，

相关文献全部集中在教师职后发展，说明研究者们达成共识：专家引领对教师职后专业发展意义更为重要，方式更合适。但是，由于专家引领在教师专业发展中的作用比较单一，话题没有更深的延展性，因此在2008年的集中讨论后，关于“专家引领”这个话题的讨论就不再活跃了。

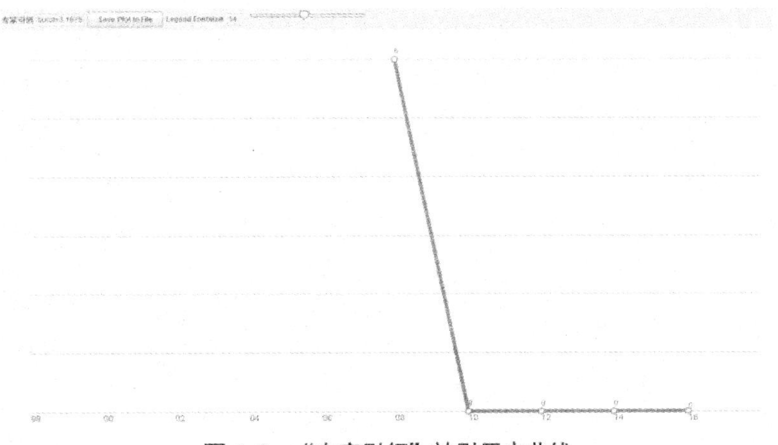

图 6-8　“专家引领”被引历史曲线

季苹（2008）认为在专家引领的教师专业发展中，不要忽视“学生研究”，因为缺乏学生研究的专家引领在某种意义上是纸上谈兵。吴佩芳（2008）分享了苏州工业园区娄葑第二中心小学的教师发展经验。在“科研兴校、科研促教、科研强师、科研惠生”战略的指引下，该校积极实行教研科研一体化，围绕提高教育教学质量这个中心，在专家引领下，让教研上升到科研，科研下嫁到教研，教研科研一体，使二者实现良性互动、协调发展、融合提高，显著地促进了教师专业发展。在专家引领模式中，最典型的是来自高校的专家引领中小学教师的专业发展，引领方式包括面授专业知识、参与教学讨论、远程诊断指导等，在引领过程中，专家也获得了倾听一线教师收获和困惑的绝佳机会，对自己结合理论培育新的研究项目大有益处，可以说，专家引领的教师发展方式无论对教师还是对专家都是双赢结果。有待完善之处在于，要加强专家引领的针对性、适切性和有效性。

（三）新课程改革

从图6-9可以看出，有关“新课程改革”的文献在2004—2010年呈现活跃状态，但在2010年后归于沉寂。新课程改革是国家针对中小学教育阶段推出的重大改革举措。2001年6月，《国家基础教育课程改革指导纲要》颁布，随后新课程改革的义务教育阶段开始实施，9 月份在全国 38 个试验区先行试水，在 2004 年，高中阶段的新课程改革也开始实施。我国的新课程改革实践在时间上恰好与学术界教育界对“新课程改革”的讨论吻合。教育界对教师如何积极应对和适应新课程改革提出指导和设想，教育管理部门和教师也在践行新课改中不断摸索经验做法，并发表成果、分享经验。但新课程改革对教育界的冲击持续了 6 年之后，教育管理者和教师对如何实践新课改已积累了丰富的经验，摸索出了有效的实践方法，人们对新课改的讨论也越来越少。“新课程改革”就逐步失去了作为研究前沿的价值。再者，在我国有关教师专业发展的讨论中，“课程改革”一直是一个热点话题，从另一个角度看，关于“新课程改革”的讨论也就融入了“课程改革”中，不再冠以“新”字了。

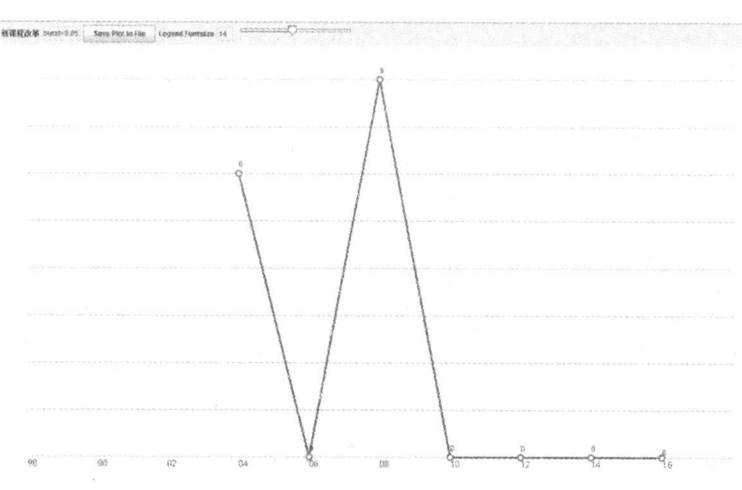


图 6-9 “新课程改革”被引历史曲线

王杰（2005）针对新课程改革对教师教育带来的挑战进行思考并提出应对策略。新课程改革对教师在教育观念、教学角色、教学方式等方面提出了新要求，也对基础教育教师教育工作在教育体系、教育模式、课程设置等方面提出了新挑战。为应对挑战，应构建多元、开放的教师教育体系，推进职前职后一体化的教师教育模式，提升教师教育课程，凸显教师专业化特色。张兆芹、罗玉云（2005）提出要运用学习型组织理论来促进教师专业发展，帮助教师应对新课改。以系统思考和共同愿景为基础，发展教师的自我规划，提升教师创新能力；提倡教师团队学习，凝练集体智慧；建立教师知识共享平台，营造校本学习文化；扎根教师教学实践，重视教师实践性知识。

牛瑞雪（2008）认为新课程改革以来，教师发展研究从理论论述迅速发展到实践层面，校本教研是教师群体专业发展的最佳途径，而教师个体可以通过教学行动研究，达到教师发展的良好状态。教研员应立足于促进地区性的教师专业整体发展，校长在教师发展中应起到引领和管理作用，学科教研组是教师专业知识交流提升的核心地带。娄立志，张金泉（2008）提出新课改背景下，教师教育的功能要进行角色转换，变被动适应为主动适应，最终确立引领基础教育课程改革的新功能。因此，教师教育可以通过新课程理念的更新、新课程知识的储备、新课程技能的训练、新课程研究能力的提升，为推动我国新课程改革的进一步深化培育“新师资”。陈晓端、马建华（2008）指出新课程标准指导下的教师有效教学行为应具有以下特征：开放性、个体适应性、反思性和解放性，能否体现出上述特征将在很大程度上决定此次课程改革的成败。

## 三、稳定趋势的前沿主题

（一）教师专业化

图 6-10 显示，自从我国教师专业发展研究领域在约 2000 年步入快车道，有关“教师专业化”的讨论就一直处于非常活跃的状态，一直持续到 2016 年。教师专业发展的讨论和教师专业化话题是分不开的，教师专业发展的过程也是教师专业化的过程。研究者从不同角度发表对教师专业化的见解：教师专业化的意义和内涵、促进教师专业化的方法、我国教师专业化现状及存在的问题、促进教师专业化的实证研究、教师专业化与其他教育要素的关系等。

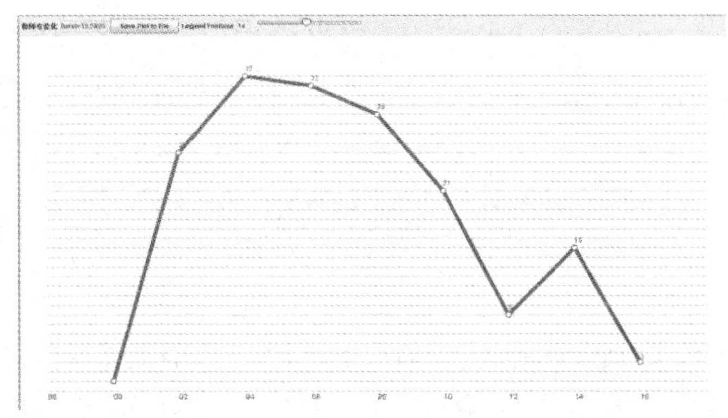

图 6-10　“教师专业化”被引历史曲线

在教师专业化内涵的讨论方面，孙宏安（2003）是较早的先行者。他从关于教师知识结构理论、教学工作实际和现行教师教育体系角度，指出教师的专业是学科教育，教师的专业理论知识是学科教育学。顾明远（2004）从教师职业特点，回答了“教师是什么样的职业”“为什么教师要专业化”“教师专业性有哪些内容”“21 世纪对教师有什么要求”等根本性问题。常亚慧、李永康（2014）指出教师专业化在是做“师者”还是做“匠人”这两种不同的教师观之间产生了内在张力，而教师教育受此影响又加剧了这一情况。谨防表层专业化、树立合理教师观、改革教师教育是解决问题的关键。

另一部分研究者关注教师专业化的现实困境。操太圣、卢乃桂（2005）讨论了教师专业化的理论冲突和现实困境。虽然从政策上教学被视为专业，教师也被视为专业人员，但在现实中，教师专业性并不高，教师群体的生存状况也缺乏一个专业群体所应有的基本特征。究其根源，是专业化的特质模式长期占据理论界的话语空间：教学专业化所追求的其实是一种外烁的“特质”，而非对自身特色的发掘、展示和张扬；是对专业形式的过度关注，而非对职业内容的细致推敲和精致构建。目前，教学专业化绩效不显著的深层原因就在于教师对教学的控制能力太弱。因此，将关注视角重新回归到教学上，在具体的教学情境中探寻教师专业性提升的可能，在重新设计权力关系的过程中找寻教学专业化的出路，就有了一种战略转移的意味。卢乃桂、王晓莉（2008）认为目前国内对于教学作为一种专业的关注相对有限，这种偏颇不仅对理论发展不利且也会限制实践的良性发展。作者透过特质模式、权力模式及历史发展模式三种理论，深度分析这一现状的原因及带来的问题。

有研究者关注教师专业化和其他教育要素的关系。朱玉东（2003）讨论了教师专业化和教师教育课程的关系。教师教育课程是决定教师教育专业化的核心因素，教育学科课程应定性于专业课程，课程设置目标及课程体系须进行相应的改革，而必要的制度保障又是推动这些变革的前提条件。赵卫菊（2008）也深度思考了教师专业化和教师教育的关系。她认为教师教育必须转变理念，即教育目标从“半专科”走向“专科”、教学内容从“粗放”走向“精细”、功能定位从“无限”走向“有限”、教学方式从“灌输”走向“建构”，重新架构起以教师专业化为导向的教师教育新体系。张守波、史宁中（2008）则认为教师教育实践中要注重实践性教学，要建立“在实践中”“为了实践”“指向实践”的基本教育教学模式，以提升师范生的实践性智慧。季晓华（2016）讨论了教师实践智慧和教师专业化的关系。教师实践智慧的生成主要经历循序渐进的三个阶段：经验智慧、理性智慧和创造智慧。经验智慧提升教师职业敏感，理性智慧提高教师专业素养，创造智慧回归教师生命体验。李玲（2015）对各国都在制定推行教师标准的背景下，教师标准和教师专业化之间可能存在的隐形悖论进行深入思考。一方面，教师标准可以理解为是构成专业的知识基础的实践表述，具有质量控制和指导专业发展的双重特征；另一方面，教师专业标准体现了趋同单一的反专业化特点。应注意教师专业标准的表征性和行动性的二维性，区分发展性标准和制约性标准。

（二）一体化

从图 6-11 可以看到，从我国教师专业发展步入快车道的 2000 年开始一直到 2016 年，“一体化”一直是一个常议常新的话题。文献研判表明：有关“一体化”大多数文献里意指教师培养职前职后一体化以及教师教育内部一体化。研究者们达成共识：教师专业发展不应该被人为地割裂为职前和职后阶段，职前职后互不沟通各自为政，忽略了教师作为专业发展主体的地位。结果是造成教师培养事半功倍甚至可能背道而驰，降低了培养质量和效益，造成不应有的损失。教师教育体系内部也应是通畅协调的。总体来看，有关“一体化”的研究文献主要聚焦两个议题：意义阐述和策略构想。

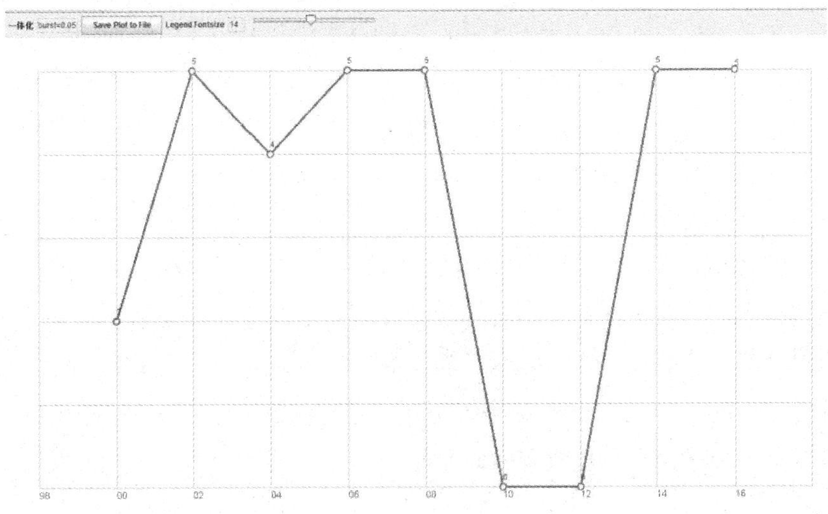


图 6-11　“一体化”被引历史曲线

张贵新、饶从满（2002）指出，谋求教师教育一体化已经成为国际教师教育理论与实践中的一个重大趋势。教师教育一体化包括内部一体化和外部一体化两个层面。所谓内部一体化是指基于终身教育思想，教师教育内部实现三个维度意义上的一体化；所谓外部一体化是指教师教育与学校改善的一体化。张秀阁、吴江（2002）认为我国教师教育一体化要想取得成效，应做到四个转变：有关教师教育理念，用“教师教育”取代“师范教育”；有关教师教育模式，要从封闭走向开放；有关教师教育目标，要明确教师专业化；有关教师教育结构，要职前培养与职后培训一体化。谢培松（2004）提出小学与初中教师教育一体化的观点。这是解决中小学师资供需矛盾的现实需要，也符合小学与初中生的身心发展规律，同时也是实现我国基础教育教师本科化的最佳选择。

在教师教育一体化的策略构想和实践探索方面，我国教育界也做了值得肯定的尝试。孟宪乐（2003）提出全程教育实习模式的实践经验。历经九年，在这种模式下，教师和师范生互为提升和联动，教师培养和师范生培训一体化。这种模式对教育实习重新进行了界定，并提出了一套训练模式和操作方案。虞伟庚、胡锋吉（2008）提出分阶段有步骤地实现教师教育一体化。可分为三个阶段：一是教育理论和实践间的贯通，可以通过“顶岗实习换培训”逐渐实现；二是教师培养和教师使用间的贯通，这需要大学和中小学的密切合作；三是教师专业发展的一体化，需要教师教育机构的重组，逐渐完成观念上、师资上、课程上、机构上的融合。刘义兵、付光槐（2014）提出在我国教师教育职前职后一体化过程中，体制机制创新是深化改革的难点。并提出以下策略：明确统筹主体、统筹规划教师发展目标、建立制度规范、形成协同机制、共建共享优质资源、搭建共生发展平台、完善评价与问责制度等。

（三）课堂教学

图 6-12 显示，“课堂教学”研究在 2002—2016 年间一直处于活跃状态。这意味着研究者们普遍关注课堂教学和教师发展的重要关系，课堂教学是教师专业发展的途径和最终归属。在有关课堂教学的研究中，大致涵盖三个研究主题：对课堂教学作用的讨论、积极利用课堂教学促进教师发展的举措和相关成功实践、课堂教学和其他教师专业发展要素的关系。

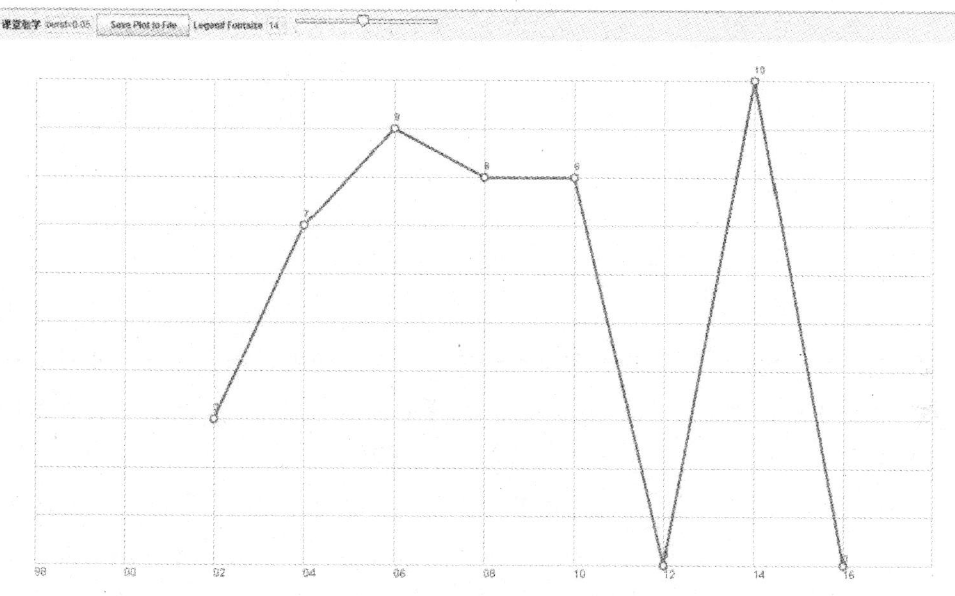


图 6-12 “课堂教学”被引历史曲线

张永（2006）从问题解决心理学角度来审视课堂教学。作为一种问题类型，课堂教学有不明确性和开放性，并且具有因不同的人参与而带来的不确定性，因此课堂教学可被作为“复杂问题”来看待。为解决课堂教学的问题，教师在进行教学设计时应具有问题意识、策略意识、环节意识、推进意识和背景意识等。周毅（2007）认为教师专业的一个显著特征就是实践性智慧，实践性智慧是教师专业发展的核心，实践性智慧的获得不能靠“授课”式的教师培训，而要扎根课堂教学，并基于此进行返璞归真的教学研究，教师才能够获得有效发展。郝鸿耀、侯涛（2009）认为教师发展有赖于教师对课堂教学的反思。教学反思分为课前反思、课中反思和课后反思。

庄坚（2006）提出 PDCA 管理方法应用于课堂教学来改进教师教学行为，PDCA 管理方法又被称为戴明循环。管理过程包括四个环节：审视自己的教学，拟订改进计划→实施改进计划，转变教学行为→实施管理督导，确保计划实施→总结改进经验，接受效果验收。崔允漷、周文叶（2008）提出作为一种科学方法，课堂教学中的课堂观察仍然是“一项被遗漏的教师专业能力”。并对“为什么要进行课堂观察”“如何进行课堂观察”进行了深入探讨。田文（2011）对中小学课堂教学中“推门听课”问题进行了深入讨论。推门听课是一种有争议却又普遍流行的教学督导举措，却面临两难境地：教师对推门听课及之后的评教督导感到压力较大，但也从此开始自我反思与改进。推门听课在增强教师自我效能感、促进沉浸体验等方面确有积极作用，值得深入实施。但需要在实践中注意：加强常态管理；体现专业引领；创建友好气氛；注重优势互补，以达到“以听促评、以评促改”。

顾小清、王炜（2004）介绍了一种课堂教学的量化分析工具 FIAS（Flanders Interaction Analysis System）用于课堂教学视频分析，FIAS 可以准确地反映课堂教学的真实情形，进行课堂教学的量化评价，从而为教师和教育管理者更精确地分析课堂教学提供了便利。程薇、凡正成、陈栊（2015）通过采访国际资深教育技术学学者迈克尔·斯佩克特教授，对于新兴技术对教学挑战的担忧做了回应和分析。文章认为：技术只是教育变革的“沧海一粟”，虽然是教育改革不可或缺的因素，但更多是作为一种教学替代策略，还不足以导致整个教育系统变革，因此认为慕课会颠覆教育的担心是多余的。教育技术研究者不应过度热衷于对新技术的追捧，网络和信息技术环境下教师教育的关键在于提升教师的教育技术能力。

## 第三节 综合讨论

在前两小节的基础上，本小节对 1996—2016 年间我国教师专业发展研究前沿演进的情况做总结和讨论。

1996—2016 年间我国教师专业发展研究研究前沿呈现以下几个特点。

### 一、国际新理论与本土实践的不断融合

1996—2016 年间我国教师专业发展研究积极吸收国外的新理论和新实践，并结合国内的情况，开展理论思辨和行动实践，提升理论和实践的高度。从研究前沿中，我们看到为数不少的理论成果都吸收了国际新思想，如建构主义、人本主义、生态发展观、后现代主义、赋权增能理论等，国内研究者一直紧跟国际教育学科和人文学科新进展，并结合国内现状尝试用自己的理解来澄清和重构一些概念，推进国内教师专业发展研究。可以说，我国教师专业发展研究前沿的演进过程也是引介和借鉴国外新思想和新实践的过程。

建构主义、人本主义、生态发展观、后现代主义、赋权增能理论等都对我国教师专业发展研究产生了深远的影响。从理念到具体思想、实践模式都与我国教育教学传统有很大的区别，更体现了人本观和教师的主体性。我国教师专业发展研究者能密切关注国外先进的理论和思想，体现了发展过程中的开放性和包容性。也表明了我国教育界在与西方教育理论的碰撞、交流和融合中，不断实现着对自身的完善和超越。

## 二、部分研究前沿和研究热点呈现交叉融合的特征

一般来说，研究者关注度高的热点话题，由于大家集中讨论容易产生更新话题，孕育研究前沿。通过对研究热点图谱和研究前沿图谱的解读和分析可以发现：有些话题既是研究热点也是前沿演进焦点话题。如渐强趋势前沿话题“师范生”和研究热点话题“教师教育”呈现交叉趋势，两者都关注职前教师教育和对师范生的培养。另一个渐强趋势话题“教师知识”同时也是热点话题，说明研究者对“教师知识”普遍并持续的关注，使得“教师知识”既是研究热点也是研究前沿话题。这说明研究前沿不断创造新的研究热点，两者相互影响、相互推进，使得部分研究前沿和研究热点相互交叉和融合。

## 三、研究前沿缺乏本土创新

如前文所述，我国教师专业发展研究前沿的演进过程也是引介和借鉴国外新思想和新实践的过程。由于我国教师专业发展起步比国外时间稍晚，因此对国外理论思想的引介和借鉴一直没有停止，虽然我国教师专业发展研究越来越成熟，但研究传统和知识谱系尚处于形成过程中，真正的有中国文化特色的、非常适合我国教育实际的教师专业发展理论体系尚待形成，还没有我国原创的理论和大规模有影响力的成熟实践经验，研究前沿尚缺乏本土创新。只有拓宽学术视野，立足我国教育情境，提炼吸收中国传统文化精髓，更多从本土问题的性质出发，着眼问题解决式策略，才能创造出独立的学术范式，最终走向创新发展之路。

# 第七章　国外教师专业发展研究前沿知识图谱分析

国外教师专业发展研究前沿知识图谱的创建路径和第六章的国内图谱相似，在此不再赘述。不同之处在于数据来源：国外的知识图谱数据来源为 web of science。

## 第一节 国外教师专业发展研究前沿的总体分析

为了得到 1996—2016 年里国外教师专业发展研究前沿的总体情况，在软件具体操作过程中，点击设置网络节点类型（Nodetype）为 term，每一年为一区分，并且选择 Text Nperslice 为 50，即选择每一时间段中出现频次最高的 50 个数据，对 web of science 数据库的 1590 篇文献及其参考文献进行聚类分析。分析结果如图 7-1 所示，聚类图谱中节点共有 350 个，连线 1769 条。

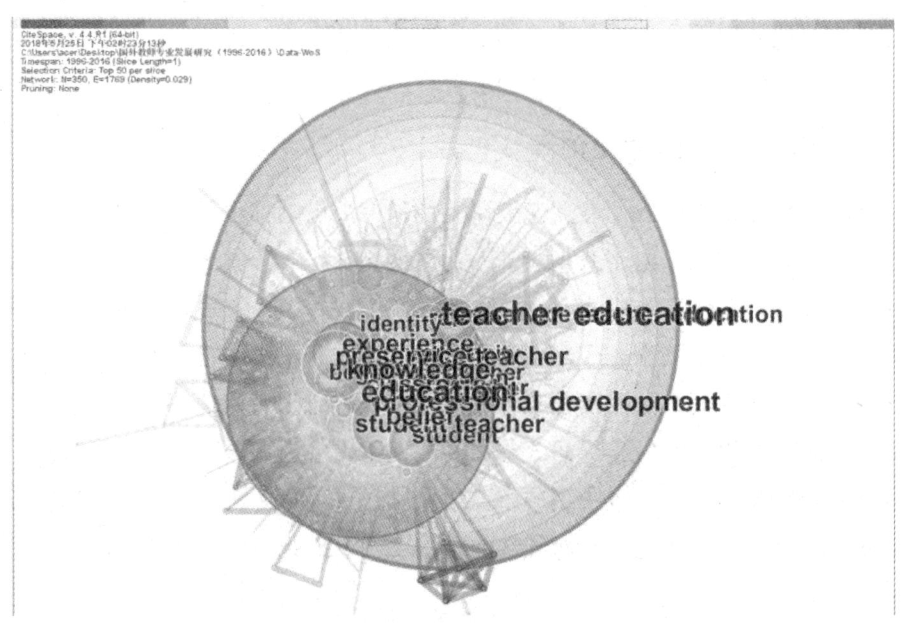


图 7-1　国外教师专业发展研究前沿的聚类图谱

为了更好地呈现国外教师专业发展研究的前沿与主题领域，统计了软件后台文件中的关键词列表。见表 7-1。

表 7-1　国外教师专业发展研究前沿聚类分析关键词列表

（1996—2016）（前 82 项）

| Freq. | Cent. | Keyword | year | Freq. | Cent. | Keyword | year |
|---|---|---|---|---|---|---|---|
| 526 | 0.23 | teacher education | 1996 | 22 | 0.01 | equity | 2006 |
| 297 | 0.18 | education | 1996 | 22 | 0.02 | impact | 1999 |
| 142 | 0.07 | professional development | 1997 | 21 | 0.00 | social justice | 2005 |
| 139 | 0.09 | knowledge | 1996 | 19 | 0.01 | self ef ficacy | 2002 |
| 112 | 0.08 | school | 1997 | 18 | 0.02 | teacher belief | 2001 |
| 101 | 0.09 | belief | 1996 | 18 | 0.01 | casestudy | 2000 |
| 92 | 0.10 | preservice teacher | 1996 | 18 | 0.00 | partnership | 2006 |
| 82 | 0.08 | student teacher | 1997 | 18 | 0.01 | student teaching | 2000 |
| 82 | 0.11 | experience | 1997 | 17 | 0.01 | perception | 2006 |
| 75 | 0.05 | diversity | 1997 | 17 | 0.02 | teacher identity | 2004 |
| 72 | 0.08 | classroom | 1998 | 16 | 0.01 | preservice | 1997 |
| 70 | 0.09 | student | 1996 | 16 | 0.02 | language | 1996 |
| 66 | 0.07 | preservice teacher education | 1999 | 16 | 0.00 | teacher preparation | 2005 |
| 64 | 0.08 | teacher | 1996 | 16 | 0.02 | teacher education | 2002 |
| 60 | 0.02 | reflection | 1997 | 15 | 0.01 | policy | 2001 |
| 60 | 0.01 | identity | 1996 | 14 | 0.01 | professiona identity | 2010 |
| 58 | 0.05 | perspective | 1996 | 13 | 0.00 | quality | 1996 |
| 58 | 0.09 | reform | 1996 | 13 | 0.00 | program | 1998 |
| 51 | 0.10 | beginning teacher | 1996 | 13 | 0.00 | efficacy | 2002 |
| 42 | 0.04 | community | 1999 | 12 | 0.00 | science | 1996 |
| 40 | 0.05 | curriculum | 1997 | 12 | 0.01 | cooperating teacher | 2006 |
| 37 | 0.03 | mathematics | 1999 | 12 | 0.00 | mentoring | 2005 |
| 36 | 0.02 | context | 2003 | 11 | 0.01 | teaching | 2005 |
| 34 | 0.01 | teacher educator | 2002 | 11 | 0.02 | professional development school | 1998 |
| 33 | 0.05 | instruction | 1996 | 11 | 0.01 | performance | 1996 |
| 31 | 0.02 | motivation | 2005 | 10 | 0.00 | english | 1996 |
| 30 | 0.04 | collaboration | 2001 | 10 | 0.00 | standard | 2005 |
| 30 | 0.01 | achievement | 2002 | 10 | 0.00 | assessment | 2001 |
| 29 | 0.04 | teacher development | 1999 | 9 | 0.01 | accountability | 2004 |
| 29 | 0.02 | pedagogy | 2001 | 9 | 0.00 | urban teacher education | 2011 |
| 29 | 0.00 | literacy | 2007 | 9 | 0.00 | preservice teacher | 2009 |
| 27 | 0.01 | race | 2001 | 9 | 0.00 | england | 1996 |
| 27 | 0.03 | inquiry | 1999 | 9 | 0.00 | reflective practice | 2003 |

续表

| Freq. | Cent. | Keyword | year | Freq. | Cent. | Keyword | year |
|---|---|---|---|---|---|---|---|
| 26 | 0.01 | teacher learning | 2003 | 9 | 0.00 | teacher education/development | 2011 |
| 25 | 0.01 | initial teacher education | 2009 | 8 | 0.01 | student achievement | 2005 |
| 25 | 0.01 | fieldex perience | 2006 | 8 | 0.00 | Inclusive education | 2009 |
| 24 | 0.01 | attitude | 1999 | 8 | 0.02 | conception | 1997 |
| 24 | 0.02 | model | 2006 | 8 | 0.02 | action research | 2001 |
| 24 | 0.01 | pck | 1996 | 8 | 0.00 | teacher education preparation | 2015 |
| 24 | 0.02 | teacher knowledge | 2001 | 8 | 0.00 | video | 2008 |
| 23 | 0.01 | multicultural education | 2004 | 8 | 0.00 | portfolio | 2007 |

从表 7-1 可以看出，聚类分析关键词几乎涉及教师专业发展的各个方面，主要分为以下三类：

一是有关教师专业发展的方式、途径等中观问题，如：教师教育学校、合作、共同体、反思性实践、伙伴关系、教师档案袋、行动研究等。

二是教师在专业发展中的各维度的探讨，如：教师自我效能感、教师信念、教师素养、专业身份、发展动机、学科教学知识、教师评价、教师学习、新手教师、职前教师等。

三是具有鲜明国外教育体制特点的话题，如有关美国教育的多文化教育、种族、社会公平、平等、多样化等。

在 1996—2016 年间，国外教师专业发展研究领域各个维度都得到了推进，前沿话题具有鲜明的国外教育情境的特点。而且前沿话题覆盖范围广，在教师专业发展的各个维度几乎都涌现了新的话题，说明国外教师专业发展研究领域前沿比较活跃。

## 第二节 国外教师专业发展研究前沿主题分析

根据 CiteSpace 软件的聚类关键词及其被引历史曲线，结合二次文献检索和阅读，进行内容分析，本节内容将对 1996—2016 年国外教师专业发展研究的前沿主题进行分析。

## 一、渐强趋势的前沿主题

（一）field experience

从图 7-2 可以看出，有关实习体验的文献量从 2006 年尤其是 2009 年开始呈上升趋势，研究者更关注职前教师的实习体验，文献的研究主题呈多样性，既有关于实习体验的理论新认识，也有对职前教师实习体验实践的观察和探讨，但对实践的观察和探讨在文献量上占据绝对多数。

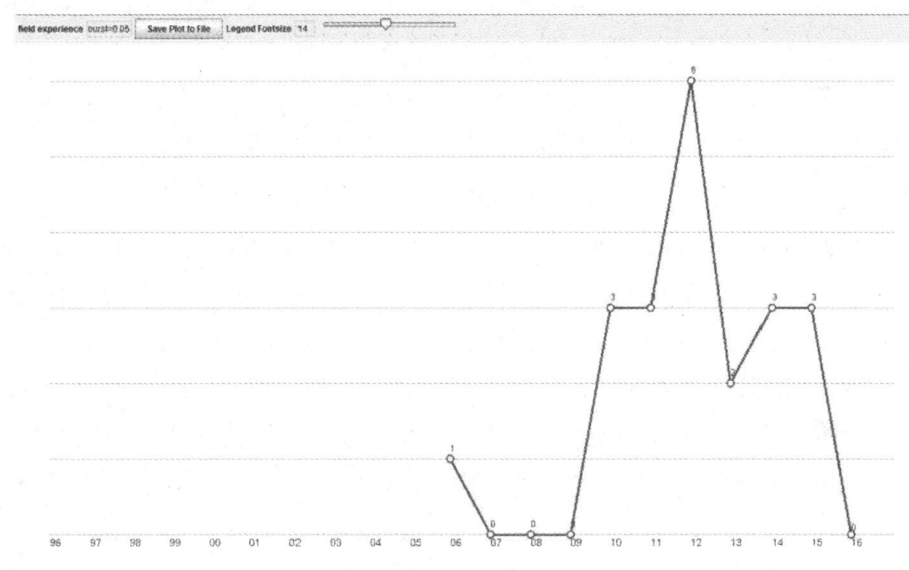


图 7-2　“field experience”被引历史曲线

Heather Coffey（2010）认为学习共同体可以给职前教师提供一个理解理论和实践关系的情境。研究者设计并实施了一项实证研究：职前教师旁听出席一所美国东南部小学的在职教师学习项目，并被要求通过反思性实践、在线日志、每日问询等活动记录下学习过程的真实想法。研究表明：参加学习的职前教师通过旁听活动对教师职业有了更深入的了解，此学习项目成功地为他们在教师教育理论和实践中间搭建了一座桥梁。

Jeffrey J.Rozelle、Suzanne M.Wilson（2012）考察了教学实习中合作教师的信念和实践如何影响实习教师的信念和实践。此研究应用人种志的定性方法，描述和解释了 6 个实习教师在一年的实习期内的实践和信念变化。研究表明：实习教师的教学实践很大程度上受到合作教师的影响。最初，6 个实习教师都表现出在课堂上遵循合作教师的课程结构、课程资料、趣闻例子。后来，当他们可以独立教学时，实习教师也应用了合作导师的相似教学策略，教学信念也和合作导师呈现趋同。Lisa Scherff、Nancy RobbSinger（2012）考察了教师实习体验的塑造和再塑造过程。研究以参与一所大型公立大学教师教育项目的 33 名教师为研究对象，分析了他们的在线反思日志和在线讨论记录。分析结果表明：教师经历了复杂的实习体验的塑造和再塑造过程，网络沟通有助于塑造过程并提升了职前教师的反思质量，是对大学里面对面教学的有益补充。Matthew Ronfeldt、Michelle Reininger（2012）以 1 000 多名实习教师为对象进行实证调查，证明一个结论：延长的实习时间不一定能提高教师的教学洞察力、效能感、职业规划。实习时间长短和教师产出并不成正比，关键在于实习质量，研究也发现，在历史悠久的有少数民族学生的学校实习能够显著提高教师的教学洞察力。

Baecher Laura、Kung Shiao-Chuan（2013）通过一项实证研究考察了在实习教师早期的实习经验中，视频对学生自我评价的作用。作为研究对象的实习教师被分为两个组，一个组得到教学示范视频和理想教学表现的评价标准；另一组得到教学课程的描述以及相应的评价标准。随后两个组都进行了课堂讲授并被录像，两个组都被要求自我评价。数据分析结果表明：第一组学生的自我评价较客观，有关示范视频的介绍和评价标准帮助了第一组学生正确理解评分标准，有效减少了在自我评价时的盲目性。M.C.W.Marja Vrijnsen-de Cort、P.J.Perryden Brok（2013）探讨了教师发展学校的问题。PDS（教师专业发展学校）被认为对在职和实习教师都具有支持作用，并激发教师从事基于实践的研究。应用自己开发的调查问卷，以 102 名在职和实习教师为调查对象，在具备教师专业发展的学校和不具备的两所学校，作者分别调查了他们的研究环境、研究动机、研究过程以及学习结果，并针对调查结果进行对比分析和讨论，证明了教师专业发展学校对研究对象的成长是有积极作用的。

Antje Biermann、Julia Karbach（2015）认为实习质量和个人性格对教学技能的发展至关重要。研究以一所德国中学 443 名实习教师为研究对象，以实习质量因素和个人性格因素为自变量，考察自变量对教学技能的影响，数据分析结果证明，两个自变量对教学技能都有显著影响，其中实习质量因素比个人性格因素呈更大影响力，实习质量因素中的“理论联系实际”解释了较大的差异值。

（二）initial teacher education

从图 7-3 得知，有关新手教师教育的话题在 2009 年之后持续受到关注，呈现渐强趋势。从文献研判可以得知，研究者们普遍关注新手教师入职之初的发展困难、成长特点、教师知识变化、成长引领措施等实践性问题，更多探讨“现状如何”的问题，较少探讨“应该如何”的问题。

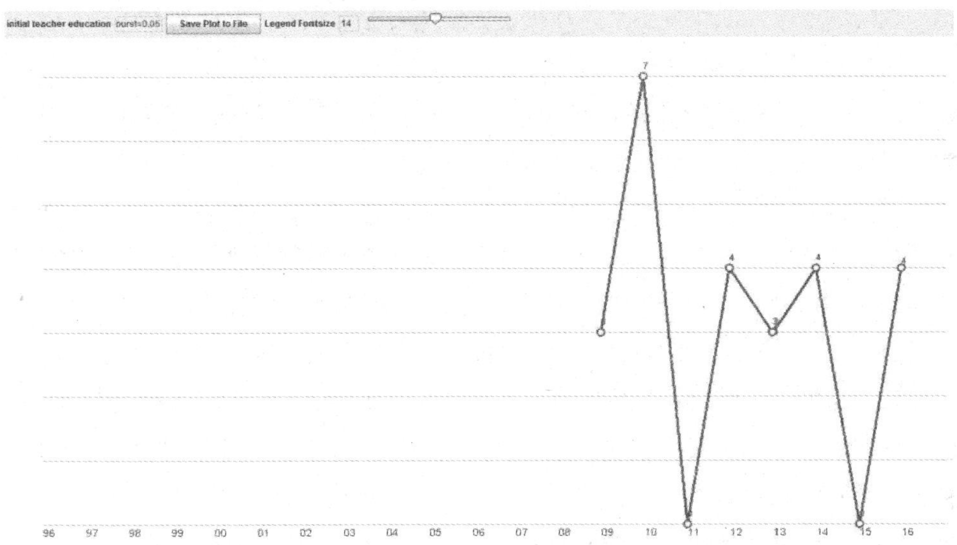


图 7-3 “initial teacher education”被引历史曲线

Donald McIntyre（2009）认为现行的新手教师培养计划已延续多年，想要在目前培养计划中开展包容性教学这样的创新有些困难。可能的解决办法是让学校参与进来，如美国霍姆斯协会的教师发展学校、英国的剑桥实习方案、久已被人忘记的苏格兰 1978 年的斯内登报告等，就是很好的经验。虽然如此，但仍需要人们进行新的探索，积累新的经验。

Szwed、Christine（2010）分析了新手小学教师中的性别失衡现象。长久以来，男性教师偏少的问题在西方国家一直没有得到有效解决。作者尝试分析了失败原因：教师职业的女性主义、小学教师社会地位低、对孩子保护的担忧。作者进行了一项实证调查，旨在探究小学男教师的招聘难和留不住问题。和其他同类调查结果不同的是，本调查结果表明：在对孩子的保护担忧问题上，并没有性别差异。研究还对如何留住男性教师提出策略分析，教师教育者和政策制定者亟须认识到问题的严重性并正视男性教师的需求。

May M.H.Cheng、Sylvia Y.F.Tang（2012）关注新手教师专业学习中理论知识的实践转化问题。研究搜集了 4 年历时研究数据，应用类型学方法分析数据，结果显示：新手教师的理论知识的时间转化呈现两个极端，一个极端是教师试图在实践中检验他们在大学学到知识的实用性，另一个极端是试图不借助理论而是自己寻找问题解决方法或得出个人理论。大学学习经历和实习经历对教师的做法有一定的影响。

Aisling M.Leavy、Mairéad Hourigan（2016）进行了一项有关 25 名小学实习教师的课程学习研究。研究聚焦于在最初阶段教学的设计、教学和反思中，实习教师的学科教学知识发展过程。研究结果显示：教师的数学学科教学知识得到提升，尤其是学生与内容知识、教学与内容知识两个子维度得到明显提升。对课堂教学的反思促进了学科教学知识增加，形成高度融合的具有活力的教学理解。Marilyn Cochran-Smith、Fiona Ell（2016）讨论了在新手教师教育中如何贯彻“平等”的理念。具体策略包括：一是如何把“不平等”概念化，它在教师教育中的作用又是什么？二是定义什么是平等的行为？三是创建适合于当地历史和环境的以平等为中心的教师教育项目；四是对以平等为中心的教师教育进行研究。Sylvia Y.F.Tang Angel K.Y.Wong（2016）应用混合研究方法，考察了新手教师教育中教师工作能力、专业学习和教学动机的三方关系。教师工作能力中，两个重要维度得到凸显：理解学校组织机构、与其他教师和同辈妥善处理好有利于专业成长的关系。实习阶段的学习和大学课堂学习可以预测教师的工作能力，这种预测一部分被“所教授课程的兴趣”这个内在动机促成，另一个预测因素是“激励他人的教学工作性质”这个利他性动机。

（三）identity

图 7-4 显示：有关“identity”的文献在 2007 年尤其是 2009 年之后进入活跃期，说明教师的认同问题引起了研究者们的普遍关注。教师认同也可称为教师身份认同或教师职业认同，从某种意义上说，教师身份认同和教师职业认同基本属于一个概念。按照学者迈耶（Mayer D）的观点，教师身份认同指的是教师如何定义和察觉作为教师的自己，以及自己的期望和价值观。文献阅读表明：在有关教师身份认同的讨论中，大多集中在教师身份认同的内涵、影响因素、

形成过程、新的研究方法以及教师身份认同和其他教师专业发展因素的关系等。理论思辨型研究和实证研究兼而有之，但以实证研究为主，其中，关注职前教师和初入职教师身份认同问题的研究为数不少。并且，直到目前有关教师身份认同的讨论仍然在持续。

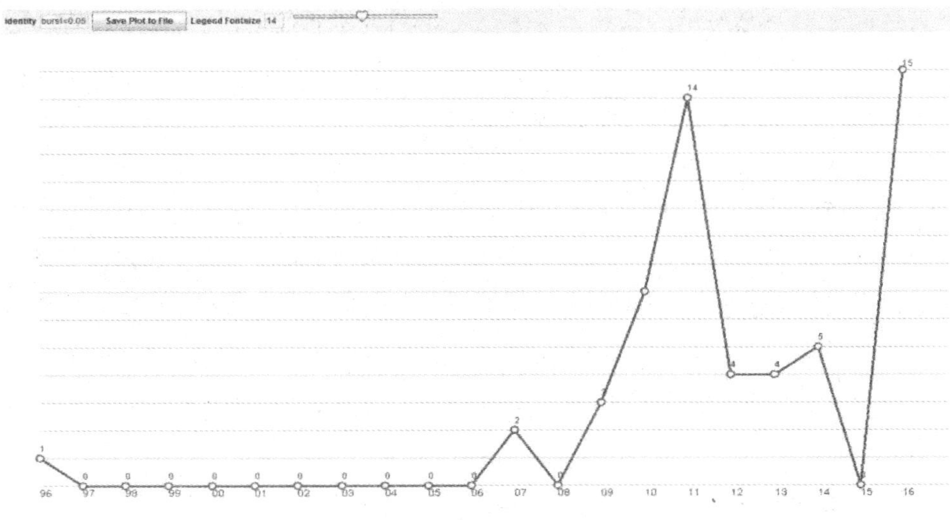


图 7-4　“identity”被引历史曲线

Jenelle Reeves（2009）认为教师的身份认同也基于和其他人的关系而建立，包括其他教师和学生。研究运用定位理论和投资概念，以一位中学英语教师为个案研究对象，探讨了教师身份认同的问题。此教师在和英语学习者的交往中达成自己的教师身份认同。研究结果表明，教师在学生身份认同上“进行投资”：把英语学习者定位为和其他学生相同。这种教师投资的预期收益就是教师作为更胜任教师的身份认同。

Inge Timoštšuk、Aino Ugaste（2010）关注初始教师的身份认同问题。研究选取了 45 名初始教师为研究对象，通过访谈来探索他们的职业身份认同状况。研究对象描述了各自的课程教学经验以及由此引起的积极和消极的情感。研究结果表明：教师更强调“成功”或“失败”这样的词，而不是从经验中学习到了什么。更宽广的社会环境和教学共同体中的职业关系被边缘化了。在结论中，作者建议加强教师教育中的社会因素，注重构建教师教育和社会的更多联系可以促进教师职业认同感的提高。Shawna Shapiro（2010）应用个人经验的框架，讨论了情感和教师认同的关系。作者认为逐渐增加的情感经验不仅使教师间关系更加融洽，也有助于缓冲环境不断带来的教师职业的反人性化特点。Ji Y.Hong（2010）通过一项实证研究考察了教师认同感和教师离职的关系。在这项研究里，教师职业认同被分为七个因素：价值、效能感、责任、情感、知识、信念和微观政治。研究调查了 84 名教师，访谈了 27 名教师，这些教师来自四个不同教学阶段。研究数据证明：新入职教师对教学工作持有一些幼稚和不切实际的观点，离职教师显示出最强的职业倦怠感。同时，文章也讨论了优化教师教育和留住新入职教师的策略。

Sanne F.Akkerman、Paulien C.Meijer（2011）提出一种身份认同的新研究方法——心理学的对话自我。作者认为“心理学的对话自我”作为一种新颖的研究方法，可以兼顾到教师认同的个别性和共同性。在这种研究方法关照下，教师认同既可以是单一的也可以是多元的；既可以是连续的也可以是中断的；既是个人的也是社会的。基于这种研究方法，教师认同被重新定义，同时也被赋予了更多意义。

M.T.Pillen、P.J.Den Brok、D.Beijaard（2013）以调查问卷为研究工具，调查了 373 名初始教师职业认同张力的构成和变化。聚类分析结果显示了六个聚类名词：教师与上级的分歧、与关爱有关的张力、与责任有关的张力、中度紧张的教师、不紧张的教师、很紧张的教师。教师职业认同张力来源包括：从学生到教师的角色转换、对学生的关爱、如何适应教学工作。数据分析还显示：教师们认为紧张是由变化引起的，如果能够得到教师教育者和学校导师的支持，紧张是可以渐弱的。

Maarit Arvaja（2016）通过一项质性研究，探讨了如何通过定位来构建教师身份。研究选取一位大学教师为研究对象，通过应用巴赫金的对话理论来分析研究对象的学习日志，考察研究对象在一年的教师培训计划中教师身份构建的过程。研究对象通过评价与之相关人物的陈述来定位自我，构建身份。研究也证明了定位方法有助于理解教师身份认同中的自我和他人的关系。Eric Rui Yuan（2016）以两位实习期教师为例，通过考察他们与大学导师和实习学校指导教师的互动来观察他们教师身份的建构。以自我差异理论和可能自我理论为理论基础，数据分析结果显示：来自指导教师的消极指导拆解了教师的理想自我，如善于沟通的教师、主动的学习者，反而建立了应然自我：追随者，甚至是一个令人畏惧的身份认同：控制欲强的教师。这些消极指导妨碍了实习教师专业学习和专业成长的过程。此研究展示了学校指导教师实践的欠完美一面，同时为后续研究提供了启示。

（四）self–efficacy

图 7-5 显示：关于自我效能感的文献从 2008 年之后呈现渐强趋势，尤其是在 2011 年之后。这和国外教师专业发展研究领域在 21 世纪后，研究重点从教师行为转向教师心理相吻合，而教师自我效能感是教师心理的重要维度，引起了研究者的关注和讨论。此方面的研究大致分为几个主题：教师自我效能感量表的开发和修正、教师自我效能感的内涵和维度、有关教师自我效能感的现状调查、不同群体教师自我效能感的特征、教师自我效能感和其他概念的相互关系等。

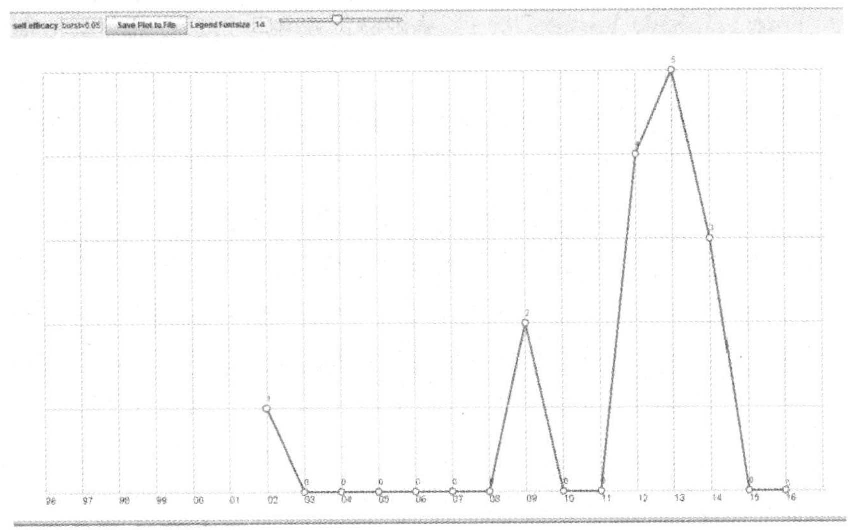


图 7–5 “self-efficacy”被引历史曲线

Revital Sela-Shayovitz（2009）关注校园暴力培训对教师处理校园暴力自我效能感的影响。应用三个指征来考察教师自我效能感：个人教学效能感（PTE）、教师关于校园作为组织效能感（TESO）、教师产出效能感（TOE）。研究选取 147 名教师作为研究对象，应用匿名调查问卷作为研究工具。研究结果显示：教师参加有关校园暴力培训和教师产出效能感（TOE）呈显著相关，却和 PTE、TESO 不呈现相关关系。小学和初中教师相对高中教师呈现更高水平的 TOE，教师从学校获得的支持力度和 TOE 呈显著相关。

Christelle Devos、Vincent Dupriez（2012）应用定量研究方法来探索社会工作环境是否对新入职教师的自我效能感和压抑感带来影响。作者认为学校文化和教师规范之类的目标框架培训对自我效能感和压抑感都有影响。当新入职教师工作中遇到困难不多的情况下，同事之间的合作性互动才会和较高的教师自我效能感有关。资深教师的指导、校长会议和自我效能感、压抑感无关，但是活动质量却可以很大程度上预测自我效能感。

Lorenzo Avanzi、Massimo Miglioretti（2013）讨论了挪威版的教师自我效能感量表和意大利版的同类量表的区别。作者应用了验证性因子分析来比较两个量表的测量恒等性。数据分析结果表明：两个量表有 6 个因子呈现恒等性。意大利版的量表呈现出很好的内部一致性和再测可靠性。Svenja Vieluf、Mareike Kunter、Fons J.R.vande Vijver（2013）从国际的视角讨论了教师自我效能感的问题。选取 23 个国家的 73100 名教师作为研究对象，应用“教育学国际调查问卷”调查世界范围内教师自我效能感的状况。结果显示：教师自我效能感在几乎所有国家都呈现出相似的单因子结构，并且和教学实践、工作满意度都呈现正相关。在单个国家层面，教师自我效能感只和工作满意度相关。而且，教师自我效能感和集体主义、谦虚、极端评分等相关。各国间的教师自我效能感平均分差别反映了各国文化价值观的不同。Bridget Lee、Stephanie Cawthon、Kathryn Dawson（2013）讨论了在一项教师专业发展项目中，中小学教师的教师自我效能感和教育观念变化之间的关系。研究发现小学教师在教师自我效能感和教学理念变化方面有显著差异。而且，教师自我效能感对教育观念没有预测作用。教师的教学年限和自我效能感之间的关系是一个独立变量。Olli-Pekka Malinen、Hannu Savolainen（2013）做了一项跨国实证研究来探讨教师自我效能感在教师日常教学中的情况。研究选取来自中国、芬兰、南非的 1911 名在职教师作为研究对象，研究应用班杜拉的自我效能感理论来建立每个国家的教师自我效能感概念模型。研究者发现：针对残疾学生的教学对自我效能感有最强的预测作用，而其他变量对自我效能感的预测作用因国而异。

Gareis、Christopher R、Gran、Leslie W（2014）关注一项 10 年的医学院教师培训项目，项目旨在提升来自医学院的合作教师对职前教师的监督质量。研究搜集分析了长达 10 年的来自多源的数据，调查了培训项目中合作教师、实习教师的产出效果。数据显示：培训导致合作教师群体的自我效能感增强，培训形成了医学院合作教师更有效的评价活动和实习教师更好的表现。实习教师的自我效能感和医学教师的培训无显著相关。Van Uden、Jolien M、Ritzen、Henk、Pieters、Jules M（2014）进行了一项实证研究，旨在探索职业技术教育中教师信念和教师人际行为是否和学生参与度有关。研究选取 200 名教师、2288 名学生作为调查对象，研究应用调查问卷作为研究工具，教师信念包括教师动机、对教师知识内涵的认知、教学自我效能感。学生参与包括三个维度：行为参与、情感参与、认知参与。数据分析结果显示：教师人际行为和学生参与的三个维度呈现最强相关关系；教师信念在教师人际行为产生影响之后，和学生参与三个维度相关性呈递减状态；学生的年龄和学生参与几乎不相关。

## 二、渐弱趋势的前沿主题

### （一）constructivism

从图 7-6 可以看出，有关建构主义的讨论在 2007 年之后趋于减弱。究其原因，在大约 2002 年之后，多元智能理论、后现代主义教育论、生态系统理论等新理论的出现，吸引了研究者更多的注意力，生成了更多的新话题，有关建构主义的讨论呈渐弱趋势。

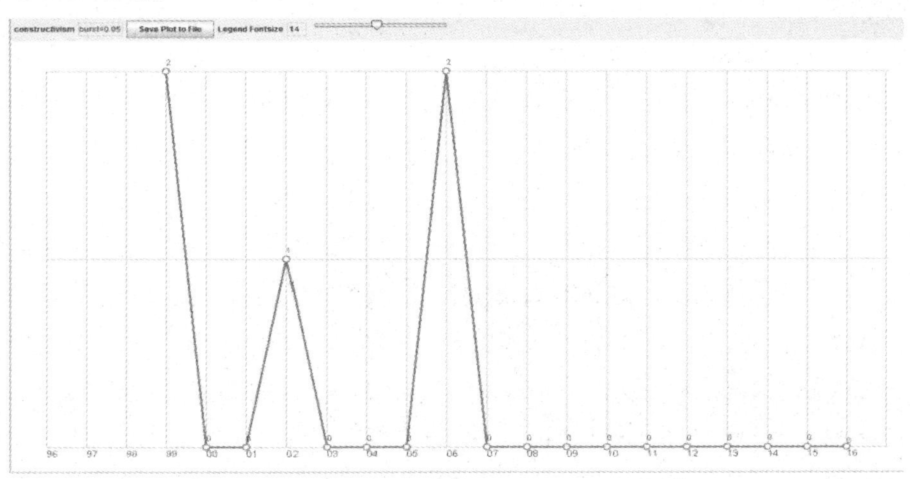


图 7-6 “constructivism”被引历史曲线

Barton A.C、Osborne M.D（1999）质疑了对建构主义的极端化理解，并讨论了这种理解在科学教育现实中的困境。“极端化”的建构主义认为知识仅生成于学习者个人知识基础上，并仅限于生成在个人和情境的互动中。但是作者认为以学习者经验为出发点的建构主义学习观却并不适合科学知识课堂教学，这种极端化的学习观一定程度上影响了人们正确理解科学的本质、科学教学和学习的本质、科学课堂的师生关系本质，因为学生以往的学习经验并不足以作为学习的初始起点。而这一点对正确理解教育的实质和正确进行教育改革有一定的借鉴意义。

Bernadetde Jager、Gerry J Reezigt、Bert P.M Creemers（2002）讨论了教师培训的效果如何体现在阅读理解教学中。研究选取了13位教师作为实验组，7位教师作为控制组。实验组被分为两个小组，八位教师培训后采用认知学徒制在小学教授阅读理解课程，5位教师则在培训后采用直接教学法教授同类课程，控制组教师没有经过培训。数据分析结果显示：实验组教师成功改变了他们的教学行为，而控制组教师则没有明显改变。文章讨论了建构主义和教师培训模式之间的关系。

Chin-Chung Tsai（2006）考察了通过科学课程的教学，教师对科学课程观的重新阐释和重新建构。研究以36名在职教师和32名职前教师作为研究对象，科学课程教学包括科学哲学、科学教学课堂活动。研究数据表明：无论在职教师还是职前教师，在课程教学后都一定程度上改变了对科学本质的认识，许多教师对科学的观点都进行了重新阐释和重新构建，他们的观点更倾向于以建构主义为中心的教学。

（二）reflective practice

Paul F.Conway、Christopher M.Clark（2003）重新检验了富勒的以关注为基础的教师发展模型。在分析教师关注点的基础上，富勒的教师发展模型提出教师发展三段论：对自我的关注、对任务的关注、对学生和教学效果的关注。研究以6位实习教师为研究对象，通过访谈他们的希望和担心事项来观察它们在两个学期的实习期中教师关注点的变化。结果证明：实习教师的关注点的确像富勒发展模型所预测的一样，经历了从自我到任务再到学生的转变这个向外拓展的过程。但是，他们的关注点也经历了一个向内的拓展过程：从关注自身的教学能力到关注自身的专业发展能力。研究结论是对富勒教师发展理论的有益补充。Joseph A. Braun、Thomas P. Crumpler（2004）提出备忘录可以作为一种社会研究方法来记录教师反思的历程，研究者通过分析教师备忘录和自传来观察教师的反思轨迹，总结教师的反思规律。

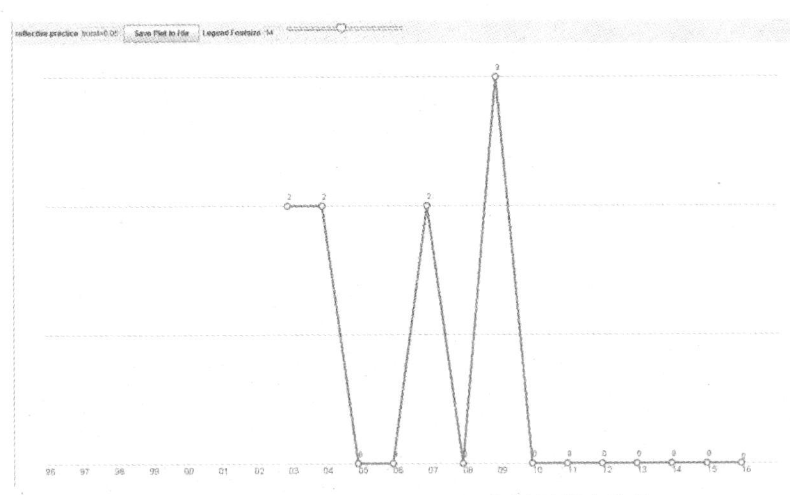

图 7-7　"reflective practice" 被引历史曲线

Mary Jane Moran（2007）在一项教师合作行动研究中，分析教师的反思发展过程及教师产生的变化。在一项长期的项目教学任务中，两位教师进行合作式行动研究，两位教师发生了以下的变化：一是价值感的增加、责任感的增强和反思意识的提高；二是通过行动中反思来自我规范教师行为；三是更加认同反思日志在记录教师思维活动和教学实践中的积极作用。

Huong Tran Nguyen（2009）讨论了一种以反思探究为基础的实践模式的实际效果。在由合作教师、实习教师和大学导师所构成的学习共同体里，研究者通过不断的、有目的的三方互动讨论来考察三方的各自收获。研究发现：三方通过讨论不仅增加了知识上的沟通，也更加清晰地了解了自己以及对方的信念、价值、教师知识以及教师知识的构成。这种反思性讨论有助于提升他们的知识、实践、关系和实践经验。Melanie Shoffner（2009）探索了教师反思在教师准备的情感方面所起到的作用。作者以两位美国职前教师为研究对象，采用网络讨论帖和微博文章为质性研究资料，观察了之前阶段教师情感发生的变化，并讨论了研究发现对教师发展的意义。

（三）standard

从图 7-8 可以得知，关于"标准"的文献量在 2011 年之后渐弱。文献研判表明：有关标准的文献大多集中在教师专业发展总标准、某教师群体的发展标准、教师教育的标准等。

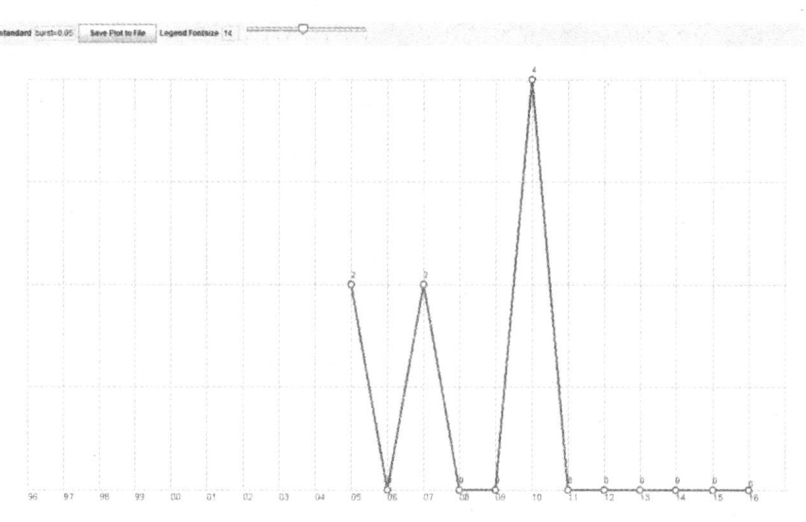


图 7-8 “standard”被引历史曲线

Koster B.Brekelmans、M.Korthagen、F.Wubbels T（2005）探讨了教师教育者应具有什么样的素质标准。具体包括教师教育者需完成的任务、教师教育者需具有的专业能力。研究用实证研究的方式来回答研究问题。作者在印度新德里做了三个回合的调研，包括开放式访谈和两轮问卷调查。数据分析显示：教师教育者需完成五个任务和四个领域的能力，但大学的教师教育者则在五个任务之外，需再完成第六个任务：开展学术研究。

John A.Ross、Catherine D.Bruce（2007）提出可以辅助教师专业发展的教师自我评价方法，并把此方法付诸实践来观察实践效果。作者选择了八位数学教师作为个案研究对象，并对实践效果进行解释。教师自我评价方法对教师的专业发展起到如下四个作用：一是影响了教师对优质教学的定义，增加了对优质教学的辨识力；二是通过给教师提供明确的教学标准，使教师发现现实教学和理想教学的差距，帮助教师选择提升目标；三是为教师同侪沟通提供便利；四是增加变革对教师实践的影响。教师自我评价方法给在职教师的专业发展提供了一条可选途径，但需要注意的是，教师自我评价方法要和其他方法结合使用才能起到更理想的作用，如：同伴互教、加强来自校方的督导、给教师提供学习更佳教学策略的机会。

Peck C.A、Gallucci C、Sloan T（2010）讨论了美国的教师教育项目的现实问题。美国的教师教育项目必须在联邦层面和州层面都要达到各自要求，而这些要求本身并不统一，这给教师教育者带来了困惑，如果要达到两层要求，教师教育项目会丧失自主权和统一性，如果只达到州层面要求，则得不到联邦政府支持。文章描述了一项教师教育计划如何弥合这些差异，做到既符合州层面要求也不违背联邦层面的要求。文章讨论了该教师教育项目的两点启示：一是如何解读州层面的政策目标，并和教师教育项目深度融合。二是教师动机可以使教师参与更有挑战性的项目更新与变化。

## 三、稳定趋势的前沿主题

### （一）classroom

从图 7-9 可以看出，有关“课堂”的文献从 1998 年起，就一直处于稳定的活跃状态。相关文献研判表明：有关“课堂”的讨论大多数关于课堂教学和教师专业发展各相关维度的关系。可见研究者比较认同在教师专业发展中，课堂教学是一个关键要素。课堂教学既是教师专业发展的起始点，也是教师专业发展的途径，又是教师专业发展的归宿。

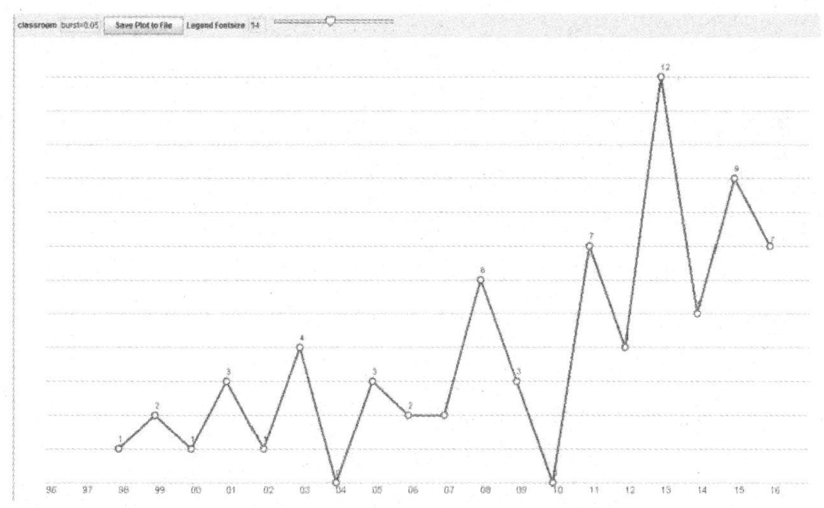


图 7-9　“classroom”被引历史曲线

Anne Jordan、Eileen Schwartz、Donna Mc Ghie-Richmond（2009）关注如何在小学教师教育中培训教师兼顾课堂教学的各个方面。文章认为小学高效教学技巧包括以下几点：学生高度参与课堂、教师科学管理、给学生现阶段学习搭建正确的学习脚手架、使学生参与到高阶思维训练、鼓励和支持学生。高效教学是对所有学生的教学，不应抛下任何一个学生。一项长达二十年的教师教育计划积累了丰富的经验使教师做到这一点，项目实践表明：高效教学中，教师对学习能力不足的看法以及对有特殊学习需求学生的责任感是项目成功的一个原因，即教师的认识正确与否至关重要。对教学的责任感会直接推动教师采取行动，构建高效课堂。

Delia Baskerville（2011）探究在文化多元的新西兰课堂中，通过讲故事来构建积极的师生关系。在多元文化课堂中，教育研究界一直强调教师要在文化上包容，承认学生的以前知识合法化，教与学是互惠关系。本研究中的教师也延续了这一做法：通过讲故事，教师的同情、怜悯、宽容和对差异的尊重都得到了提升。文章介绍了促使教师了解自己、了解文化的四个相互关联的因素：开发新的工作方式；建立充满关爱和支持的环境；通过讲自己的故事给学生展示自己的机会；加强师生、生生联系，关注关系改变。研究结果对多元文化教学有启示意义。

Johannes König、Sigrid Blömeke（2014）探讨初入职教师的一般教学知识（GPK）是否会对课堂情景的注意与解读技能产生影响。作者采用历时研究方式，时间节点为教师初入职的 2008 年和 2012 年，历时 4 年。研究对象为德国 20 位中学教师，将以录像记录的教师课堂行为作为数据来源。结果表明：教师们的课堂注意和解读技能各不相同；教师的课堂解读技能和当前的教师一般教学知识有关，而与课堂注意技能无关。教师 2008 年刚入职时的一般教学知识既不能预测教师课堂注意技能也不能预测教师课堂解释技能。这意味着在入职时教师的认知得到了重组，教师在被培训时接受的知识对于入职后的技能没有预测趋势。

Charteris Jennifer、Smardon Dianne（2015）考察了教师能动性在教师对话式反馈中的作用。基于证据的话语分析一直在英语国家教育界风行，受到教育管理者和教师的重视。他们相信通过对话分析可以提高话语质量，改善教师教学行为。但是，在话语分析之后单纯给教师反馈而不考虑教师对反馈的回应，影响了教师的主观能动性和学习热情。该研究应用质性研究方法考察教师的反馈实践。数据分析证明：对话式反馈给了教师足够空间来做教学决定，从而改善学生学习效果；教师在对话式反馈中会应用自己各方面知识；教师能动性能够在对话式反馈的关系定位中发挥作用；对教师能动性的研究进一步确认了教师学习的场景性和教师专业学习过程的变化性。

Klara Sedova、Martin Sedlacek、Roman Svaricek（2016）关注一项长达一年

的行动研究式教师专业发展项目对师生课堂话语的影响。研究对象是八位捷克小学教师。师生课堂话语由四个指标构成：一是学生的推理式发言；二是符合该认知需求的开放式问题；三是教师课堂组织话语；四是开放式讨论。在此教师发展项目开始之前和结束后，研究对象的课堂被录像记录并被分析。分析结果表明：教师课堂话语产生了变化；学生的推理式发言增加；这两个因素构成了教师课堂沟通行为的提升。Beth Clark-Gareca（2016）借助混合研究方法，考察了美国宾夕法尼亚几所小学数学课堂中，教师对持英语学生的数学测验结果的评价和宽容问题。研究选取 213 名教师为量化研究对象，10 名教师为质性研究对象，重点了解教师如何评价学生的数学测验结果，又如何宽容学生的学习问题。研究发现：教师的宽容行为和学生的英语熟练度有关，有学习困难的学生比其他学生更得到教师的宽容，当学生的英语熟练程度增加时，教师的宽容度会相应减少。

（二）community

图 7-10 显示，有关“共同体”的谈论从 1999 年开始就没有停止，从 2008 年之后文献呈增长态势。可见，研究者对于共同体和教师专业发展的关系很关注。文献研判表明：大多数有关共同体的讨论为实证研究；研究者应用各种研究方法考察不同形式的共同体是如何影响或促进教师专业发展的；共同体的模式也呈多样性，尤其随着信息技术的发展，网络教师学习共同体研究引起了一部分研究者的关注和实践。

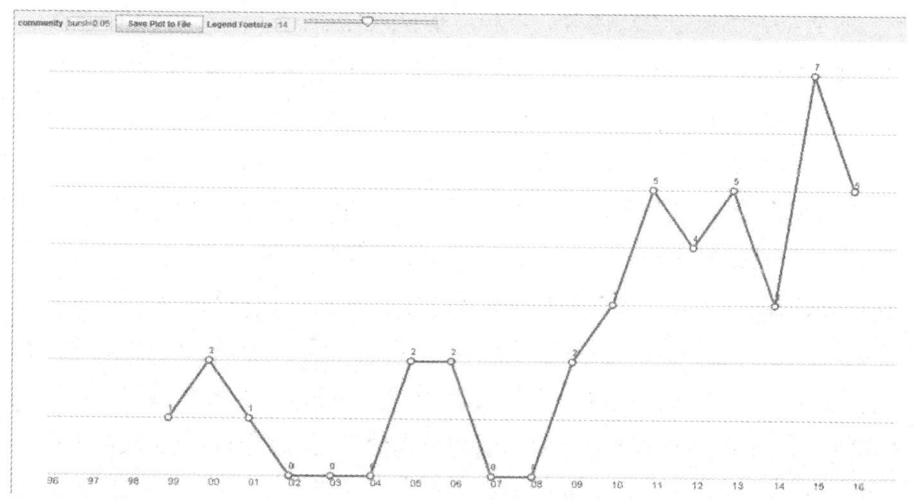


图 7-10　“community”被引历史曲线

Valerie Farnsworth（2010）通过一项共同体组织下的教师学习来探讨身份、学习和社会正义的意义。研究应用巴赫金的对话理论为理论依据，以参与共同体学习教师的叙事为研究资料，来解析职前教师的身份协商过程。教师通过参与学习共同体的学习活动逐渐构建自己的教师身份。Tiffany Gallagher、Shelley Griffin、Darlene Ciuffetelli Parker（2011）关注如何建立并运行实践学习共同体来促进非终身制教师的专业发展。通过对教学重大事件的反思，教师们通过参与，共同构建集体智慧。教师在有组织的互动活动中，一起构建起共同体文化，共同体文化使得教师把教学实践和学术研究联系起来。实践证明，实践学习共同体的运行使得教师的教师专业发展呈现相互合作、自我指导、自我赋能的特征。

Russell Tytler、David Symington、Linda Darby（2011）关注澳大利亚乡村学校中数学教师对话共同体的实践状况。研究认为共同体中有一系列问题：政府间的紧张关系；学校和个人专业学习孰先孰后；学校和个人各自的责任；影响教师专业发展的乡村特点；是泛泛的还是针对性的专业学习。文章认为需要有多样性的方法来满足教师学习需求的复杂性，一系列乡村环境因素制约了乡村教师专门性的专业学习，对话共同体在理解乡村教师专业发展需求方面还是很有成效的。Garry F. Hoban、Peter D. McLean、Wendy S. Nielsen（2012）探讨了一个由教师教育者和专职科研人员组成的学习共同体，在共同体中，双方分享实践感受和理论知识。作者深入探究了专业学习共同体框架的本质。框架建立在三个专业学习影响力的动态沟通基础上即内容、过程、情境。

Ebershn、Liesel、Loots Tilda、EloffIrma（2015）关注九位南非乡村地区教师在一项长期的研究项目中如何克服研究障碍，从而使研究继续下去。研究以教师研究日志和访谈记录为资料来源，应用乡村特点基本理论，来解释教师在研究过程中应对障碍的阶段和问题。研究结果对研究欠发达地区教师共同体有一定的借鉴意义。Schneider Achim、Kipp、Kerstin H（2015）研究了由幼儿园教师和小学教师组成的学习共同体中，教师如何通过合作来实现教师专业发展。有研究表明，通过分享式、反思式专业对话可获得教学实践所必需的教学能力。基于此，作者调查了 310 名教师，这些教师参加了幼儿园教师、小学教师组成的跨机构学习共同体，目的是在共同体情境中，观察反思性对话对教师专业发展的影响。研究做出结论：跨机构反思对共同体的合作进程、教师专业成长、教学实践都起到了积极的作用，尤其是对“以学生为中心”的教学实践有明显促进作用；教师的教学经验和对话记录归档的做法在一定程度上减少了对话对教师的消极影响。

Vanblaere Bénédicte、Devos Geert（2016）考察了教师学习共同体和学校领导风格的问题。经验丰富的小学教师被选为研究对象，数据来源为对教师的访谈。研究发现学校领导风格分为两种：教导型和转变型。教导型领导风格支持个性化的教学实践和反思性对话；而转变型的领导风格支持反思性对话和集体责任。

（三）inquiry

从图 7-11 可以看出，有关“探究”的讨论从 20 世纪末到 2015 年一直持续，说明研究者认为探究和教师专业发展有密切联系。既有文献中，有的研究者把探究看作是教师专业发展的途径，有的把探究看作专业发展的目的。关于教师探究的形式，有教师个人探究，也有合作式探究。

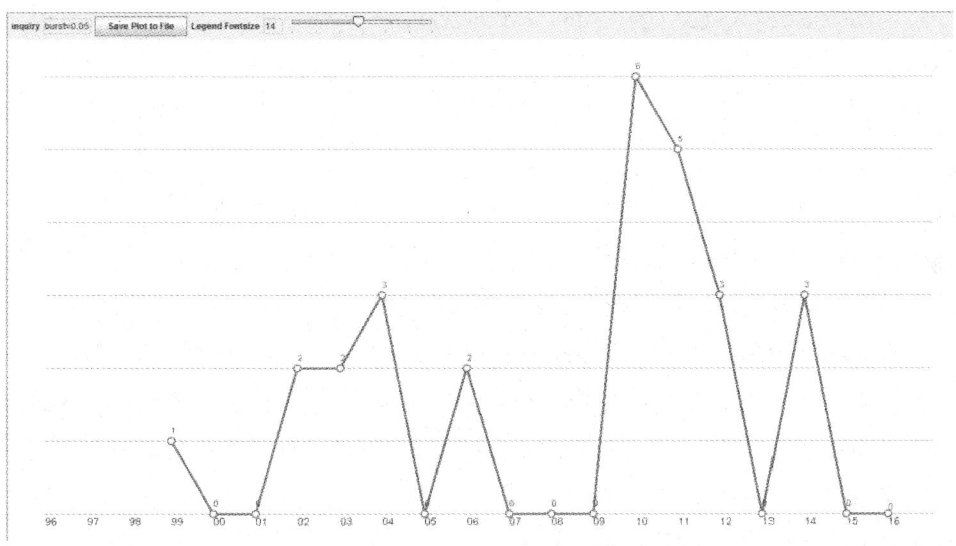


图 7-11　“inquiry”被引历史曲线

Andrew Gitlin、Linda Barlow、Mary D.Burbank（1999）认为许多教师教育者大力提倡以探究为中心的方法来参与科研活动，如成为科研成果的审慎消费者或参与行动研究，但却很少有文献研究职前教师对科研成果的态度和感受，调查职前教师对科研成果本质的看法有助于完善教师教育方法。调查结果显示：教师倾向于把科研成果看作是一种探究方式，愿意采取行动研究方法来补充传统研究方式。

Douglas Huffman、Julie Kalnin（2003）讨论了在学校中如何基于合作式探究来做决定。由教师、管理者、学校董事会成员、父母组成的团队进行了一项长期的合作式探究项目。团队各方为了提高教师教学和学生学习一起进行合作式探究，搜集和分析地方数据并基于数据进行分析。结果显示：合作式探究对教师产生了积极的影响，使教师致力于持续性改善教学，同时使教师对当地数据有了更多掌控意识，也对学校的决策过程有了更多的参与权。

Lucy Mule（2006）认为在美国，教师发展学校越来越被人们看作是帮助未来教师做准备的理想场所。文章关注一项以探究为基础的教师发展学校项目，描述了五项实习教师探究活动，分析了实习教师在一年实习中的探究进行情况。研究显示：教师发展学校可以被看作是大学教师教育项目和学校构成的合作情境，教师借助情境提高探究质量。Anne R.Freese（2006）关注职前教师如何通过反思和探究来发现教师自我，构建自己的教学。研究以一位职前教师和一位教师教育者为研究对象，作者追踪了在两年的时间里职前教师的专业成长历程。研究数据来源包括观察记录、反思日志、对话日志以及职前教师的行动研究论文，仔细观察了职前教师如何思考、所经历的矛盾、所遇到的恐惧、所收获的益处，发现职前教师特定的态度和性格会影响教师的专业发展，验证了“职前教师学会教学”和“帮助职前教师成为真正教师”都有其复杂性。

Hidehiro Endo、Paul Chamness Reece-Miller、Nicholas Santavicca（2010）的研究独具一格。他们关注美国中西部地区中小学中六位同性恋教师的特殊体验。研究应用叙事探究的方法，并得出以下结论：在异性恋规范的社会情境下，这些同性恋教师出于各种原因一直把同性恋身份和教师身份区别开来，研究还考察了这些教师如何构建和保持这种特殊身份。

Deborah L.Butler、Leyton Schnellert（2012）关注教师专业发展中的基于学习共同体的合作式探究。在共同体里，教师一起合作，共同评价学生阅读学习活动，共同商讨如何改善教学。文章中，作者回答了三个问题：一是共同体中的教师探究情况如何？二是在教师探究中，合作的意义何在？三是探究是否使教师在实践和学习中完成了有意义的转变？研究证明：在这个以探究为特色的共同体中，有多种复杂的关系；教师的合作式探究可以被定义为互相规范；教师探究在促进教师有意义转变方面大有可为；在共同体里的针对实践的合作探究使教师获益良多；以探究为中心的专业发展方法促使教师群体发生系统性的变化。Nathan D.Brubaker（2012）通过质性研究的方法，观察教师教育课堂中，探究式共同体是如何促成教师权威的达成的。作者本身作为授课教师，组织学生针对重要问题进行合作式对话和思考。研究发现，学生通过建立相互依存的关系、互相沟通的方式，深度争论问题正误是促成教师权威达成的良好方式，同时也提高了教师教育的民主性，也为学生入职后的反思性教学实践打好基础。

Umesh Dewnarain Ramnarain（2014）关注南非物理和化学课程教学过程中教师对探究式学习的看法，这些教师分别任职在城市、城镇、农村地区的不同学校中。研究显示，处在所有地区的教师对探究式学习均呈积极态度，教师认为探究式学习给学生带来的好处包括：实验技能的提高、更加喜欢物理和化学课。但是，在探究式学习帮助概念理解上，城镇和农村教师却认为灌输式教学比探究式学习更有效，而城市和郊区学校教师则更认同探究式学习。作者认为缺乏资源、大班教学、对探究式学习理解不够深刻是城镇和农村教师在实践中更倾向灌输式教学的原因。

## 第三节 国内外教师专业发展研究前沿的对比分析

在前两小节的基础上，本小节对1996—2016年间国外教师专业发展研究前沿演进的情况做总结和讨论。

1996—2016年间国外教师专业发展研究研究前沿呈以下几个特点。

### 一、研究问题多元化，前沿话题呈现更迭演变趋势

从第二节的分析可以看出，有的话题讨论从无到有，逐渐活跃；有的话题则从有到无，逐渐消失；有的话题则在二十年的时间里一直保持活跃状态，常议常新。话题的更迭演变和教师专业发展领域的理论更迭有直接关系，当一个新的理论被提出后，出于在实践中验证新理论的目的，会有许多研究者应用实证研究对新理论进行检验、确认和提出异议，如“身份认同”“自我效能感”等渐强式话题。而有的话题如“课堂”“共同体”等在教师专业发展中一直讨论热度不减，因为课堂和共同体一直是教师专业发展的主要培育场所，基于此，关于课堂和共同体的讨论推陈出新，逐新趣异，不断更迭，讨论一直保持活跃态势。而这一点

和国内教师专业发展研究的更迭演变规律大致相似。

## 二、较少思辨式理论研究，更多探究式实证研究

文献研判表明，二十年国外教师专业发展前沿文献中，实证研究占绝大多数。研究者更倾向于“小题大做”，即聚焦教师专业发展中的一个具体问题，或两个专业发展因素的关系，提出研究问题。然后科学设计研究框架，运用量化、质性或混合式研究方法，谨慎得出研究结论。这使得国外教师专业发展研究的外延得到迅速拓展，延伸到这个领域的几乎方方面面，研究话题极其丰富，且很具有西方国家特色。同时，国外教师专业发展研究“小题大做”的研究风格使研究重心也得到合理地迅速地下沉，直接推动了研究前沿的较快进展。

这一点值得国内教师专业发展研究界借鉴，国内研究思辨式理论研究偏多，而探究式实证研究偏弱；国内的研究前沿话题相对数量较少，研究外延拓展的不够宽，以致于有话题宽泛、聚焦性不强的现象。

## 三、实证研究的研究对象中，大多数为职前教师和新入职教师，关于在职教师的探讨相对较少

既有的文献中，大多数被选为研究对象的教师为职前教师和新入职教师，较少为在职教师。究其原因，教师的职前培养阶段是教师教育最重要的阶段，职前教师专业发展进程较快，变化较多，特征典型。而新入职教师在入职阶段，知识、能力、信念、情感都会发生变化，是观察教师专业发展的极佳时机。但是相比职前阶段和新入职阶段，职后阶段的发展在时间上要长得多，职后发展也是实现教师持续性发展的关键时期，理应得到研究者的重视。因此，研究对象选择的不均衡是国外教师专业发展研究的一个突出问题。

# 第八章 国内教师专业发展研究知识基础的知识图谱分析

本章将对 CSSCI 数据库中关于教师专业发展研究的论文进行分析，通过运用 CiteSpace 软件，对该领域研究的作者、文献、期刊进行共被引分析，探讨 20 年来（1996—2016 年）我国教师专业发展研究的代表人物、重要文献以及该领域的动态发展过程，并分析总结其发展特点与理论基础。之所以只选取 CSSCI 数据库中的论文，是因为对文献进行共被引分析需要数据中包含 CR（参考文献）字段，而中文数据库中只有 CSSCI 数据库包含完整的参考文献信息。

下面先介绍两个基本概念：知识基础和共被引分析。知识基础（Intellective Base）实际上是指包含研究前沿中那些术语词汇的文献的引文。这些引文能够反映研究前沿中的概念在学术文献中的吸收利用情况。本章将对这些引文同时被其他学术论文引用的情况进行聚类分析，即分析总结对其进行共被引分析的结果。某一学科的知识基础与研究前沿相对应，因此，共被引分析的结果将反映研究前沿所引用的学术文献的演进网络。

1973 年美国情报学家 Henry Small 首先提出了“共被引分析”的概念，通过统计分析文献数量和结构的变化，研究某学科或研究领域的兴衰变化的趋势。共被引分析法认为：如果文献的共被引平均值较高，则说明该文献或作者在其研究领域中具有核心、重要的地位，可反映该专业领域的知识演进和历史发展，有利于探索学科知识结构和变化趋势。共被引分析法着重探寻共同被引用的作者、文献、期刊之间的相似性或者关系远近，有利于研究者对该学科领域有更深入、全面的了解。

## 第一节 国内教师专业发展研究作者共被引分析

作者共被引指的是两个作者的文献同时被第三个作者的文献引用，那么这两个作者之间就存在共引关系；共被引频次越高，则说明这两个作者间的学术关系越密切。CiteSpace 软件为研究者提供了进行作者共被引分析的功能。在 CiteSpace 操作界面中，在参数设置中选择网络节点类型为作者，即“Cited Author”，同时时间分区采用每一年为一个分区，且选择每一时间分区中出现频次最高的 50 个数据，对所选 CSSCI 文献进行作者共被引分析，得到了 251 个节点，932 条连线，如图 8-1 所示。

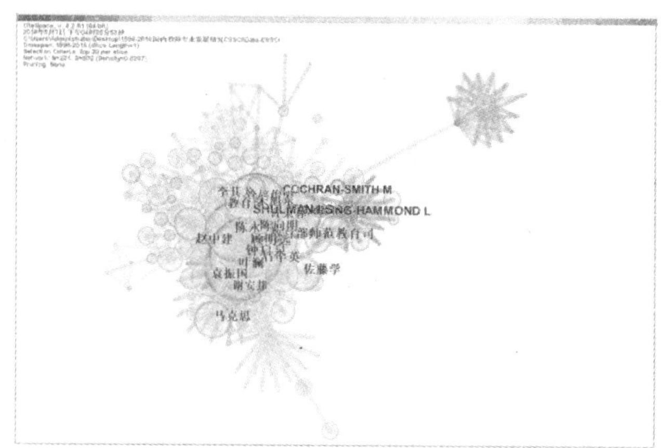


图 8-1 国内教师专业发展研究（1996—2016）作者共被引分析聚类图谱

图 8-1 中的每个节点表示一位被引作者，节点大小表明该作者被引频次的高低（节点越大，表明该作者被引频次越高），节点间的连线则表示作者间的共被引关系。通过图 8-1 就可以了解国内教师专业发展研究 1996 ～ 2016 年来作者共被引的整体状况，可以明显地看出，钟启泉、叶澜、陈向明、顾明远等都属于高被引作者，他们和其他高被引作者一起，对推动和促进我国教师专业发展研究起着重要作用。

图 8-2 是关于我国教师专业发展研究作者共被引分析的时区视图图谱，能够更清晰地反映该领域的研究在时间维度上的发展脉络。

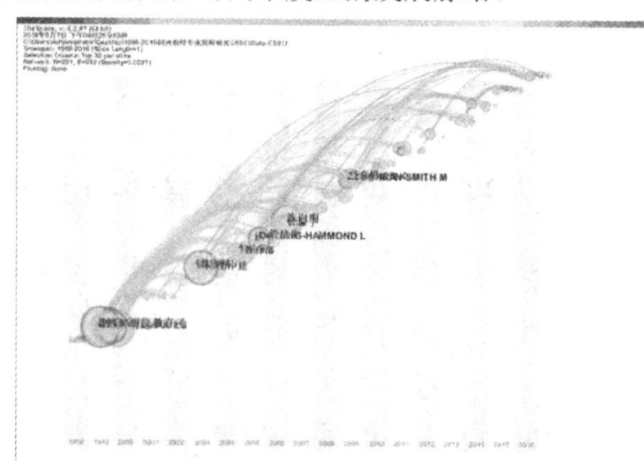

图 8-2 国内教师专业发展研究（1996—2016）作者共被引分析时区图谱

为了更准确地了解国内教师专业发展研究核心作者的分布特征，本研究又对CiteSpace的后台数据进行统计分析。按作者的被引频次高低以及作者被引中心性，得出如表8-1所示的高被引作者列表，并通过二次检索列出这些作者的高被引文献。其中，剔除了中介中心性为0的高被引作者。

表8-1 国内教师专业发展研究（1996—2016）作者共被引分析高被引作者列表

| 被引频次 | 中介中心性 | 作者 | 高被引文献或专著 |
|---|---|---|---|
| 96 | 0.14 | 钟启泉 | 素质教育与课程教学改革 |
| 92 | 0.06 | 顾明远 | 基础教育与创新精神 |
| 86 | 0.35 | 叶澜 | 一个真实的假问题——“师范性”与“学术性”之争的辨析 |
| 83 | 0.01 | 陈向明 | 参与式行动研究与教师专业发展 |
| 82 | 0.14 | 朱旭东 | 教师专业发展研究述评 |
| 80 | 0.04 | 教育部师范教育司 | 教师专业化的理论与实践 |
| 79 | 0.05 | Shulman L.S. | 理论、实践与教育的专业化 |
| 79 | 0.19 | 陈永明 | 教师继续教育的最新动向 |
| 65 | 0.01 | 刘捷 | 建构与整合：论教师专业化的知识基础 |
| 61 | 0.03 | 管培俊 | 大力加强中小学教师教育技术能力建设是全面推进素质教育的重要举措 |
| 58 | 0.02 | 李其龙 | 教师教育课程的国际比较 |
| 58 | 0.14 | Darling-Hammond L. | Preparing Teachers fora Changing World: What Teachers Should Learnand BeAble to Do |
| 53 | 0.01 | 洪明 | “反思实践”思想及其在教师教育中的争议——来自舍恩、舒尔曼和范斯特马切尔的争论 |
| 53 | 0.03 | 谢安邦 | 我国高等师范教育制度的变革与反思 |
| 49 | 0.01 | 潘懋元 | 从师范教育到教师教育 |

表8-1列出的高被引作者都在我国的教师专业发展研究进程中起到较为重要的作用，对教师专业发展研究产生了较为深远的影响。尤其是排名靠前的几位作者，通过知网的“作者发文检索”可知，他们每年的发文量和迄今为止的总发文量都非常大，而且，目前仍然活跃在教师教育和教师专业发展研究领域，经常有新的学术论文或著作出版。

钟启泉教授的《素质教育与课程教学改革》发表于1999年，文章探讨了素质教育的本质、基本命题和中心课题，并阐明素质教育与我国课程教学改革的关系。文中提出素质教育的本质就是个性化教育。不同于以往的产业社会，“知识社会”呼唤尊重个性、强调创造性的素质教育，也就是应该抛弃陈旧的办学模式，创造建立更加多样性、给予学生充分自主性的个性化教育。文章还提出：素质教育的基本命题就是保障学力成长与人格成长。应试教育向素质教育转变的前提是学历观的转变。基于应试教育的学历观不仅造成学力残缺的不良后果，还加剧了学历发展的不平衡。素质教育的学历观则体现为“发展性学历观”，关注每一个学生的学历成长与人格成长。文章第三部分指出素质教育的中心课题在于课程文化的再创造。在文章结尾，作者特别强调“处于教育教学一线的教师应是课程改革的主体，应参与课程改革的每一个过程”。在这篇论文中，钟启泉指出教师在课程教学改革中的重要作用，这也从侧面提醒广大教育管理者、研究者和一线教师要重视教师的专业化发展。只有教师的素质提升了，才能在课程教学改革中起到应有的作用。

顾明远（1999）在《基础教育与创新精神》一文中论述了知识经济对人才培养的要求，也就是对创新精神的需求，强调了培养创造性思维的重要性。他指出基础教育应该改变教育理念，在传授基础知识的同时，重视对学生创新意识和创造性思维的培养。

叶澜（1999）的《一个真实的假问题——“师范性”与“学术性”之争的辨析》则深入分析、阐释了对于教师教育中“师范性”和“学术性”的争论其实是个“假问题”，即一个提法错误，但在现实中又真实存在的问题。文章结论提出应该结束教师教育的“师范性”与“学术性”之争，探讨教师的专业性才是21世纪更重要，也更有意义的课题。

陈向明（2006）在《参与式行动研究与教师专业发展》一文中认为：行动研究是一种非常适合一线教师、实践性很强的研究取向。教师自己就是研究者，研究的对象是教师平时的教育教学活动。行动研究的目标在于改进教师的教学工作和生活状态。在文中作者列举了不同类型的行动研究，强调在行动研究中教师的平等参与非常重要。教师在行动研究实践中应该形成独立的反思理性，而不是依赖甚至崇拜外来专家。事实上，外来研究者只是“协助”教师做研究，而不是“教”教师如何做研究。作者指出这种参与式的行动研究不仅仅是形式上的平等，而是对教师专业发展有着实质上的促进作用。教师正是通过这种实践性的、批判性的参与式行动研究，增强自己的实践性知识，发现、提升自己独特的个人理论。

朱旭东、周钧（2007）通过《教师专业发展研究述评》总结呈现了一个比较完整的当时教师专业发展研究的整体状况，是教师专业发展研究领域较为重要的文献资料。文章从概念和理论两个维度出发，介绍了教师专业发展的本体论问题，梳理了不同学科研究视角下的教师专业发展研究。作者依次分析了哲学角度、心理学角度、社会学角度、教育学角度、文化学角度、生态学角度、复杂系统科学角度以及管理学角度对教师专业发展的不同研究。最后，总结了教师专业发展的方法论和方法，为教师专业发展的研究者指明了研究方向，指出教师专业发展研究还有很大的发展空间，还有很多课题有待深入研究。

《教师专业化的理论与实践》（2001）是教育部师范教育司出版的一本著作，介绍了教师专业发展的理论基础，阐述了教师专业素质的构成因素，详细解释了教师的专业发展和教师教育，分析了政府在教师专业化进程中的作用以及教师教育机构的评价认可。这本书之后还进行了修订和再版。这本书系统论述了教师的专业化发展，对教师专业发展研究以及教师教育改革等产生了重大而深远的影响。

Shulman（1999）在《理论、实践与教育的专业化》一文中概括介绍了杜威的师范教育培养观。杜威主张教育的理论学习应该与实践活动相结合，通过实习工作加强对理论的理解。在对专业教育的共同属性进行分析后，作者对杜威所处的时代与新时代的专业教育进行了比较，概括了杜威教育思想的积极影响和局限性，并提出专业教育和师范教育的新时代已经来临，新的概念已经产生，需要教育界的研究者和教师共同努力来应对新的挑战。

陈永明的《教师继续教育的最新动向》（1999）在世纪之交重申了变革时期师资队伍建设的优劣决定了教育改革的成败。因此，中小学教育质量的提高和师资队伍水平的提升就成为世界各国教育改革的主要目标。文章首先对几个主要国家的教师继续教育进行了总结分类，把美国、英国、德国、法国、俄罗斯、日本的教师继续教育分为五大类，并着重介绍了英国的中小学教师继续教育。最后，指出其他各国的举措对我国中小学教师继续教育的启示。

刘捷在《建构与整合：论教师专业化的知识基础》（2003）中论述了教师专业化的知识基础。文中提出教师专业化的核心和关键在于知识和课程。笔者认为教师的知识基础应该包括以下几个方面：科学文化知识；学科专业知识以及教育专业知识。特别强调应该更加重视学科教学知识和教学情境知识。这些知识都不是简单的叠加，而是需要对相关知识分层次、分阶段的重新建构与整合。

管培俊的《大力加强中小学教师教育技术能力建设是全面推进素质教育的重要举措》（2005）一文被列入当期《人民教育》的信息技术背景下的教师专业化专辑。文章明确提出在信息化飞速发展的环境下，如何提高中小学教师的教育技术应用能力是加强教师队伍建设的重要课题。作者指出对于加强中小学教师的教育技术能力的重要意义应该有充分的认识。首先，加强教师的教育技术能力有利于推进教育信息化，促进教育教学改革；其次，加强教师教育技术能力也有利于促进教师自身的专业化发展。再次，加强教师教育技术能力的培训还有助于规范信息技术培训市场，提高培训质量。为了保障和推动教师教育信息技术能力的健康发展，教育部制定并颁布了相应的能力标准，并且在全国范围内针对中小学教师实施教师教育技术能力建设计划，建立考试和认证体系。

李其龙与陈永明合作的著作《教师教育课程的国际比较》（2002）一书对几个发达国家（美国、法国、英国、日本和德国）和我国的教师教育课程进行了比较，特别是对课程设置进行了探讨。他介绍了上述几个国家的教师教育课程的现状，分析了它们的特点和发展趋势，阐述了上述国家教师教育改革的重点和倾向是从“训练模式”转变为“发展模式”。此外，书中还对相关个案进行了深入分析，总结概括了这些国家在教师教育方面取得的成就和经验，并针对如何改进我国师范院校的教师教育课程设置提出了自己的构想。这本书为我国的教师教育，尤其是师范院校的教师教育课程改革提供了很多有益的建议。

美国学者 Darling-HammondL 的专著 Preparing Teachers fora Changing World: What Teachers Should Learnand BeAble to Do（2005）论述了教师教育中的核心概念和最重要的教学模式。该书面向这个充满变化的世界，基于教师教育课程的共同元素提出最新的技术标准。除了理论概念的提出，作者还讨论了如何在实际课堂中运用这些知识和理论。作者还对某些教师教育的热点问题提出了建议。比如，如何在课程设计上满足学生的需求，如何通过教学实现教育的社会目的，如：向多样化的学生有效传授学科知识，课堂的管理，对学生表现的评估以及教育信息技术的使用等。

洪明在《“反思实践”思想及其在教师教育中的争议——来自舍恩、舒尔曼和范斯特马切尔的争论》（2004）一文中陈述介绍了舍恩的以“反思实践”为基础的教师教育思想，向读者展示了西方教师教育界围绕舍恩的这一理念展开的争论，并且认为这种争论有助于对教师教育的深入探讨，也有利于教师教育研究和实践的健康发展。

谢安邦的《我国高等师范教育制度的变革与反思》（1999）一文回顾了我国高等师范教育制度的历史沿革，指出高师教育所面临的四个方面的问题，并且认为这些问题并不是孤立的，而是彼此牵制的，所以必须从全局角度对高师教育制度变革进行统筹考虑。作者从三方面对我国高师教育制度变革提出了建议，即对我国的高师教育培养体系进行改革、辨析我国高师教育的特征与现状、建议对教师的职前教育和在职培训进行一体化改革。

潘懋元、吴玫在《从师范教育到教师教育》（2004）一文中认为从师范教育转变为教师教育，不仅仅是概念、术语的变化，更意味着观念的更新，需要制度的变革。通过与传统师范教育的对比，作者得出结论：教师教育包含专业、开放和一体化等明显的特征。我国的教师教育改革已经围绕这些方面积极展开，而且会继续进行下去。通过比较传统师范教育和教师教育在理念上的区别和转变过程，针对当时教师教育领域进行的改革措施，提出了建设性的意见和建议。

从高被引作者及其学术论文和著作来看，这些教师教育、教师专业发展领域的经典、核心文献大多发表于1999—2005年间，从作者共被引的时区图谱也可以看出这一点。在教师专业发展的起始阶段，我国学者引进借鉴了很多国外的教师教育或教师专业发展的经验和模式，但随着教师专业发展研究在我国的推广进步，国内研究者开始越来越多地根据我国国情，提出自己独特的教师专业发展理念和发展模式。此外，这些高被引作者基本上一直在坚持教师教育和教师专业化发展的研究，并不断地通过自己的学术论文或著作分享研究成果。他们对推动我国教师专业发展以及这方面的研究起到了极其重要的作用，对教师专业发展的研究有着深远的影响。

## 第二节　国内教师专业发展研究文献共被引分析

文献共被引是指两篇或多篇文献同时出现在另一篇施引文献的参考目录中，那么就可以说这两篇文献之间形成共被引关系。对文献进行共被引分析其实就是挖掘文献之间共被引关系的过程。文献共被引分析能够帮助研究者从海量的被引参考文献中迅捷地找出研究领域重要的知识基础，也就是该研究领域核心的经典文献，并能够挖掘、分析文献间的关联性及其发展脉络。经常一起被引用的文献之间，在研究主题的各个方面是相关的，文献共被引的频次越高，它们之间的联系就越密切。

本节将对我国教师专业发展研究在1996—2016年来的学术文献进行文献共被引分析，以便了解教师专业发展研究领域的核心经典文献，挖掘文献之间的内在联系和发展脉络。在CiteSpace软件的参数设置界面选择“文献”（Cited Reference）作为网络节点类型（Node Types），时间分区选择每一年作为一个分区，并且选取每一个时间分区中出现频次最高的50个数据，也就是Text Nperslice设为50，对CSSCI数据库文献进行文献共被引分析，得出671个节点，1704条连线，如图8-3所示。

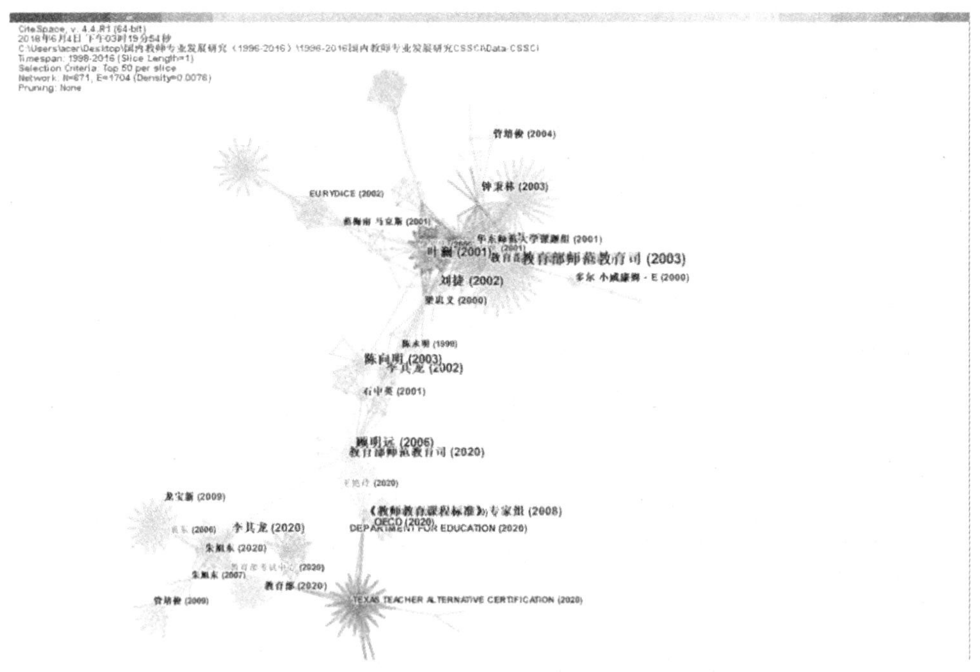


图8-3 国内教师专业发展研究（1996—2016）文献共被引分析聚类图谱

图8-3中的节点表示高被引文献的作者和文献发表或出版的时间。个别文献由于CSSCI数据库在数据输出时遗漏了时间字段，CiteSpace图谱中自动把这些时间段标注为2020。节点的大小表示被引频次的高低。节点越大，表明被引频次越高。

为了深入了解高被引文献的特征，本研究又通过对运行后台的数据进行二次分类统计，以文献的被引频次降序排列，得出被引频次最高的 15 个文献，数据分析结果如表 8-2 所示。

表 8-2 国内教师专业发展研究（1996—2016）高被引文献列表

| 被引频次 | 作者 | 高被引文献或专著 |
|---|---|---|
| 120 | 教育部师范教育司 | 教师专业化的理论与实践 |
| 76 | 叶澜 | 教师角色与教师发展新探 |
| 70 | 陈向明 | 实践性知识：教师专业发展的知识基础 |
| 68 | 李其龙 | 教师教育课程的国际比较 |
| 66 | 顾明远 | 我国教师教育改革的反思 |
| 57 | 佐藤学 | 课程研究与教师研究 |
| 55 | 刘捷 | 专业化：挑战 21 世纪的教师 |
| 52 | 徐延宇 | 高校教师发展——基于美国高等教育的经验 |
| 46 | 李其龙 | 普通高中教育发展国际比较研究 |
| 39 | 钟秉林 | 教师教育的发展与师范院校的转型 |
| 27 | 马克思 | 马克思恩格斯全集 |
| 26 | 佐藤学 | 课程与教师 |
| 25 | 朱旭东 | 教师专业发展理论研究 |
| 24 | 梁忠义 | 教师教育 |
| 24 | 管培俊 | 关于教师教育改革发展的十个观点 |

表 8-2 所列文献及其相应的作者对中国教师专业发展研究都有较大影响力，通过对这些作者及其作品的聚类分析，可以更好地了解国内教师专业发展研究的知识基础和理论框架。

被引频次最高的是教育部师范教育司出版的《教师专业化的理论与实践》（2003）一书。这比较好理解——毕竟，该书出自教育管理和师资发展的权威部门，为教师专业化发展提供了理论依据和实践框架，所以，凡是研究教师专业发展、教师教育的学者、教师，都可能把这本书作为自己研究的理论支撑。

作为国内最早研究教师专业发展的学者之一，叶澜教授的《教师角色与教师发展新探》（2001）也具有很高的被引频次。该书包含五个部分：导论、教师德性论、教师审美论、教师发展论和结语。导论对关于教师职业的内在价值的认识进行了介绍，并对新世纪教师的专业形象进行了总体概括。“教师德性论”则主要论述了教师德性的核心构成因素及其养成机制。“教师审美论”分别阐述了教师职业美的产生、教师职业美的表现和教师职业美的价值。“教师发展论”部分对教师专业发展研究的历史进行了梳理和反思，进而探讨了以“自我更新”为取向的教师专业发展理念及其基本特征、发展过程和发展机制。“结语”部分以之前的课题研究经验为依托，深入阐述了教师如何实现自身专业发展。作者在书中指明了教师专业发展研究的重要转向以及未来的研究趋势。作者指出教师职业应由工具价值转向内在价值。“创造”才是教师从工作中获得外在与内在相统一的尊严和欢乐的源泉。就教师专业发展来说，应由强调外部动力转向重视内部动机。作者提出一个新的视角，对教师来说，“育人”和“育己”同等重要，甚至，“育己”可能要先于“育人”。此外，作者还强调了平时的工作过程对教师发展的重要意义，呼吁对教师工作的关注点应由结果转向过程。

陈向明在《实践性知识：教师专业发展的知识基础》（2003）一文中探讨了教师专业发展中的实际问题，如：在日常的教学工作中，教师如何实现自身发展？什么是教师专业发展的知识基础？为什么教师学习了很多专业知识，却仍然不会教书？教师如何提升自身发展的意识和能力？文章将教师知识分为“理论性知识”和“实践性知识”两类，指出实践性知识正是教师专业发展的知识基础。作者在文中给出教师实践性知识的定义，阐释教师实践性知识的构成，分析教师实践性知识的状态和形成机制，并强调了教师实践性知识在教师专业发展中的重大意义。

李其龙、陈永明的《教师教育课程的国际比较》（2002）主要是对几个西方发达国家（如英国、法国、德国和日本等）和我国的教师教育课程设置进行了比较分析，探讨了上述发达国家在教师教育课程方面的现状、特点和趋势。书中介绍了上述发达国家教师教育专业化的一些重要理念，指出教师教育重点由“训练模式”转向“发展模式”的变化趋势。同时，该书对相关理念和模式进行了个案分析，并且对改善我国教师教育课程设置体系提出构想和建议。

顾明远在《我国教师教育改革的反思》（2006）一文中呼吁对当时的教师教育改革的误区进行反思，并对出现的问题及时纠正。文中指出教师专业化发展是时代的要求，是必然趋势，但需要正确理解教师专业化。从根本上说，教师专业化是要提高教师的业务能力，而不是削弱教师专业水平。因此，教师教育改革中出现的教师教育资源流失的问题，一定要认真反思并及时纠正。此外，作者对教师专业化的内涵和特征进行了分析总结，并就教师专业化的培养模式提出自己的看法。

日本学者佐藤学的《课程研究与教师研究》（2002）（钟启泉译）对我国学者进行教师专业化发展研究有很大的启发作用。文章首先介绍了课程研究的范式转换。在20世纪70年代到80年代期间，课程研究从重视量化研究转向重视质性研究。在1980年后，课程研究又经历了向教师研究转变的巨大变化。从“课程”到“教师”的转换离不开教学研究的变化。教学研究以教师作为研究焦点，实现了三个方面的推进，即教师的思维研究、教师的知识研究和反思性实践的研究。研究范式从课程转向教师，也体现了作为教学实践主体的教师思维视角的转变，提出教师教育实践从“程序性实践”向“项目性实践”转化的理念。

刘捷在2002年出版专著《专业化：挑战21世纪的教师》，系统地研究探讨了教师专业化发展的相关问题。教师专业化是世界教师专业发展的必然趋势，也是我国教师教育改革的迫切需求和努力方向。书中对教师专业化的定义、内涵进行了阐释，叙述了教师专业化发展的历史与现状，整理总结了教师专业化发展的各个阶段、影响因素以及运行模式。深入分析了教师专业化发展的社会基础、教育基础和个人基础，对提高我国教师专业化发展水平的途径以及促进教师教育改革的模式进行了深入的理论探讨。另外，作者结合我国的实际国情，针对教师教育改革提出了建设性意见。

徐延宇（2009）在其著作《高校教师发展——基于美国高等教育的经验》中着重介绍了美国高校教师教育和教师发展的成功模式和宝贵经验。美国高校从20世纪60年代起，逐步形成了促进高校教师专业化发展的一套成功模式。该书从美国高等教育的教师专业化发展历史着手，分析了美国高校教师专业化的发展过程和相关理论，探讨美国高校教师发展的主要模式与途径、实施过程和具体项目，同时选取具有代表性的项目进行深入剖析。结合美国高校教师发展的成功经验，提出我国高校教师教育以及教师专业化发展的建议。《高校教师发展——基于美国高等教育的经验》共六章，分别论述了美国高校教师发展概述、美国高校教师发展组织机构、美国高校教师发展的实施过程（模式与方法）、美国高校教师发展的实施（具体项目）、美国高校教师发展案例研究以及中美高校教师发展的初步比较。

李其龙、张德伟（2008）在《普通高中教育发展国际比较研究》一书中根据我国当时的教育发展背景，针对高中课程改革以及2010年起普及高中教育的计划，集中选择了几个重要国家（地区）的高中教育进行深入研究，探讨其高中阶段的规模发展和课程设置，比较分析了美国、英国、日本、法国、德国、印度、韩国等国家，以及中国香港地区的高中教育发展情况，分析了相应的社会、经济、文化与科技背景，指出对我国高中教育的启示，从而为我国的高中教育发展规模和课程改革提供参考意见。

钟秉林（2003）的《教师教育的发展与师范院校的转型》总结了国内教师教育和教师专业化发展呈现的新趋势，并以此为切入口，指明师范院校在教师教育改革的新时代所面临的挑战，通过着重分析师范院校转型的特点及具体策略，指出转型过程中师范院校应注意的问题。文章指出随着21世纪的来临以及国际化程度日益加深，我国的教师教育呈现出一些新的发展趋势，诸如教师教育高学历化、高素质化、教师来源多元化、教师教育一体化以及教师职业专业化等。新的形势意味着新的挑战。师范院校作为教师教育的主要阵地，必须与时俱进，果断地应对改革转型的挑战。作者指出师范院校转型主要体现在办学理念的综合性以及转型形式的多元化上。其中，办学理念的综合性又体现在以下三方面：学科结构的综合性、专业设置的综合性和人才培养模式的综合化。在文章结尾，作者提出几个师范院校转型中需要注意的问题，如转变观念、科学规划、大胆实践以及注意吸收国外师范教育改革的成功经验。

日本学者佐藤学在2003年出版的著作《课程与教师》（钟启泉译）也是共被引频率很高的文献。书中佐藤学凭借质性研究，从阐释学的视角，诠释了日本的学校教育在课程与教师两方面遇到的问题以及相关研究课题，提出重建“课程”、重建“教师”概念的新思路，并且为未来的学校提出建立“学习共同体”的发展构想。

朱旭东（2011）的《教师专业发展理论研究》对教师专业发展相关理论进行了较全面、深入的分析总结。该书以教师专业发展理论的历史发展、理论基础和理论构成为出发点，详细介绍了教师专业发展的重要理论，包括教师信念理论研究、教师感情理论研究、教师知识理论研究、教师能力理论研究以及教师学习理论研究等。

梁忠义、罗正华（2000）的《教师教育》一书主要是对国外教师教育的历史沿革、教师教育制度、教育目标、教育课程和教育管理等方面的介绍和总结。书中特别回顾了中国师范教育的历史沿革和改革发展，并根据 21 世纪新的时代背景，提出现代教师发展的理念和课题。

管培俊（2004）在《关于教师教育改革发展的十个观点》中，在认识论和方法论上强调了关于教师专业发展的 10 个观点，尝试在总体思路上达成关于教师教育改革发展的共识。这 10 个观点涉及教师教育在整个教育事业中的战略地位，国家和政府的责任，教师教育的一体化趋势，教师教育的规范化、法制化，教师教育改革发展的方向等。文章指出我国的教育事业中，教师教育处于优先发展的战略地位，关系到教育改革发展的全局。教师教育的发展需要一个开放灵活的体系，建立一个具有生机和活力的教师终身学习体系势在必行。文末重申教师教育一定要从国情出发，既不要坐失良机，也不能盲目冒进。

高共被引文献列表中仅涉及一位外国作者的作品，就是马克思，他被引用的多是关于教育的宏观理论，或从哲学角度看待教师或教师发展，以及对未来学校的展望与构想。虽然不是专门针对教师专业发展的理念，但他提出的理论观点为之后所有的教师发展研究提供了理论基础，对该领域的研究具有重要的影响。

通过文献共被引分析，我们可以看到从 1996 年到 2016 年之间，我国教师专业发展的核心文献既包含宏观的教师专业化发展的纲领性文件，也包含研究者个体对具体问题的探索和思考。通过这些高被引文献也可以看出，我国的教师专业发展研究从学习、借鉴国外的教师专业化发展经验到逐步探索、发掘适合我国国情的、具有中国特色的教师专业发展道路。

## 第三节 国内教师专业发展研究期刊共被引分析

如果两本期刊同时被同一篇文献引用，这种现象就被认为是期刊共被引，它所反映的是学术期刊与学科之间的关联性。通过期刊共被引分析，可以得出我国教师专业发展研究的知识基础的分布情况。仍然使用 CiteSpace 软件进行期刊共被引分析，在操作界面上的参数设置栏点击期刊（Cited Journal）作为节点类型（Node Types），时间分区仍然选择每年为一个时间段，并在每一时间段中选择出现频次最高的 50 个数据，即 Text Nperslice 设为 50，运行 CiteSpace 程序后，得出 253 个节点，913 条连线，如图 8-4 所示。图中的节点即表示高被引期刊，节点越大，表明期刊的被引频次越高。

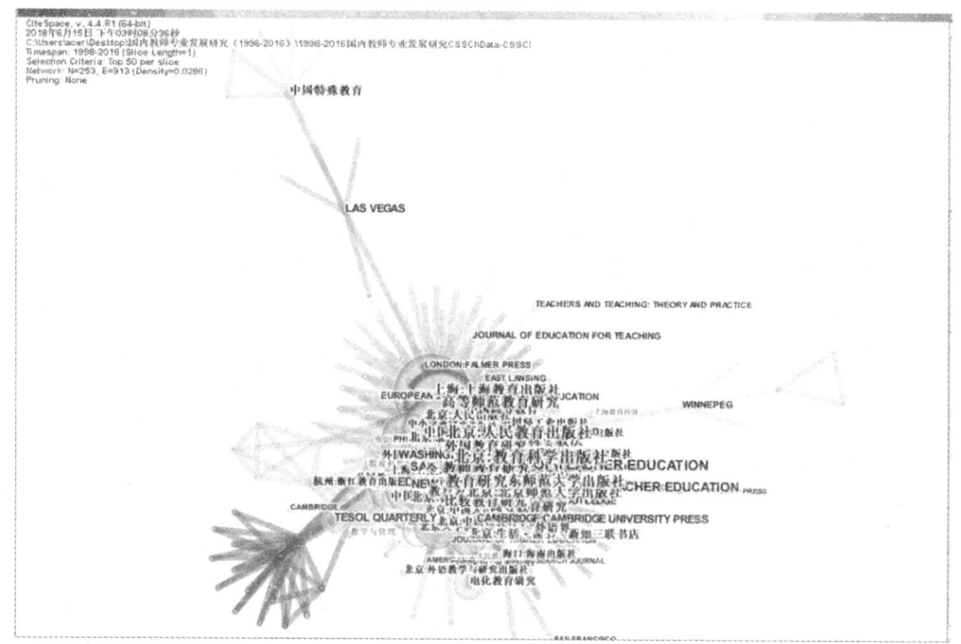


图 8-4 国内教师专业发展研究（1996—2016）期刊共被引分析聚类图谱

同样，为了更准确地了解高被引期刊的特征，本研究对后台数据进行了进一步的统计分析，以期刊被引频次为标准，对高被引期刊进行降序排列，得到表 8-3 所表示的高频次被引期刊列表。

由表 8-3 可见，我国教师专业发展研究的高被引期刊按频次排列，名列前茅的期刊包括：北京的教育科学出版社和人民教育出版社，由中国教育科学研究院主办的《教育研究》，位于上海的华东师范大学出版社，由北京师范大学、华东师范大学和教育部高校师资培训交流北京中心共同主办的《高等师范教育研究》，后来改名为《教师教育研究》，北京的北京师范大学出版社等。

表 8-3 国内教师专业发展研究（1996—2016）高频次共被引期刊列表

| 被引频次 | 中介中心性 | 期刊 |
|---|---|---|
| 1837 | 0.16 | 北京：教育科学出版社 |
| 1441 | 0.26 | 北京：人民教育出版社 |
| 1143 | 0.02 | 教育研究 |
| 891 | 0.04 | 上海：华东师范大学出版社 |
| 840 | 0.44 | 高等师范教育研究 |
| 820 | 0.01 | 教师教育研究 |
| 742 | 0.07 | Journal of Teacher Education |

续表

| 被引频次 | 中介中心性 | 期刊 |
| --- | --- | --- |
| 643 | 0.04 | 北京：北京师范大学出版社 |
| 566 | 0.03 | 比较教育研究 |
| 555 | 0.00 | 外国教育研究 |
| 529 | 0.00 | 全球教育展望 |
| 502 | 0.12 | Teaching and Teacher Education |
| 446 | 0.02 | 课程·教材·教法 |
| 441 | 0.08 | 上海：上海教育出版社 |
| 406 | 0.00 | 教育理论与实践 |
| 399 | 0.02 | San Francisco: Jossey-BassInc. |
| 316 | 0.01 | 教育发展研究 |
| 300 | 0.01 | 高等教育研究 |
| 298 | 0.01 | 北京：商务印书馆 |
| 283 | 0.01 | NewYork: Teacher College Press |
| 260 | 0.00 | 中国教育报 |
| 257 | 0.01 | Educational Researcher |
| 252 | 0.01 | 北京：高等教育出版社 |
| 227 | 0.00 | 北京：北京大学出版社 |
| 220 | 0.06 | 中国特殊教育 |
| 189 | 0.00 | TESOL Quarterly |
| 189 | 0.00 | 外语界 |
| 187 | 0.00 | Cambridge: Cambridge University Press |
| 179 | 0.02 | 中国电化教育 |
| 171 | 0.00 | 北京：生活·读书·新知三联书店 |

从上表可以看出，出版高被引著作的出版社大多是教育科学类出版社，比如教育科学出版社、人民教育出版社、高等教育出版社、上海教育出版社等；或者是师范大学的出版社，比如华东师范大学出版社和北京师范大学出版社。这类出版社都是教育界的专业出版社，或者与教师的师资培养、教师教育密切相关的师范大学出版社。排名靠前的高被引期刊也大多是教育类的专业期刊、核心期刊，比如《教育研究》《高等师范教育研究》《教师教育研究》《比较教育研究》《外国教育研究》《全球教育展望》《课程·教材·教法》《教育理论与实践》等。

列表中还包括几种外文期刊或出版社，分别是：Journal of Teacher Education，Teaching and Teacher Education，Educational Researcher，这几种期刊都是教育教学研究的专业学术期刊，稍有不同的是TESOL Quarterly，是二语学习的学术期刊，或许是外语教师对于教师专业发展比较重视，又能更多地接触到外文期刊，所以引用 TESOL Quarterly 的文献相对较多。另外几家国外出版社：San Francisco：Jossey-BassInc.，New York：Teacher College Press，Cambridge：Cambridge University Press，要么是专业出版教育类书籍，要么就是知名大学的出版社。

从期刊共被引分析的结果来看，我国教师专业发展研究的知识基础还是比较集中、单一的，全部来源于教育类的著作或者期刊，跨学科的研究还不太普遍。

## 第四节 综合讨论

本章运用 CiteSpace 软件的共被引分析功能，对 CSSCI 数据库的数据分别进行了作者共被引、文献共被引和期刊共被引的分析，探究我国教师专业发展研究的知识基础整体状况。通过知识图谱和对数据的分析，可以看出我国教师专业发展研究（1996—2016）知识基础的一些基本特征：

1. 高被引作者、高被引文献、高被引期刊高度集中

通过对作者、文献和期刊的共被引分析，可以看出从事我国的教师专业发展研究的学者、研究者主要来自各大高校，尤其集中在几所国内知名的师范大学，例如北京师范大学和华东师范大学等。而且高被引作者和高被引文献非常集中，高被引作者往往同时也是高被引文献的作者，只是高被引作者的文献不一定与文献共被引分析结果的高被引文献完全相同。高被引作者排名前列的几位学者：顾明远、叶澜、陈向明、朱旭东、刘捷、管培俊、李其龙都同时是高被引文献的作者，只不过相对的具体文献并不是同一篇。顾明远和朱旭东都是北京师范大学教授，叶澜和李其龙则都是华东师范大学教授。陈向明为北京大学教授，但她的研究方向之一就是教师教育。管培俊曾任教育部师范教育司司长。他们的工作或研究方向都与教师专业发展密切相关，因此，成为高被引作者也不足为奇。

而高被引期刊列表也高度集中在教育出版社、师范大学出版社或教育类专业学术期刊。而且，不仅有国内的核心期刊，位于高被引期刊前列的还包括一些国外学术期刊，说明国内教师专业发展研究也关注甚至借鉴了一部分国外该领域的研究成果。一般来说，被引频次高的期刊，往往中介中心性也比较高，但两者不一定是正相关关系。比如：位于列表顶端的教育科学出版社，被引频次高达 1837，而中心性也高达 0.16；再比如人民教育出版社，被引频次 1441，中心性更高，达到 0.26；期刊《高等师范教育研究》被引频次 840，中心性 0.44。

由此可以看出，这些期刊不仅对教师专业发展产生了广泛的影响，在教师专业发展的研究网络中，它们还起到了关键的媒介作用，被视为关键的节点。而同样位于列表前端的《外国教育研究》和《全球教育展望》，被引频次分别高达555和529，但中心性却为0.00，这说明虽然这两种刊物被其他作者引用次数很多，但作为中介的“点”，它们连结其他“点”的能力却不强。在整个研究网络中，它们可能还不是关键节点。

2. 国内教师专业发展研究的知识基础相对单一，缺乏跨学科融合

通过作者共被引、文献共被引和期刊共被引分析，可以明显看出国内教师专业发展研究的知识基础相对单一，无论作者还是期刊都集中于教育研究领域，作为理论依据的著作也都出自教育教学领域的研究者，较少发现对其他学科的借鉴，也很少看到教育领域的研究者与其他学科研究者在教师专业发展方面的合作研究。这样造成的问题就是研究视角单一，研究视野不够开阔，今后可以尝试与其他学科的合作、融合。

# 第九章　国外教师专业发展研究知识基础的知识图谱分析

本章将利用 CiteSpace 软件对国外教师专业发展研究相关的文献进行作者共被引分析、文献共被引分析和期刊共被引分析，并将在本章的最后一节对我国国内教师专业发展研究和国外相关研究的知识基础进行对比分析，讨论国内外教师专业发展研究在知识基础维度上的基本特征。国外研究共被引分析的数据来源是 Web of Science 数据库，通过对这些文献的作者、文献以及期刊的共被引分析，可以较清晰地了解国外教师专业发展研究的知识基础和演进历程。

## 第一节 国外教师专业发展研究作者共被引分析

CiteSpace 软件为用户提供了进行作者共被引分析的功能。作者共被引只计算第一作者，而且即使同一作者在一篇文献中被引多次，也只按一次计算。作者共被引的结果呈现了某研究领域的关键作者，也就是对整个研究领域来说具有重要作用和影响的作者。运行 CiteSpace 可视化软件，在参数设置页面的网络节点类型（Node Types）点击“被引作者”（Cited Author），时间分区采用每一年为一个时间切片，并选择每一时间切片中出现频率最高的 50 个数据，也就是 Top 50 perslice，对 Web of Science 数据库的文献进行作者共被引分析，得出 368 个节点，1716 条连线。具体情况如图 9-1 所示。

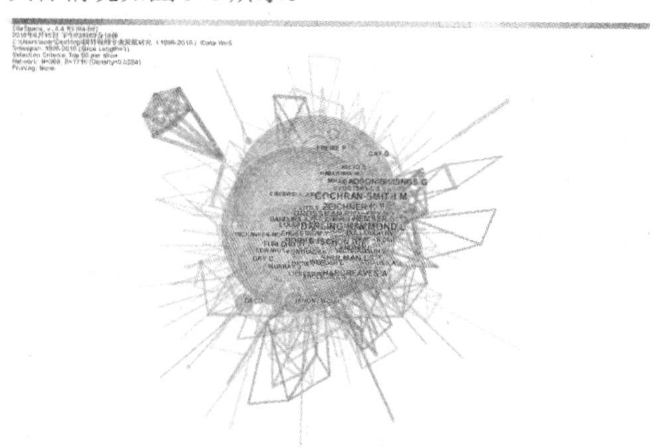


图 9-1 国外教师专业发展研究（1996—2016）作者共被引分析聚类图谱

图 9-1 展示了国外在教师专业发展研究领域的关键作者以及他们与其他作者之间的联系网络。每一个节点就代表一位被引作者，黑色字体表明该作者的姓名；节点大小表示作者被引频次的高低，节点越大，表示该作者被引的频次越高；节点与节点之间的连线表示作者之间的共被引关系。图 9-1 向我们呈现了一个国外教师专业发展研究（1996—2016）这二十年来的作者共被引的整体状况。

为了更清晰地了解国外的教师专业发展研究在时间维度上的演进过程，通过 CiteSpace 的“时区视图”功能，得到图 9-2。

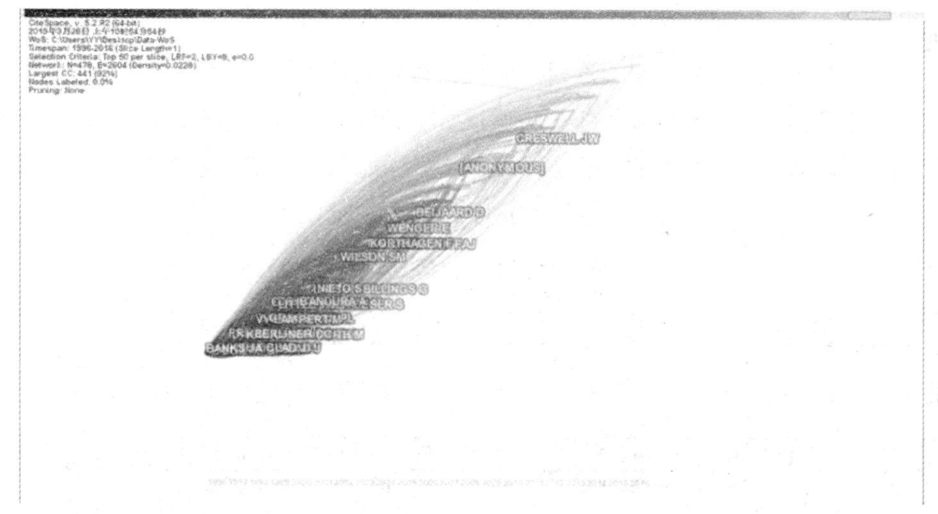


图 9-2 国外教师专业发展研究（1996—2016）作者共被引分析时区视图

图 9-2 向我们呈现了国外的教师专业发展研究在时间上的演进、变化。时区视图的参数设置同聚类视图一样，即节点类型选择被引作者（Cited Author），时间分区选择每一年作为一个时间切片，在每一个时间切片中选择被引频次最高的 50 个数据，只是视图方式转换为“时区视图”（Time zone）。时区视图展现的是某领域研究的更新和相互影响。时区视图展示了研究领域文献的增长情况。某一时区的学术论文越多，说明这一时间段内发表的成果越多，也就反映出该研究领域在这一时段处于研究的繁荣期；反之，某一时区内的文章越少，就说明这一时段发表的成果越少，该研究领域在这一时段就处于低谷期。如图 9-2 所示，国外教师专业发展研究从 1996 年一直到 2006 年都处于一个非常活跃的时期，或许是由于国外该领域研究起步较早，到 20 世纪 90 年代已经达到一个飞速发展的

繁荣期。而之后的10年间一直保持较快的发展势头，研究者发文量普遍较高。2007年之后，发展势头才有所减缓。节点与节点之间的连线体现文献或作者之间的传承关系。通过图9-2可以看出，1996年到2003年间，高被引作者非常集中，从时区视图中连线的密集程度也可以看出：这些学者对教师专业发展研究的进步起到了非常重要的作用。这个时间段重要作者包括：Clandinin D.J，Lampert M，Freire P，Berliner D.C，Banks J.A等。2004年到2007年间，又涌现出一批新的高被引作者，推动教师专业发展研究向前发展。这一时段的高被引作者包括：Wilson S.M，Korthagen F.A.J，Wenger E，Beijaard D.等。

为了了解国外教师专业发展研究中核心作者的分布情况，本研究对运行的后台数据进行了更加细致的分类统计，选取被引频次和被引中心性高的作者，并通过网络搜索查找出这些作者的高被引文献，得出表9-1，表中所列作者被引频次均高于等于60（Freq.≥60），被引中心性高于等于0.01（Cent.≥0.01）。

表9-1 国外教师专业发展研究（1996—2016）高被引作者列表

| 被引频次 | 中心性 | 作者 | 高被引文献或专著 |
|---|---|---|---|
| 114 | 0.07 | Clandinin D. J. | Teachers'Professional Knowledge Landscapes: Teacher Stories, Stories of Teachers, School Stories, Storiesof Schools |
| 110 | 0.05 | Hargreaves A. | The Emotional Practiceof Teaching |
| 108 | 0.05 | Vygotsky L. S. | Thought and Language |
| 104 | 0.02 | Wenger E. | Communities of Practice: Learning, Meaning, and Identity |
| 101 | 0.04 | Strauss A. | Basic of Qualitative Research: Techniques and Procedures for Developing Grounded Theory |
| 98 | 0.03 | Korthagen F. A. | In Searchof the Essence of a Good Teacher: Towards a More Holistic Approach in Teacher Education |
| 95 | 0.02 | Ball D. L. | Breaking with Experience in Learning to Teach Mathematics: What do they bring with them to teacher education? |
| 94 | 0.05 | Wilson S. M. | Chapter6: Teacher Learning and the Acquisition of Professional Knowledge: An Examination of Researchon Contemporary Professional Development |
| 93 | 0.02 | Sleeter C. E. | Multicultural Education as Social Activism |
| 91 | 0.03 | Loughran J. | Developing a pedagogy of teacher education: Understanding teaching and learning about teaching |

续表

| 被引频次 | 中心性 | 作者 | 高被引文献或专著 |
|---|---|---|---|
| 86 | 0.03 | Cochran-smithM. | Knowledge, skills, and experiences for teaching culturallydiverse learners: A perspective for practicing teachers |
| 86 | 0.01 | LortieD.C. | School teacher: A Sociological Study |
| 81 | 0.02 | MilesM.B. | Qualitative Data Analys is: An Expanded Source book |
| 78 | 0.06 | CalderheadJ. | Teachers: Beliefs and knowledge |
| 77 | 0.03 | FreireP. | Pedagogy of theHeart |
| 75 | 0.03 | DayC. | Developing Teachers: The Challenges of Life long Learning |
| 74 | 0.04 | KaganD.M. | Implications of Researchon Teacher Belief |
| 71 | 0.02 | FullanM. | What's Worth Fighting for in Your School? |
| 68 | 0.03 | GrossmanP.L. | The Making of a Teacher: Teacher Knowledge and Teacher Education |
| 67 | 0.10 | GoodladJ.I. | The Scope of Curriculum Field |
| 62 | 0.03 | LittleJ.W. | Organizing Schools for Teacher Learning |
| 62 | 0.03 | LampertM. | Studying teaching as a thinking practice |
| 60 | 0.06 | BerlinerD.C. | The Near Impossibility of Testing For Teacher Quality |

从上表可见，国外教师专业发展研究的高被引作者的中介中心性都比较接近，大多处于0.01到0.06之间，只有一位作者Goodlad J.I.的中心性稍高，达到了0.10。大致可以推断国外的教师专业发展研究关注面比较宽泛，研究者的关注点比较分散，而这些作者都对教师专业发展研究起到了较重要的作用和影响。为了更好地了解这些高被引作者的研究方向，从而概括出国外在这一领域研究的高被引作者的整体情况，本研究将对这些高被引作者的被引文献或专著进行简要的介绍。

Clandinin（1996）在其论文Teacher's Professional Knowledge Landscapes: Teacher Stories，Stories of Teachers，School Stories，Stories of Schools中讨论了如何通过教师专业知识促成有效教学，教师知识的构成，哪些知识会被看作教学的基础知识，谁才有资格创造教师的教学知识等教师专业发展中的重要问题。文章中，作者讲述了三个不同的故事，运用教师专业知识的构成对这三个故事进行了解析。Clandinin被认为是叙事探究教师教育思想的代表人物，他提出专业知识场景（landscape）的概念，包含了课堂外专业知识场景和课堂内专业知识场景。课堂外的场景中，教师与其他人交互沟通、联系在一起；而课堂内的场景则与学生相联系。教师每天都在这两个空间场景之间穿梭，并且教师对于课堂内场景的关注大大高于对课堂外场景的关注。Clandinin 的另一个重要贡献在于提出了“教师的个人实践性知识”的理念，认为教师的实践性知识出自他们的个人经验，离不开教师的日常生活经验，存在于教师对未来的计划和行动中。文中 Clandinin 反复强调教师实践知识对于教师专业发展的重要性。

Hargreaves（1998）研究了教师和学生之间的情感关系。研究者对几位校长和七、八年级的教师进行了访谈，他们正在进行一系列的教育改革。访谈发现教师非常重视与学生之间形成的情感纽带，并且非常重视把他们的学生当作情感的人、社会的人以及智慧的人来进行教育的教育目标。可以推断出正是教师对学生的情感投入与情感联结推动了他们的教学实践，并清楚解释了他们的所有教学行为。文中指出教学是一种情绪实践活动。因此，Hargreaves 认为教师的情感对教师实践有着非常重要的影响。因此，学校的教学改革、教师的专业发展都必须充分考虑教师的情感因素。

Vygotsky（1986）强调了语言的中心地位，即语言是最原始的文化工具，人们通过语言来修正行为、重建思想。语言是形成高阶思考过程中的最有用的工具。Vygotsky 还提出“最近发展区”的概念，他把每个人当下表现出来的发展程度称为“实际发展程度”，而经过学习之后的表现则称为“潜在发展程度”。这两者之间的差异或者距离就是“最近发展区”。而事实上，最近发展区才能代表一个人真正的智力高低。Vygotsky 的社会文化理论为解析教师自身复杂的认知过程提供了一个指导框架。

Wenger E.（1998）在他的著作《Communities of Practice：Learning，Meaning，and Identity》一书中提出实践共同体的概念（Community of Practice），用来表示一系列相互理解、知识共享的社会结构。Wenger 对实践共同体进行了深入的研究，指出了实践共同体的三个基本要素：共同的事业（ajointenter prise），相互介入（mutualeng agement）和共享的技艺库（sharedre pertoire）。共同的事业指的是共同体成员之间具有共同的追求目标，在追求目标的过程中能够通过不断协商形成相互认同。相互介入是指具有异质性的成员在追求共同目标的前提下相互作用、相互影响从而使自己的实践性知识得以增长，并同时为对方的成长作出一定贡献，彼此间形成一定的相互关系，一起维持共同体的发展。共享的技艺库则是共同体成员间共享的一套资源，比如惯例、话语、行事方式、态度、标志、工具、概念等，记录着共同体的实践历史，也会在将来的实践中反复使用，是实践共同体不可或缺的一部分。

Strauss A.（1998）在《Basic of Qualitative Research：Techniques and Procedures for Developing Grounded Theory》一书中阐述了扎根理论。受实用主义和芝加哥社会学派的影响，扎根理论特别强调从行动中产生理论，从行动者的角度建构理论以及理论必须来自资料等。扎根理论是一种自下而上的建立理论的方法，不是先有理论再去论证，而是先确定有待研究的领域，再从该领域中产生概念和理论。

Korthagen（2004）在论文《In Search of the Essence of a Good Teacher：Towards a More Holistic Approach in Teacher Education》中指出了传统教师教育的弊端，即对“理论知识”的依赖。不仅是教师教育的相关知识，他认为在传统教师教育秉承的“理论知识”认识论下，所有的知识都是客观而普遍的，是概念化的知识，虽然这种知识适用于各种不同的情境，但却是理论与实践相脱节的。针对传统的“理论知识”认识论，Korthagen 提出了“实践智慧”的认识论，也就是认为普遍知识与具体实践应该是一体的，不可分割的；教师教育，尤其是师范教育不仅应该传授具有普遍意义、概念化的理论知识，还应该关注具体的教育情境下，教师的内心感受。通过对这些教育情境的感知，结合学习过的理论知识进行反思，逐步形成与具体的教育情境相关的实践智慧。传统教师教育采用的是由理论到实践的路径，而 Korthagen 的观点恰恰相反，认为师范生的学习是从实践到理论的过程。但 Korthagen 并没有否认理论知识的重要性，他强调了理论知识和教师教学实践之间的联系，认为在教师的实践反思中，理论知识起着重要的指导性的作用。Korthagen 在此基础上提出了关于反思的循环论，指出不断地在实践中反思是教师专业发展螺旋式上升的过程。

Ball（1989）在美国教师研究会的年会上提交了这篇论文。Ball 对 19 名师范生的数学学科知识进行了研究，探讨分析和评价教师学科知识的理论框架。研究的参加者为 10 名小学教育专业的学生和 9 名数学专业的师范生，他们都准备毕业后从事中小学教育，成为教师。研究结果表明，这些未来的小学或者中学老师对于数学的学科知识通常是零散的，而这些知识是不足以让他们胜任数学教师的，教师还需要知道所教学科的性质、结构以及它的文化意义、社会意义。换句话说，教师要重视学科知识的本质，了解学科知识的来源及发展过程。

Sleeter（1996）在《Multicultural Education as Social Activism》一书中阐释了自己对于多元文化教育的观点。多元文化教育是一种跨越文化边界的教育，反映了人们对社会文化变迁与教育发展轨迹的深刻认识与把握，是现代国际教育变革的重要走向。当今世界，随着经济、技术等各方面的发展和进步，人类活动范围逐渐扩大，人类社会由封闭、半封闭与隔阂的状态转变为半开放、开放与相互交往的状态，社会经济由地方性、自给自足向全球化、多元化转变。历史的进程要求过去的文化孤岛被文化多元所替代，文化的排他性被文化的包容性所替代。不同人类群体间的交流也越来越频繁、密切，文化间关系由相互疏远到相互接近、由相互孤立到相互依赖。

Lortie（1975）在《School teacher:A Sociological Study》一书中把教师文化分成三方面内容：保守主义、个人主义和现时主义。保守主义指的是有些教师为了实用目的或者自身利益而排斥改革；个人主义是指某些教师认为成功要靠自己，因此对身边的其他教师采取冷漠的态度，既不干涉也不合作；现时主义是指教师过分关注眼前的工作，而忽略了对教育长远目标和效果的关心。Lortie 的观点提示研究者关注教师与他人互动关系对教师专业成长的影响。

Miles（1994）的这本书讨论的是质性数据的分析，随着研究者更多地关注教师专业发展的质性研究，Miles 的这本书也受到了更多该领域学者的关注和学习。Calderhead（1996）探讨了教师信念和教师知识。在书中 Calderhead 把教师信念分成相互关联的五个方面：首先是关于学习和学习者的信念；其次是教师对于教学的信念；还有有关学科的信念；教师对于学习怎样教学的信念以及教师关于自我和教师角色的信念。Goodlad（1979）将课程的内涵分为五个层面，分别为理想的课程（Ideal curriculum），正式的课程（Formal curriculum），领悟的课程（perceived curriculum），实行的课程（Operational curriculum）以及经验的课程（experiential curriculum）。

可以看出，国外教师专业发展研究起步较早，有些高被引作者的作品发表时间非常早，例如 Lortie 的 School teacher：A Sociological Study 发表于 1975 年。而且国外教师专业发展研究的高被引作者的研究方向也比较广泛：教师信念、课程、质性研究、教师教育认识论等。研究方法、研究范式的改变或者某种新理念的流行都对教师专业发展的研究有所影响，客观上推动教师教育和教师专业发展

研究的进步和深入

## 第二节　国外教师专业发展研究文献共被引分析

在这一节里，我们将对国外教师专业发展研究二十年（1996—2016）的学术文献进行文献共被引分析，以便了解研究文献之间的内在联系以及该领域研究的演进脉络。使用的数据仍然是从 Web of Science 中导出的文献数据。在 CiteSpace 软件的参数设置界面选择“被引文献”（Cited Reference）作为网络节点类型（Node Types），时间分区选择每一年作为一个时间切片，并且选取每一时间切片中出现频次最高的 50 个数据，也就是 Text 50 perslice，启动运行，共得出 765 个节点，2066 条连线，如图 9-3 所示。

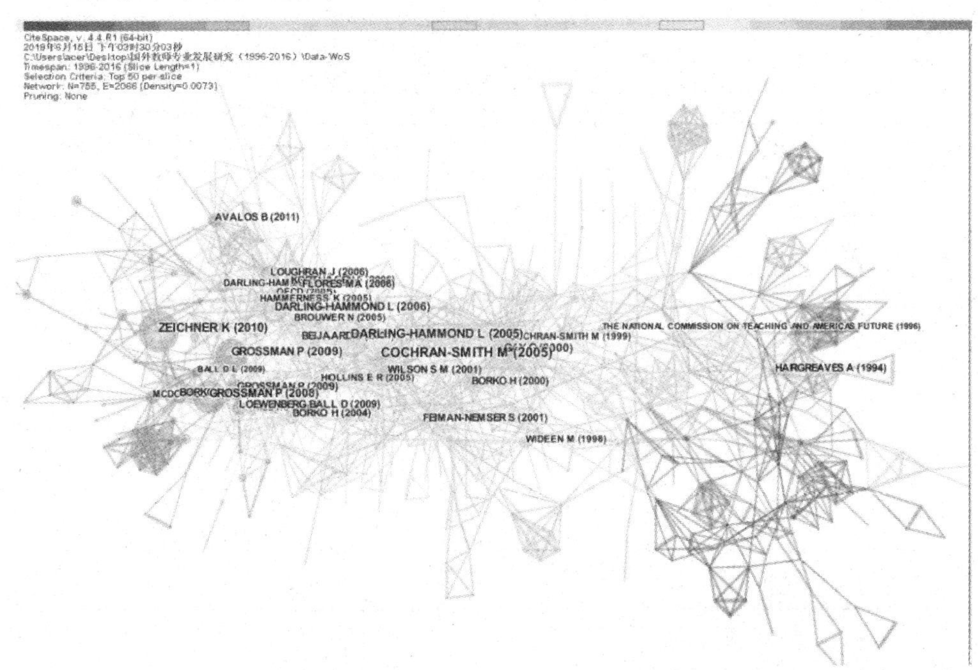


图 9-3 国外教师专业发展研究（1996—2016）文献共被引分析聚类图谱

作者共被引聚类图谱展现的是这个研究领域的关键作者和他们与其他作者之间的关系，而文献共被引呈现的则是教师专业发展研究中的关键文献，以及文献与文献之间的联系。图 9-3 就向读者展示了国外教师专业发展研究领域的文献网络的整体状况。图中的每一个节点就代表一篇高被引文献，黑色字体是文献作者的名字以及文献的发表年份；节点大小表示该文献被引频次的高低，节点越大，表示该文献被引的频次越高；节点与节点之间的连线表示文献之间的网络关系。

为了更清楚地了解高被引文献的特征，本研究又通过对运行后台的数据进行二次分类统计，以文献的被引频次降序排列，得出被引频次最高文献，得到表 9-2。

表 9-2 国外教师专业发展研究（1996—2016）高被引文献列表

| 被引频次 | 作者 | 高被引文献或专著 |
| --- | --- | --- |
| 55 | Cochran-SmithM. | Studying Teacher Education: The Report of the AERAP an elon Research and Teacher Education |
| 39 | DarlingHammondL. | Preparing Teachers in a Changing World: What Teachers Should Learn and beable to do |
| 38 | ZeichnerK. | Rethinking the connections between campus courses and fieldexperiences in College-and University-based teacher education |
| 32 | GrossmanP. | Redefining Teaching, Re-Imagining Teacher Education |
| 32 | GrossmanP. | Structures for FacilitatingStudentReflection |
| 27 | GayG. | MulticulturalTeacherEducation for the 21st Century |
| 26 | DarlingHammondL. | Powerful Teacher Education: Lessons from Exemplary Programs |
| 20 | LoughranJ. | Developing a pedagogy of teacher education: Understanding teaching and learning about teaching |
| 20 | GrossmanP. | Teaching practice;Across-professional perspective |
| 20 | FeimanNemserS. | From preparation to practice: Designing a continuum to streng then and sustain teaching |
| 19 | BeijaardD. | Reconsidering Research on Teachers' Professional Identity |
| 18 | WilsonS.M. | Teacher Preparation Research: Current Knowledge, Gaps and Recommendations |
| 18 | FloresM.A. | Beinga Novice Teacher in Two Different Settings: Struggles, Continuities, and Discontinuities |
| 17 | LoewenbergBallD. | The work of teaching and the challenge for teacher education |
| 17 | BorkoH. | Video as a Tool for Fostering Productive Discussions in Mathematics Professional Development |
| 17 | BorkoH. | Professional Development and Teacher Learning: Mapping the Terrain |

表 9-2 列出了被引频次最高的一部分文献或专著及其作者。通过与作者共被引分析中的高被引作者及其文献作对比，可以发现有些高被引文献的作者同时也是高被引作者，但是，高被引作者的相应文献与高被引文献的文章或专著并不一

定完全一致。比如，Wilson S.M.，Cochran-Smith M. 和 Grossman P. 同时也都是高被引作者，但两个表格中相应的文献却不是同一篇，可以推断出这些研究者一直致力于教师专业发展的研究，不断地发表新的论文或出版新书。一方面，他们自己是教师专业发展研究领域的关键作者；另一方面，他们的文献是该领域研究的重要文献，而且对推动整个教师专业发展研究起到重要的联结作用。

Cochran-Smith（2005）针对当时美国对教师教育、教师专业发展的研究进行了总结和梳理，归纳了已有的研究成果，并指出新的研究方向。这本书是在美国教育研究协会的支持下出版的。随着教育界对教师教育、教师专业发展的关注度越来越高，美国教育研究协会成立了教师教育和研究小组来推动教师教育研究的发展。这本书就是对该小组的研究成果的归纳总结，从学者的角度对教师教育研究进行了系统性的梳理。

Darling Hammond（2005）指出，人们对于如何学和如何教进行了大量研究，并取得了很大进展，本研究探索什么是教师教育项目的核心概念和关键教学法。作者建议为教师教育设置专门的涵盖最新标准的课程。这本书向教师教育者、教育政策的制定者、教师专业发展研究者等提供了教学相关的关键基础知识，并且讨论如何将这些教学知识用于课堂教学实践。除了学科知识的学习，所有新手教师对于人们怎么学、孩子们怎么习得和使用语言是有自己的基本理解的。教师在自己的教学中应该把自己的这种基本理解融入课程设计中，设计出考虑学生需求的、满足内容需要的、达成教育的社会目的的课程。

Zeichner（2010）的学术论文 Rethinking the connections between campus courses and field experiences in College-and University-based teacher education 对基于高校的教师教育中学校课程和实践经历之间的关系进行了反思，指出了传统的教师教育的弊端——教学理论与教学实践被割裂开来。基于高校的教师教育，这里指的是师范生的教育，强调理论知识学习的重要性，在师范生毕业之前集中时间进行实习。这种先学习理论、后进行实践的“分离式”教育培养模式必然导致师范生教学实践能力薄弱。因此，作者建议教师教育以实践为取向，加强理论与实践的融合，把实践贯穿于课程学习的全过程。

Grossman（2009）在这篇论文中，基于对“教”的重新定义，讨论了教师教育未来的发展方向。教师教育者应该重视教学实践的练习，通过实践摸索怎么才能最好地帮助新手教师发展他们的教学技巧。这就要求教师教育者在教师教育的课程体系中加入调查和反思。最后，作者提出教师专业教育应该围绕一系列核心因素展开，知识、技巧和教师专业身份认同都将在从“学”到“教”的过程中得以发展。

Gay（2000）的学术论文 Multicultural Teacher Education for the 21st Century 论述了多元文化教育对教师职前教育的重要性，并且就如何实现良好的多元化教师教育提出了一些建议。由于种种原因，美国学校的学生人口构成越来越复杂，而教师群体的构成反而越来越单一。在这样的社会背景下，作者提出应该对美国教师（主要是欧洲裔美国人）进行培训，提升他们跨文化沟通的能力，为面对日益多样化的学生群体做好准备。

Loughran（2006）的这本著作是对教师教育进行了 10 年研究的成果，探讨了教师教育的方法并对教师教育进行了反思。作者指出基于目前在教师教育领域已经进行的研究，下一步应该建立教师教育的专用方法。在这本著作中，Loughran 对大量的教师教育领域知名学者的作品进行分析总结，并且他和他的同事关于教师教育项目进行了广泛的研究，他认为教师在课堂上的教学实践并不能简单地复制到教师教育培训中。而且，教师教育者可能仅仅被看作教学生如何教学的人，Loughran 认为这种看法是比较片面的，他提出教师教育者既是“教”学生如何教学的专家，同时也是“学”如何教学的学生。换句话说，教师教育活动既是“教”的过程，也是“学”的过程。按照 Loughran 的观点，教师教育者的专业性包含三个要素：对教师实践专业知识的把握；对如何教授教师实践专业知识的把握以及对学习教师实践专业知识的把握。

Grossman（2009）的这篇论文中描述了 Grossman 和她的团队对 8 个不同的教学项目进行了调查，调查目的在于构建一个框架来描述和分析专业教学项目中的教学实践。调查参加者包括这些教学项目的老师、学生和教学管理人员。通过调查和访谈，最终概括出关于专业教育教学方法的三个关键概念，就是“实践展示（representation）”“实践分解（decomposition）”和“实践近似（approximation）”。“实践展示”指的是教师向学生演示如何进行教学；“实践分解”指的是将教学实践分解成更小更细致的部分，逐次讲解演示，使学生了解每一个环节的实践方法；“实践近似”指的是模拟近似于真实工作场景的环境，让学生进行模拟练习。

Feiman NemserS.（2001）的这篇论文是想激发关于教师专业学习的一些讨论和辩论。凭借对大量文献的阅读分析，作者提出对教师学习课程的设计框架。文章还讨论了教学改革时期，如何改进教师教育课程和教学方法，从而提升教师的专业发展水平。文章围绕三个问题展开：（1）教师职前教育的中心任务是什么？是入职培训还是前期的专业发展？（2）传统的教师教育是怎样完成这些中心任务的？（3）在从“学”到“教”的过程中的每一个阶段，有哪些项目或做法有助于教师提升自己的教学水平，同时又能够促使教师成为学校改革的积极参与者？

Beijaard 等（2004）在 Reconsidering Researchon Teachers' Professional Identity 中认为关于教师专业身份认同的研究大致可以分为三类：（1）关于教师专业身份认同形成的研究；（2）关于教师专业身份认同特征认定的研究；（3）关于通过教师故事呈现的教师专业身份认同研究。通过对这些研究的回顾发现，研究中教师专业身份认同的概念或者具有不同的定义，或者根本就没有定义。本研究得出了关于教师专业身份认同的四个基本特征。很多研究似乎是在研究探讨教师个人的实践知识，但是，只有很少的研究明确指出了教师实践知识和教师专业身份认同之间的关系。因此，将来的研究可能需要更加关注相关概念“自我”和“身份认同”之间的关系。环境在教师专业身份认同的形成过程中起到重要作用。研究的视角而不是认知的视角在设计教师专业身份认同研究时也可能起到重要的作用。

## 第三节 国外教师专业发展研究期刊共被引分析

期刊共被引分析也经常用来显示学术期刊与学科之间的关联性。国外教师专业发展研究的期刊共被引分析呈现了国外对该领域研究的知识基础的整体状况。运行 CiteSpace 软件进行期刊共被引分析，在操作界面上节点类型（Node Types）一项点击被引期刊（Cited Journal），时间分区选择每一年作为一个时间切片，并在每一时间切片中选择出现频次最高的 50 个数据，即 Text Nperslice 设为 50，运行 CiteSpace 程序后，得出 267 个节点，1194 条连线，如图 9-4 所示。图中的节点即表示高被引期刊，节点越大，表明期刊的被引频次越高。

图 9-4 为读者展示了高被引期刊的整体状况，但由于节点过多，聚类密集，为了更准确地了解高被引期刊的具体特征，本研究对后台数据进行了二次统计和

深入分析，以期刊被引频次为标准，对高被引期刊进行降序排列，得到表 9-3 所显示的高被引期刊列表。

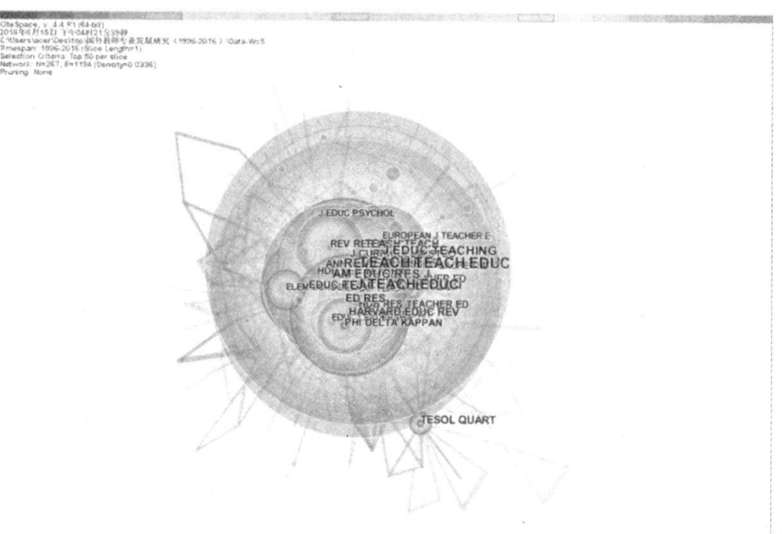


图 9-4 国外教师专业发展研究（1996—2016）期刊共被引分析聚类图谱

从表 9-3 可以看出，国外教师专业发展研究领域的核心期刊，具有高影响力的期刊也大多是教育类，甚至就是教师教育或者教师专业发展的专业学术期刊。以位列前茅的几种期刊为例：Teaching and Teacher Education，Journal of Teacher Education，Handbook of Researchon Teacher Education 和 Teacher Education Quarterly 名称中都包含 Teacher Education（教师教育）。而其他出现在列表中的期刊也几乎都有 Education 或 Educational 的字样，如：America Educational Research Journal，Journal of Education for Teaching，Harvard Educational Review，Review of Researchin Education 等。比较特殊一点的是 TESOL Quarterly 这本杂志，在国内教师专业发展研究的期刊共被引分析中，它也进入了高被引期刊列表，大概可以推断 TESOL Quarterly 是由对外国人进行英语教学的美国教师组织主办的一份学术期刊，兼具学术性和专业性，内容通常包括语言学习和教学心理学、社会学、课程设计和发展等。或许是因为主办方是教师组织，所以该期刊非常重视对教师专业发展的研究。

表 9-3 国外教师专业发展研究（1996—2016）高被引期刊列表

| 被引频次 | 中介中心性 | 期刊 |
| --- | --- | --- |
| 4067 | 0.10 | Teaching and Teacher Education |
| 2567 | 0.09 | Journal of Teacher Education |
| 769 | 0.13 | Teachers College Record |
| 764 | 0.07 | America Educational Research Journal |
| 697 | 0.06 | Journal of Education for Teaching |
| 696 | 0.15 | Review of Educational Research |
| 642 | 0.05 | Educational Research |
| 567 | 0.11 | Harvard Educational Review |
| 430 | 0.10 | TESOL Quarterly |
| 415 | 0.06 | Teaching and Teacher Education |
| 403 | 0.08 | Hand book of Researchon Teacher Education |
| 388 | 0.07 | Annual Meeting of American Educational Research Association |
| 328 | 0.04 | Teacher Education Quarterly |
| 310 | 0.08 | Review of Researchin Education |
| 299 | 0.02 | Phi Delta Kappan |

另外，Annual Meeting of American Educational Research Association 是美国教育研究协会每年年会的论文集，也通常收录不少教师教育、教师专业发展研究领域的经典学术文献。

Phi Delta Kappan 名称里看不到 education 或者 teacher 之类的词语，但事实上，它也是经典的教育类学术期刊，从 1915 年创刊以来就一直刊发关于教与学、学校改革、教育评估、课堂科技、教师专业发展以及其他许多与教育相关领域的学术论文。

所以，国外教师专业发展的高被引期刊也集中在教育类的专业学术期刊，且它们的中介中心性都比较高，说明它们对该领域其他期刊的联结作用比较强。

## 第四节 国内外教师专业发展研究知识基础的对比分析

经过对国外教师专业发展研究的作者共被引、文献共被引和期刊共被引分析，能够整体了解国外教师专业发展研究的知识基础的状况，从而总结出国外该领域研究的基本特征。

### 一、高被引作者和高被引文献作者相对集中

比较作者共被引分析得出的高被引作者列表和文献共被引分析得出的高被引

文献列表，可以很清楚地看出高被引作者和高被引文献的作者有很多重合。高被引文献的作者往往也是高被引作者，只不过高被引文献和高被引作者对应的文献可能并不是同一篇。以 Cochran-smithM. 为例，在高被引作者列表中，他对应的文献为 Knowledge，skills，and experiences for teaching culturally diverse learners：A perspective for practicing teachers，而在高被引文献列表列出的他的作品则是 Studying Teacher Education：The Report of the A ERA Panel on Research and Teacher Education。这或许说明国外的这些研究者一直坚持对教师专业发展进行研究，不断地深入，不断地拓展，并且不断地与学术界分享自己的最新研究成果，所以他们经常发表新的学术论文或出版学术专著。

## 二、高被引文献的作者相对集中，重复率高

通过高被引文献列表可以看出，国外教师专业发展研究的高被引文献的作者相对比较集中，重复率较高。被引频次最高的前 15 篇高被引文献中，作者重复的就不在少数。例如 Darling-HammondL. 出现两次，GrossmanP. 出现三次，BorkoH. 出现两次。究其原因，可能还是这些研究者一直不间断地从事教师专业发展的研究，发文量大，对教师专业发展研究的影响力也大，对推动该领域的研究起到了非常重要的作用。

## 三、高被引作者、高被引期刊中心性差距不大

高被引作者列表、高被引期刊列表中，不同作者、不同期刊之间的中介中心性差距相对较小，不太明显。这可能是因为国外教师专业发展研究范围较广，研究的具体题目分布比较分散，所以作者与作者、期刊与期刊之间的联结功能就分配得比较平均。

## 四、国外教师专业发展研究起步较早

从高被引作者的对应文献和高被引文献可以看出国外在教师教育和教师专业发展研究方面起步较早。例如 Ball，D.L. 的 Breaking with Experience in Learning to Teach Mathematics：What do they bring with them to teacher education? 就发表于 1989 年，Lortie，D.C. 的 Schoo teacher：A Sociological Study 甚至出版于 1975 年。当然，绝大多数高被引文献出现于 20 世纪 90 年代或 21 世纪初的几年。如 Hargreaves，

A. 在 1998 年发表 The Emotional Practice of Teaching，Wenger E. 的 Communities of Practice：Learning，Meaning，andIdentity 发表于 1998 年，StraussA.&Corbin J 的专著 Basic of Qualitative Research：Techniques and Procedures for Developing Grounded Theory 也发表在 1998 年。Korthagen F.A.2004 年发表 In Search of the Essence of a Good Teacher：Towards a MoreHolistic Approach in Teacher Education，Berliner D.C.2005 年发表 The Near Impossibility of Testing for Teacher Quality，Borko H. 的文章 Professional Development and Teacher Learning：Mapping the Terrain 发表于 2004 年。

依据作者共被引分析、文献共被引分析和期刊共被引分析的结果，对我国国内教师专业发展研究和国外教师专业发展研究就知识基础进行对比，得出国内外研究的相似点和差异性如下。

## 一、高被引作者、高被引文献和高被引期刊均呈集中趋势

无论是国内教师专业发展研究，还是国外教师专业发展研究，共被引分析的结果都显示高被引作者、高被引文献、高被引期刊都有重叠和集中的趋势。高被引作者可能也是高被引文献的作者，而高被引作者相对应的文献和高被引文献往往发表在高被引期刊上。而且，无论国内还是国外，研究者大多都是高校教师，这可能是由教师专业发展研究这个研究领域的特殊性决定的。研究对象就是教师，教师专业发展研究早期的关注点也是师范生的教育、教师教育、教师培训的教学方法等。

## 二、国内教师专业发展初始阶段对国外研究的借鉴较多

国外教师专业发展研究起步较早，大概始于 20 世纪 60 年代。到 20 世纪 90 年代，教师专业发展研究在欧洲和美国已经发展得比较成熟，涌现出一大批有价值的研究成果。而国内的相关研究则是从 20 世纪末才正式开始，所以一部分研究者在起始阶段介绍和借鉴了国外教师专业发展研究的一些经验。例如：李其龙、陈永明（2002）是对多个国家的教师教育课程进行了比较，徐延宇（2009）是对美国高等教育中的教师专业发展进行了研究和介绍，日本学者佐藤学（2002）的著作也是经常被我国研究者引用的文献。国内研究高被引作者列表中还出现了两位国外研究者 Shulman L.S. 和 Darling-Hammond L. 的名字。

## 三、国内外研究中介中心性有很大不同

国内教师专业发展研究的高被引作者、高被引期刊的中介中心性差距都相对较大，而国外研究的高被引作者、高被引期刊的中介中心性都比较接近，差异不大。

国内高被引作者列表中，叶澜的中心性高达 0.35，陈永明的中心性是 0.19，钟启泉的中心性为 0.14，但同样是高被引作者，李其龙的中心性仅有 0.02，陈向明仅有 0.01，刘捷、洪明、潘懋元的中心性也只有 0.01。高被引期刊列表也是类似的情况，中心性高低差距明显：《高等师范教育研究》中心性高达 0.44，人民教育出版社也达到了 0.26，但《高等教育研究》《教育发展研究》这样的期刊虽然被引频次很高，中介中心性却只有 0.01。《外国教育研究》《全球教育展望》《教育理论与实践》等期刊的中介中心性是 0.00。

相比之下，国外教师专业发展研究的高被引作者、高被引期刊中介中心性数值比较平均，差距不大。高被引作者列表中中心性最高的作者为 Goodlad J.I.，中心性为 0.10；中心性最低的是 Lortie D.C.，中心性为 0.01。高被引期刊列表中，中心性最高的期刊是 Review of Educational Research，其中心性达 0.15；中心性最低的期刊是 Phi Delta Kappan，其中心性为 0.02。

国内研究与国外研究的这点差异或许可以理解为：国外研究比较成熟，具体研究课题比较丰富多样，研究主题涉及面广，研究方向分散。研究者对研究主题的选择是经过深思熟虑的，能够进行比较深入的研究。而国内的研究还没有完全形成成熟的体系，部分研究者选择研究课题时只是跟风、追热点，对某个主题的研究只是点到为止，并没有进行深入的研究。整体来看，就会形成研究者对有些研究问题扎堆儿“研究”，有些有意义的课题又无人问津。针对这种情况，建议国内研究者今后能够根据自己的研究兴趣、研究专长慎重选择，对研究课题深入思考，把自己的研究深入下去、拓展开来。

# 第十章　国内教师专业发展研究主体与合作网络的知识图谱分析

从1996—2006年以来，教师专业发展研究在科研队伍、研究机构和基金资助项目等方面都实现了持续的发展，一个直接的体现就是该研究的文献成果数量不断攀升。图10-1为在中国知网检索的文献按照年度的分布与走势图。在中国知网中按关键词检索"教师专业发展""教师职业发展"或者关键词"教师发展""教师教育"，年份选择2006—2016，来源类别选择核心期刊和CSSCI，共检索到5904篇文献。将年份和文献数量对应后可用Excel表得到一个年度的走势图。从图10-1可见，在1996—1999年间，教师专业发展研究的进展缓慢，但是自2000年以来，此研究领域的论文数量一直持续增长，到2008年以后才稳定在一个平稳的较高水平上。

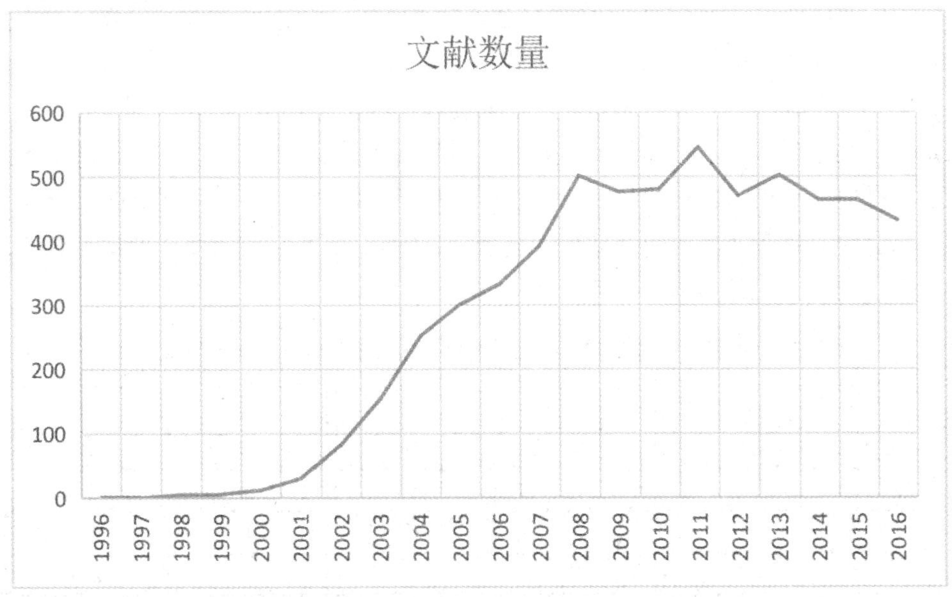


图10-1 国内教师专业发展研究发文趋势图（1996—2016）

本章将聚焦于我国教师专业发展研究的研究主体以及主体间的合作情况，并借助CiteSpace绘制主体间的合作网络。研究主体方面，将从主流学者、研究机构和基金项目资助方面进行分析，而关于合作方面的分析主要从作者合作网络和机构合作网络进行分析，以此来梳理我国教师专业发展研究的中坚力量和合作情况，并对此研究的发展环境给予一个较为全面客观的展示。

## 第一节 国内教师专业发展研究主体分析

本节将从研究者、研究者所在机构和基金项目三个角度对研究主体进行分析。研究者是研究主体中的知识承载主体，而他们所在的研究机构表明了他们的社会角色以及地域分布。基金项目为研究者提供物质帮助，是研究主体中不可或缺的外部力量。

### 一、国内教师专业发展研究作者分析

运行 CiteSpace 对检索到的 5904 篇期刊文献进行格式转换，得到 5733 条有效记录。对这些记录进行统计得知，1996—2016 年间，我国共有 5649 位研究学者发表了教师专业发展研究方向的论文。由表 10-1 可见，发文数量在 21（含）篇以上的有 5 人，发文量在 11 ～ 20 篇的有 14 人，发文量在 3 ～ 10 篇的有 532 人，发表 2 篇论文的有 748 人，发表 1 篇论文的有 4350 人。由此可见，绝大部分作者只发表了一篇文章，持续对此课题进行研究的作者还是少数。在高产作者当中，发文量最多的作者成果有 28 篇之多，而且从高产作者的第一篇文献的发表时间来看，这些研究者的研究期间都在 10 年以上，对此研究方向有着持久的研究热情，也获得了丰厚的研究成果。

表 10-1 教师专业发展研究发文量与作者数量统计表（1996—2016）

| 发文量 | 人数 | 发文量 | 人数 | 发文量 | 人数 |
|---|---|---|---|---|---|
| 28 | 1 | 14 | 2 | 6 | 37 |
| 27 | 1 | 13 | 1 | 5 | 55 |
| 23 | 1 | 12 | 2 | 4 | 132 |
| 22 | 1 | 11 | 6 | 3 | 259 |
| 21 | 1 | 10 | 7 | 2 | 748 |
| 18 | 1 | 9 | 7 | 1 | 4350 |
| 17 | 1 | 8 | 17 | — | — |
| 16 | 1 | 7 | 18 | — | — |

（一）高产作者分析

打开 CiteSpace 软件，在操作界面右侧参数设置的节点类型（Node Type）区选择作者（Author）；时间分区（Time Slicing）为 1 年；选择标准（Selection Criteria）为 Top N，perslice 为 30，即选择每一时间段中出现频次最高的 30 个数据。然后对 CNKI 的 5733 篇文献进行作者共现分析，得到 401 个节点，如图 10-2 所示。作者共现网络图谱反映科学研究中的主流群体和代表人物。由图中的节点大小和字体大小可以看出姜勇、朱旭东、卢乃桂、饶从满、马云鹏、陈时见、胡惠闵、周钧等是我国教师专业发展研究的中坚力量。

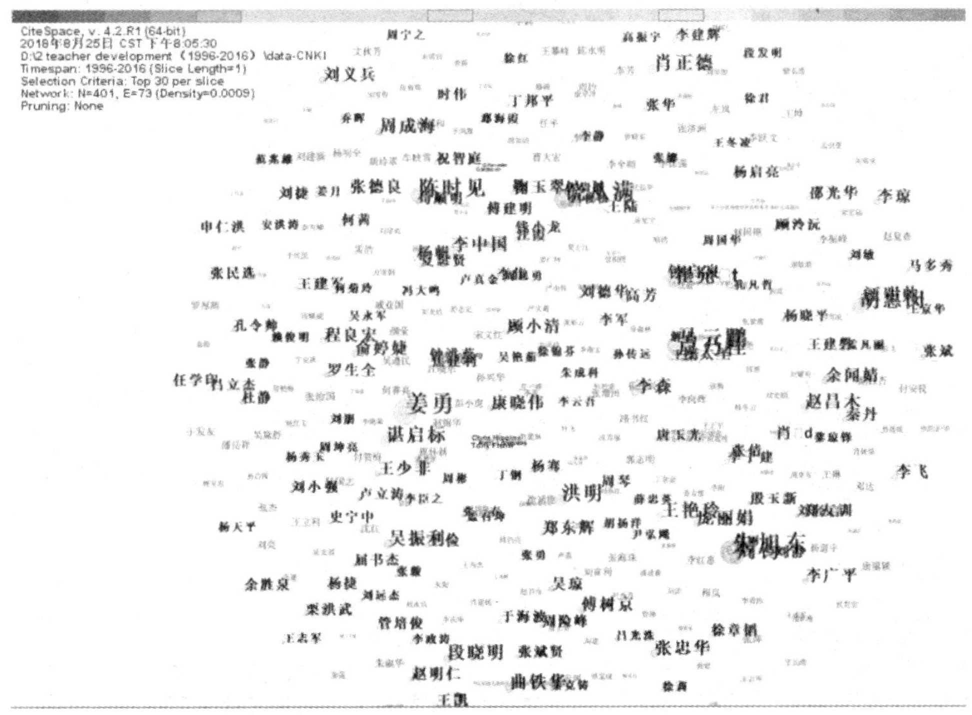


图 10-2 教师专业发展研究的作者共现图谱（1996—2016）

由于图中只对高频次出现的作者显示较为明显，而且由于合作关系的紧密性，有些作者间的节点距离较近，姓名显示有所重叠。共现图谱能够让我们对研究领域中的高产作者有一个直观的感受，对于更具体的信息，CiteSpace 也可以提供一个表格，包括作者、发文量和他们第一篇文章的发文年限等，如表 10-2 所示。由于作者数量较多，所以表 10-2 中只列举了发表论文数量在 8 篇以上的作者，同时通过查看所下载文献和网络搜索，增加了作者的所在机构等信息，以期对研究主体的基本信息有更加详细的展示。

表 10-2 教师专业发展研究高产作者名单

（1996—2016）（前 50 名）

| 序号 | 作者 | 发文量 | 第一篇文献发表时间 | 所属机构 | 地区 |
|---|---|---|---|---|---|
| 1 | 姜勇 | 28 | 2004 | 华东师范大学 | 上海 |
| 2 | 朱旭东 | 27 | 2000 | 北京师范大学 | 北京 |
| 3 | 卢乃桂 | 23 | 2002 | 香港中文大学 | 香港 |
| 4 | 饶从满 | 22 | 2000 | 东北师范大学 | 吉林 |
| 5 | 马云鹏 | 21 | 2004 | 东北师范大学 | 吉林 |
| 6 | 陈时见 | 18 | 2007 | 西南大学 | 重庆 |
| 7 | 胡惠闵 | 17 | 2001 | 华东师范大学 | 上海 |
| 8 | 周钧 | 17 | 2003 | 北京师范大学 | 北京 |
| 9 | 崔允漷 | 15 | 2002 | 华东师范大学 | 上海 |
| 10 | 洪明 | 14 | 2002 | 福建师范大学 | 福建 |
| 11 | 谌启标 | 13 | 2003 | 福建师范大学 | 福建 |
| 12 | 黄甫全 | 12 | 2002 | 华南师范大学 | 广东 |
| 13 | 王艳玲 | 12 | 2007 | 云南师范大学 | 云南 |
| 14 | 肖正德 | 12 | 2006 | 杭州师范大学 | 浙江 |
| 15 | 段晓明 | 11 | 2004 | 河南大学 | 河南 |
| 16 | 顾小清 | 11 | 2004 | 华东师范大学 | 上海 |
| 17 | 曲铁华 | 11 | 2002 | 东北师范大学 | 吉林 |
| 18 | 汪明帅 | 11 | 2007 | 华东师范大学 | 上海 |
| 19 | 吴振利 | 11 | 2006 | 吉林师范大学 | 吉林 |
| 20 | 赵昌木 | 11 | 2002 | 山东师范大学 | 山东 |
| 21 | 钟启泉 | 11 | 2002 | 华东师范大学 | 上海 |
| 22 | 李森 | 10 | 2008 | 西南大学 | 重庆 |
| 23 | 李中国 | 10 | 2007 | 临沂大学 | 山东 |
| 24 | 龙宝新 | 10 | 2007 | 陕西师范大学 | 陕西 |
| 25 | 庞丽娟 | 10 | 2003 | 北京师范大学 | 北京 |
| 26 | 曲中林 | 10 | 2006 | 广东省肇庆学院 | 广东 |
| 27 | 张忠华 | 10 | 2006 | 江苏大学 | 江苏 |
| 28 | 郑东辉 | 10 | 2003 | 宁波大学 | 浙江 |
| 29 | 周成海 | 10 | 2007 | 辽宁师范大学 | 辽宁 |
| 30 | 陈向明 | 9 | 2008 | 北京大学 | 北京 |
| 31 | 郭绍青 | 9 | 2007 | 西北师范大学 | 甘肃 |
| 32 | 鞠玉翠 | 9 | 2003 | 华东师范大学 | 上海 |
| 33 | 余闻婧 | 9 | 2009 | 江西师范大学 | 江西 |
| 34 | 顾明远 | 8 | 2001 | 北京师范大学 | 北京 |
| 35 | 傅树京 | 8 | 2003 | 首都师范大学 | 北京 |

续表

| 序号 | 作者 | 发文量 | 第一篇文献发表时间 | 所属机构 | 地区 |
|---|---|---|---|---|---|
| 36 | 高翔 | 8 | 2003 | 山东宁阳一中 | 山东 |
| 37 | 靳玉乐 | 8 | 2003 | 西南大学 | 重庆 |
| 38 | 王嘉毅 | 8 | 2003 | 西北师范大学 | 甘肃 |
| 39 | 李广平 | 8 | 2004 | 东北师范大学 | 吉林 |
| 40 | 李琼 | 8 | 2004 | 北京师范大学 | 北京 |
| 41 | 王少非 | 8 | 2004 | 浙江台州学院 | 浙江 |
| 42 | 胡艳 | 8 | 2006 | 北京师范大学 | 北京 |
| 43 | 俞婷婕 | 8 | 2007 | 浙江师范大学 | 浙江 |
| 44 | 李剑 | 8 | 2008 | 四川师范大学 | 四川 |
| 45 | 杨帆 | 8 | 2008 | 上海师范大学 | 上海 |
| 46 | 张德良 | 8 | 2008 | 北华大学 | 吉林 |
| 47 | 程良宏 | 8 | 2010 | 新疆师范大学 | 新疆 |
| 48 | 康晓伟 | 8 | 2010 | 首都师范大学 | 北京 |
| 49 | 李飞 | 8 | 2010 | 徐州幼儿师范高等专科学校 | 江苏 |
| 50 | 刘义兵 | 8 | 2010 | 西南大学 | 重庆 |

注：作者归属多个机构的以最近一篇文章发表时备注的机构为标准。

从表10-2可以看出我国近21年中教师专业发展研究的主流群体和代表人物。其中，华东师范大学教育学部的姜勇发文量最高，为28篇，在教师专业发展研究方面的第一篇文章发表于2004年，他在教师专业发展、国外教师专业发展等方面都有持续的研究。排在发文量第二位的朱旭东是北京师范大学教育学部部长、博士生导师，第一篇文章发表于2000年，他的主要研究领域有比较教育、教师教育以及外国教育史等。居于发文量第三位的是卢乃桂，曾任香港中文大学香港教育研究所所长、香港中文大学研究生院教育学部主任等职，在教育政策、教育领导和教师专业发展等方面都有着很深的研究，他在教师专业发展研究方面的第一篇文章发表于2002年。发文量居于第四和第五位的是来自于东北师范大学的饶从满和马云鹏，分别于2000年和2004年发表了此领域的第一篇文章。饶从满现任东北师范大学国际与比较教育研究所所长、教授，《外国教育研究》杂志主编，主要研究领域有比较教育、教师教育和公民与道德教育等。马云鹏是东北师范大学教育学部教授、博士生导师，在教师教育和课程与教学论方面有丰硕的研究。这五位专家均来自各高校的教育研究相关部门，从事教师专业发展研究均在十年以上，不仅在教师专业发展研究方面造诣深厚，在教育研究领域的其他方面也都有着深入的研究。

排名在前 50 名的高产作者绝大多数都来自高等院校，并且大部分属于师范类高校，来自师范类高校的学者占到了 72%。从地域分布来看，这些学者所在的机构分布在我国的 18 个省份、直辖市和特别行政区，其中北京 9 人，上海 8 人，吉林 6 人，浙江 4 人，重庆 4 人，山东 3 人，福建、甘肃、广东和江苏各 2 人，河南、江西、辽宁、陕西、四川、香港、云南和新疆各 1 人。这些学者所在高校在教育学领域有着较大的影响力，比如在前 50 名高产作者中有华东师范大学 7 人，北京师范大学 6 人，东北师范大学 4 人和西南大学 4 人，而这 4 所高校的教育学部均具备博士培养资格，在国内教育学专业名列前茅。可见教师专业发展研究是教育研究中的重要研究方向，在教育学领域颇具实力的高校教学科研结构同样在教师专业发展研究方面取得了丰硕的成果。

（二）高被引作者分析

考察一个研究领域中的主流研究群体，除了高产作者外，另一个着眼点就是高被引作者。因为评价一位研究者的研究产出量可以看他所发表的论文数量，而衡量其研究质量的一个重要方面就是其研究成果的被引量。一篇文章被引用的次数多，不仅代表其他研究者对其研究成果的认可，也说明其研究成果在这个研究领域内是有意义的，是重要的，能够成为此研究领域的知识基础或者是核心研究问题。因此那些被引量很高的文章往往成了某个研究领域的经典文献，而文章的作者在此领域的贡献也因此可见一斑。由于从中国知网下载的数据当中不包括参考文献，因此无法利用 CiteSpace 软件来分析高被引作者或者高被引文献。此部分的统计结果来自中国知网的检索结果，因此用来分析高被引作者的被引数都是来自全网的引用量，并非仅限于此前检索到的 5733 篇文献的引用。

表 10-3 教师专业发展研究高被引作者名单

| 序号 | 作者 | 被引文献数 | 单篇最高被引数 | 被引数百（含）以上的文献数 | 所属机构 |
|---|---|---|---|---|---|
| 1 | 姜勇 | 28 | 132 | 1 | 华东师范大学 |
| 2 | 朱旭东 | 27 | 327 | 6 | 北京师范大学 |
| 3 | 卢乃桂 | 23 | 599 | 3 | 香港中文大学 |
| 4 | 饶从满 | 22 | 374 | 2 | 东北师范大学 |
| 5 | 马云鹏 | 21 | 95 | 0 | 东北师范大学 |
| 6 | 陈时见 | 18 | 98 | 0 | 西南大学 |
| 7 | 胡惠闵 | 17 | 77 | 0 | 华东师范大学 |
| 8 | 周钧 | 17 | 90 | 0 | 北京师范大学 |

续表

| 序号 | 作者 | 被引文献数 | 单篇最高被引数 | 被引数百（含）以上的文献数 | 所属机构 |
|---|---|---|---|---|---|
| 9 | 崔允漷 | 15 | 185 | 5 | 华东师范大学 |
| 10 | 洪明 | 13 | 105 | 3 | 福建师范大学 |
| 11 | 谌启标 | 13 | 30 | 0 | 福建师范大学 |
| 12 | 肖正德 | 12 | 83 | 0 | 杭州师范大学 |
| 13 | 黄甫全 | 12 | 32 | 0 | 华南师范大学 |
| 14 | 段晓明 | 11 | 54 | 0 | 河南大学 |
| 15 | 顾小清 | 11 | 427 | 3 | 华东师范大学 |
| 16 | 曲铁华 | 11 | 237 | 2 | 东北师范大学 |
| 17 | 汪明帅 | 11 | 73 | 0 | 华东师范大学 |
| 18 | 王艳玲 | 11 | 80 | 0 | 云南师范大学 |
| 19 | 赵昌木 | 11 | 359 | 2 | 山东师范大学 |
| 20 | 钟启泉 | 11 | 165 | 5 | 华东师范大学 |
| 21 | 李森 | 10 | 52 | 0 | 西南大学 |
| 22 | 李中国 | 10 | 44 | 0 | 临沂大学 |
| 23 | 龙宝新 | 10 | 42 | 0 | 陕西师范大学 |
| 24 | 庞丽娟 | 10 | 333 | 1 | 北京师范大学 |
| 25 | 张忠华 | 10 | 16 | 0 | 江苏大学 |
| 26 | 郑东辉 | 10 | 240 | 1 | 宁波大学 |
| 27 | 陈向明 | 9 | 159 | 3 | 北京大学 |
| 28 | 郭绍青 | 9 | 55 | 0 | 西北师范大学 |
| 29 | 鞠玉翠 | 9 | 106 | 1 | 华东师范大学 |
| 30 | 曲中林 | 9 | 28 | 0 | 广东省肇庆学院 |
| 31 | 吴振利 | 9 | 35 | 0 | 吉林师范大学 |
| 32 | 余闻婧 | 9 | 37 | 0 | 华东师范大学 |
| 33 | 周成海 | 9 | 140 | 1 | 辽宁师范大学 |
| 34 | 顾明远 | 8 | 378 | 3 | 北京师范大学 |
| 35 | 傅树京 | 8 | 237 | 2 | 首都师范大学 |
| 36 | 李琼 | 8 | 122 | 1 | 北京师范大学 |
| 37 | 胡艳 | 8 | 13 | 0 | 北京师范大学 |
| 38 | 李剑 | 8 | 30 | 0 | 四川师范大学 |
| 39 | 康晓伟 | 8 | 101 | 1 | 首都师范大学 |
| 40 | 李飞 | 8 | 6 | 0 | 徐州幼儿师范高等专科学校 |

注：表中所列数字均只是考察署名第一作者的文献被引情况，被引数统计时间为2019年7月。

表10-3列举了被引文章数在8篇以上的作者，同时提供了被引文章数、单篇最高被引数和被引数在百次以上的文章数三个指标来观察作者文章的被引情况。被引文献数表示作者在教师专业发展领域所发表的文献有多少曾经被引用过，可以考察作者研究成果的整体水平。可以看出排名在前40的高被引作者名单基

本都是出自高产作者（表10-2），但在排名上稍微有所不同。由此可见通过高被引作者所分析到的主流研究群体与通过高产作者的分析是一致的。

单篇最高被引用数是指作者被引文献中单篇文献最高的被引数，可以从一个侧面考察作者是否拥有经典文献以及文献在领域内的地位。比如单篇被引数在300以上的有7位作者，他们按照被引文献数分别排名在第二、第三、第四、第十五、第十九、第二十四和第三十四位。这些作者及他们的文章题目分别为朱旭东的《教师专业发展研究评述》、卢乃桂的《国际视野中的教师发展》、饶从满的《反思型教师与教师教育运动初探》、顾小清的《支持教师专业发展的课堂分析技术新探索》、赵昌木的《论教师成长》、庞丽娟的《我国农村义务教育教师队伍建设：问题及其破解》和顾明远的《我国教师教育改革的反思》。这些文章分别发表于2007年、2006年、2000年、2004年、2002年、2006年和2006年，发表时间基本在十年以上，已经成为本研究领域内的经典文献。

被引数在百次以上的文献数统计了作者被引文献中有几篇的被引量已经上百，可以由此看出作者高被引的文献数，进一步了解作者所发表的高质量文献的数量。比如来自北京师范大学的朱旭东有6篇文章的被引数均在100以上，来自华东师范大学的崔允漷和钟启泉分别有5篇，香港中文大学的卢乃桂、福建师范大学的洪明、华东师范大学的顾小清、北京大学的陈向明和北京师范大学的顾明远都是3篇上榜。从被引数来看，这些作者的高被引文献较多，文章质量高，在此研究领域具有较高的地位。

结合表10-2、表10-3所列各指标来看，来自北京师范大学的朱旭东无论是发文量、被引文献数，还是单篇文献的最高被引数和被引数在百次以上的文献数都名列前茅，可见其在教师专业发展研究领域的成就之高。他的6篇高被引文献发表时间为2001年（2篇）、2002年、2007年、2010年和2014年，从时间跨度可以看出作者在此研究领域有着持续的研究和持续的高水平产出，是此研究领域的领头人物。从内容上来看，这6篇文章有的属于综述性质，有的聚焦教师教育标准体系的建立，有的探讨教师教育的质量评估，有的进行教师教育理论模型的构建，也有分析国外教师教育的，内容涉及教师发展研究的方方面面，可见其在多个研究方向上都得到了同行学者的认可。

## 二、教师专业发展研究机构分析

从中国知网中的文献来看，国内进行教师专业发展研究始于 1994 年，第一篇文章为东北师范大学饶从满所发表的介绍德国教师教育的演进。可见师范类高校在教师专业发展研究方面开了先河。而从上文作者主体的分析来看，此研究领域的主流作者群体也大多来自师范类高校。因此师范类高校在教师专业发展研究中起到了决定性的作用。本部分将聚焦于研究机构，从其分布状况和类型特点等方面来考察教师专业发展研究的情况。为保持前后一致，研究机构分析的数据同样来自中国知网。

需要说明的是研究机构只统计第一作者所在的机构，有机构更名或者合并等情况的以现机构名为准，并将机构不同时期的发文数据进行了合并。比如广西师范大学原名广西师范学院，统计数据包括广西师范学院的 31 篇和广西师范大学的 39 篇。西南大学 2005 年由原西南师范大学和原西南农业大学合并为西南大学，统计数据包含了 2005 年以前西南师范大学的 10 篇（西南农业大学无）和合并后西南大学的 191 篇。统计结果如表 10-4 所示。

表 10-4 教师专业发展研究机构发文量名单

（1996—2016）（发文量在 25 篇以上高校）

| 序号 | 机构 | 所在地 | 文献数 | 百分比（%） | 是否师范类高校 |
|---|---|---|---|---|---|
| 1 | 华东师范大学 | 上海 | 421 | 7.13 | 是 |
| 2 | 北京师范大学 | 北京 | 345 | 5.84 | 是 |
| 3 | 东北师范大学 | 吉林 | 210 | 3.56 | 是 |
| 4 | 西南大学 | 重庆 | 201 | 3.40 | 否 |
| 5 | 首都师范大学 | 北京 | 153 | 2.59 | 是 |
| 6 | 南京师范大学 | 江苏 | 120 | 2.03 | 是 |
| 7 | 华南师范大学 | 广东 | 111 | 1.88 | 是 |
| 8 | 上海师范大学 | 上海 | 110 | 1.86 | 是 |
| 9 | 浙江师范大学 | 浙江 | 103 | 1.74 | 是 |
| 10 | 西北师范大学 | 甘肃 | 91 | 1.54 | 是 |
| 11 | 陕西师范大学 | 陕西 | 85 | 1.44 | 是 |
| 12 | 福建师范大学 | 福建 | 61 | 1.03 | 是 |
| 13 | 华中师范大学 | 湖北 | 59 | 1.00 | 是 |
| 14 | 山东师范大学 | 山东 | 57 | 0.97 | 是 |
| 15 | 香港中文大学 | 香港 | 51 | 0.86 | 否 |
| 16 | 杭州师范大学 | 浙江 | 51 | 0.86 | 是 |
| 17 | 湖南师范大学 | 湖南 | 46 | 0.78 | 是 |
| 18 | 天津师范大学 | 天津 | 42 | 0.71 | 是 |

续表

| 序号 | 机构 | 所在地 | 文献数 | 百分比（%） | 是否师范类高校 |
|---|---|---|---|---|---|
| 19 | 四川师范大学 | 四川 | 39 | 0.66 | 是 |
| 20 | 北京大学 | 北京 | 39 | 0.66 | 否 |
| 21 | 广西师范大学 | 广西 | 70 | 1.19 | 是 |
| 22 | 云南师范大学 | 云南 | 37 | 0.63 | 是 |
| 23 | 吉林师范大学 | 吉林 | 36 | 0.61 | 是 |
| 24 | 河北师范大学 | 河北 | 35 | 0.59 | 是 |
| 25 | 浙江大学 | 浙江 | 35 | 0.59 | 否 |
| 26 | 江苏大学 | 江苏 | 33 | 0.56 | 否 |
| 27 | 沈阳师范大学 | 辽宁 | 32 | 0.54 | 是 |
| 28 | 江西师范大学 | 江西 | 31 | 0.53 | 是 |
| 29 | 北京教育学院 | 北京 | 30 | 0.51 | 是 |
| 30 | 哈尔滨师范大学 | 哈尔滨 | 30 | 0.51 | 是 |
| 31 | 宁波大学 | 浙江 | 29 | 0.49 | 否 |
| 32 | 湛江师范学院 | 广东 | 29 | 0.49 | 是 |
| 33 | 河南师范大学 | 河南 | 28 | 0.47 | 是 |
| 34 | 山西师范大学 | 陕西 | 28 | 0.47 | 是 |
| 35 | 厦门大学 | 福建 | 27 | 0.46 | 否 |
| 36 | 中央教育科学研究所 | 北京 | 27 | 0.46 | 否 |
| 37 | 曲阜师范大学 | 山东 | 26 | 0.44 | 是 |
| 38 | 河北大学 | 河北 | 25 | 0.42 | 否 |
| 39 | 江南大学 | 江苏 | 25 | 0.42 | 否 |

注：数据来源于 CNKI，搜索关键词为 CNKI 检索，高级检索；关键词为教师发展或教师教育，或关键词教师职业发展或教师专业发展，年份选择 2006—2016，来源类别选择核心期刊和 CSSCI，共检索到 5904 篇文献。

在 39 个发文量在 25 篇以上的研究机构中，除了中央教育科学研究所是科研机构外，其他 38 个都是高等学校。其中有 29 个属于师范类高校，而在其他 9 个非师范类高校中，有的高校曾有师范类专业学校渊源，比如西南大学由原西南师范大学和原西南农业大学合并，江苏大学由原江苏理工大学、镇江医学院、镇江师范专科学校合并组建。这些高等学校中的教育学部或者教育学院等部门，创立时间长，科研和教学实力雄厚，在教育学专业中的排名居于前列。正是这些部门成为我国教师发展的主要研究机构，占据了教师专业发展研究的主导地位。

居于首位的华东师范大学是“985 工程”和“211 工程”学校，早在 1980 年 10 月就率先组建了全国大学中第一所教育科学学院，并于 2014 年 10 月整合学校教育学科研究资源，将原有教育科学学院、学前教育与特殊教育学院等部门整合组建了华东师范大学教育学部，在教育科学研究领域一直处于领先地位。居于第二位的北京师范大学前身是1902年创立的京师大学堂师范馆，办学历史悠久，同样是“985工程”和“211工程”学校，其教育学科在国内最早设立了教育学硕士、博士学位授权点和博士后流动站，学科综合实力居全国领先水平，在2009年整合组建了教育学部。居于第三位的是东北师范大学，学校以教育教学为立校之本，被誉为“人民教师的摇篮”，拥有教育学博士后科研流动站、教育学一级学科博士学位授予权和教育博士专业学位授予权，教育学一级学科在全国位居A档。居于第四和第五位的西南大学和首都师范大学的教育学科同样在国内都处于领先地位，他们的教育学部和教育学院办学历史悠久，都拥有教育学一级学科博士学位授权点。这些高校的教育学教学科研部门学术积淀深厚，是教育学专业的领军机构，也为其学者进行教师专业发展研究提供了良好的平台和学术氛围。

结合高产作者和高被引作者来看，上述教学研究机构拥有教师专业发展研究方面的领军人物和科研能力强劲的学术骨干，比如来自华东师范大学的姜勇、胡惠闵、崔允漷、顾小清、汪明帅、钟启泉等，来自北京师范大学的朱旭东、周钧、庞丽娟、顾明远等，来自东北师范大学的饶从满、马云鹏、曲铁华等。正是这些学者构成了教师专业发展研究的主流研究群体，推动了教师专业发展研究，也为所在机构的教育学研究画上了浓墨重彩的一笔。

将排名前39位的研究机构的所在地区进行统计，形成了教师专业发展研究的地区分布图，如图10-3。

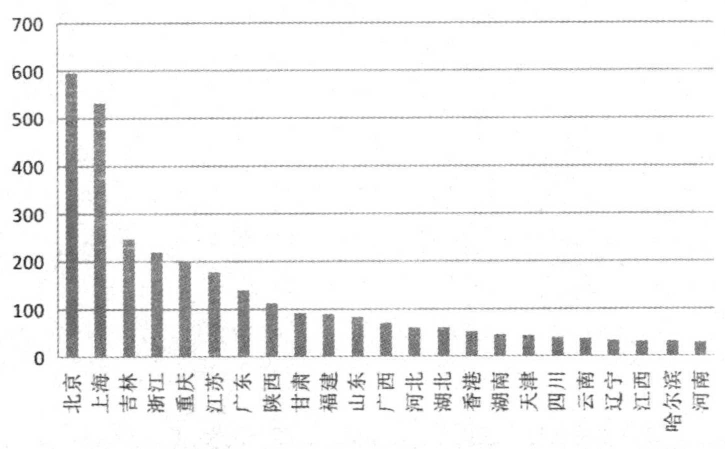


**图10-3 教师专业发展研究发文地区分布图（1996—2016）**

注：横轴为地区，纵轴为地区所属机构发文量；此图是在表10-4基础上汇总得出，并非全部检索结果的地区分布。

将表 10-4 中所列机构的所在地进行统计，得出了发文的地区分布。可以看出北京、上海、吉林、浙江和重庆排在了前五位，在教师专业发展研究方面的发文量均在 200 篇以上，排在其后的发文量在 100 篇以上的有江苏、广东和陕西。这些省份或直辖市的高等学校教育有着稳定的教育和研究实力，为教师专业发展研究的繁荣提供了有力的支持。

## 三、教师发展研究基金项目分析

高质量的文献除了与研究者的脑力劳动、研究机构的支持密切相关外，基金项目的支持也有着很大的影响作用。基金项目是为了鼓励科学研究而对研究者的研究项目进行资金支持，对推动科学研究的发展，促进学科的创新建设，帮助科学研究人才的成长和培育有着重要的意义。分析基金项目可以考察各个层次的基金项目机构对教师教育发展研究的重视程度。为保持前后一致，本部分仍旧基于中国知网的检索进行统计分析，结果如表 10-5 所示。

表 10-5 教师发展研究受助基金项目（1996—2016）

| 序号 | 基金 | 级别 | 文献数 | 百分比（%） |
|---|---|---|---|---|
| 1 | 全国教育科学规划 | 国家级 | 333 | 56.83 |
| 2 | 国家社科基金 | 国家级 | 76 | 12.97 |
| 3 | 江苏省教育厅人文社会科学研究基金 | 委局级 | 25 | 4.27 |
| 4 | 中国博士后科学基金 | 国家级 | 17 | 2.90 |
| 5 | 浙江省教委科研基金 | 委局级 | 13 | 2.22 |
| 6 | 陕西省教委基金 | 委局级 | 12 | 2.05 |
| 7 | 国家自然科学基金 | 国家级 | 12 | 2.05 |
| 8 | 四川省教委重点科研基金 | 委局级 | 11 | 1.88 |
| 9 | 跨世纪优秀人才培养计划 | 国家级 | 9 | 1.54 |
| 10 | 国家留学基金 | 国家级 | 8 | 1.37 |
| 11 | 湖南省教委科研基金 | 委局级 | 7 | 1.19 |
| 12 | 山西省软科学研究计划 | 省部级 | 6 | 1.02 |
| 13 | 河南省软科学研究计划 | 省部级 | 6 | 1.02 |
| 14 | 湖南省社会科学基金 | 省部级 | 4 | 0.68 |
| 15 | 美国福特基金 | 国外 | 4 | 0.68 |
| 16 | 山西省归国留学人员科研基金 | 省部级 | 3 | 0.51 |
| 17 | 北京市优秀人才基金 | 省部级 | 3 | 0.51 |
| 18 | 北京市教委科技发展基金 | 委局级 | 3 | 0.51 |
| 19 | 江苏省科委社会发展基金 | 委局级 | 3 | 0.51 |
| 20 | 安徽省高等学校青年教师科研资助计划项目 | 委局级 | 2 | 0.34 |
| 21 | 教育部科学技术研究项目 | 省部级 | 2 | 0.34 |
| 22 | 四川省高等教育新世纪教育改革工程基金 | 委局级 | 2 | 0.34 |

续表

| 序号 | 基金 | 级别 | 文献数 | 百分比（%） |
|---|---|---|---|---|
| 23 | 上海市重点学科建设基金 | 省部级 | 2 | 0.34 |
| 24 | 江苏省自然科学基金 | 省部级 | 2 | 0.34 |
| 25 | 国家软科学研究计划 | 国家级 | 2 | 0.34 |
| 26 | 国家重点基础研究发展计划（973 计划） | 国家级 | 2 | 0.34 |
| 27 | 黑龙江省社会科学基金 | 省部级 | 2 | 0.34 |
| 28 | 教育部留学回国人员科研启动基金 | 省部级 | 2 | 0.34 |
| 29 | 江苏省青蓝工程基金 | 委局级 | 2 | 0.34 |
| 30 | 宁夏高校科研基金 | 委局级 | 2 | 0.34 |
| 31 | 海南省教育厅科研基金 | 委局级 | 1 | 0.17 |
| 32 | 贵州省科学技术基金 | 省部级 | 1 | 0.17 |
| 33 | 广东省自然科学基金 | 省部级 | 1 | 0.17 |
| 34 | 甘肃省教委科研基金 | 委局级 | 1 | 0.17 |
| 35 | 农业部软科学研究项目 | 省部级 | 1 | 0.17 |
| 36 | 福建省教委科研基金 | 委局级 | 1 | 0.17 |
| 37 | 重庆市教委科研基金 | 委局级 | 1 | 0.17 |
| 38 | 山东省软科学研究计划 | 省部级 | 1 | 0.17 |
| 39 | 宁夏大学科研基金 | 校级 | 1 | 0.17 |
|  | 总计 |  | 586 |  |

注：百分比指的是所在行的基金项目占所有基金项目的比例。

从中国知网的检索结果发现，所检索到的 5904 篇文献中 586 篇是有基金项目支持的，占比 9.9%。因此从总体来看，受到的基金资助较少。从表 10-5 可以看出，对教师发展研究支持的基金项目种类繁多，有国家级的社科基金项目和教育科学规划项目，国家部委的基金项目，各省的基金项目，以及各高校的基金资助等。其中，资助最多的是来自全国教育科学规划的基金，共有 333 篇研究成果是受其资助的，占所有基金资助的一半以上。全国教育科学规划课题是为了促进教育科学研究的繁荣发展，引领教育科学的研究发展方向和培养科研人才而搭建的教育科学研究平台，其领导机构是全国教育科学规划领导小组。可见全国教育科学规划的资助范围就是教育科学，而教师专业发展作为教育科学的一个研究分支受到此基金的资助是非常合理的。排在第二位的是国家社科基金。国家社科基金是我国在社会科学领域支持基础研究的一个渠道，设有 23 个学科规划评审小组和 3 个单列学科，其领导机构为全国哲学社会科学工作办公室。虽然国家社科基金的经费总规模和项目数都远超全国教育科学规划课题，但由于其面对的是所有社会科学，因此对于教师专业发展研究的资助要远远低于全国教育科学规划。值得注意的是，这期间的教师专业发展研究中还有 12 篇文献受到了国家自然科学基金的资助。除了全国教育科学规划和国家社科基金外，另一个基金资助的主要来源是各省的社科基金或软科学基金和各省教育厅（教委）的基金资助以及各省的其他部门基金资助。将此类基金汇总后发现，共有 117 项。可见各省或直辖市的地方资金也为教师专业发展的研究提供了大力的支持。

将 333 篇受到全国教育科学规划资助的研究成果和 76 篇受到国家社科基金项目资助的研究成果分别导出到 Excel 表中，可以看出二十年来两项基金对教师专业发展研究的支持情况和年度分布情况，如图 10-4 所示。总体来讲，随着两类基金的整体资助规模的不断增大，对于教师专业发展研究的资助也有逐年增长的趋势，但是也存在有资助下滑的年份。

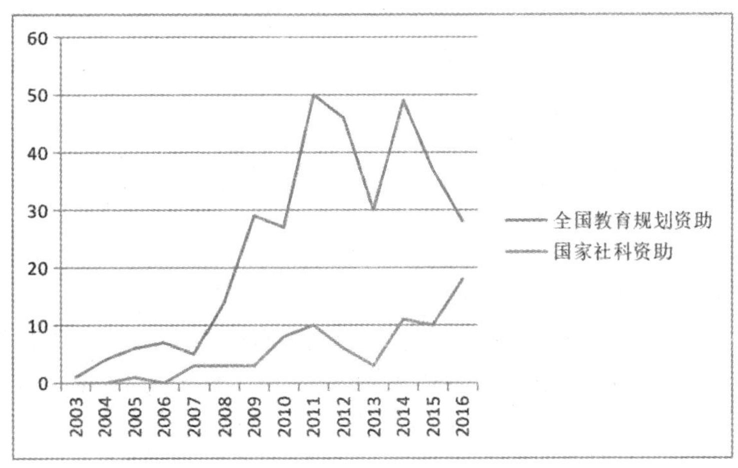


图 10-4 教师专业发展研究受全国教育科学规划和国家社科基金资助的文献成果数量统计图（1996—2016）

## 第二节 国内教师专业发展研究作者合作网络分析

学术研究并非闭门造车，同一研究领域甚至不同研究领域的学者间存在着千丝万缕的联系。他们受到其他学者的启发，在其形成的知识基础上进行发展，或者将其他学者的研究方法应用到自己的研究中，从而形成引证关系，并成为学者之间的一种联系网络。另外一种更为紧密的联系是学者之间在同一篇文章中进行合作，运用各自的特长共同进行科学研究，产出一个完整的研究成果，这种合作同样会形成一个联系网络。本节将探讨由作者合作产出论文而形成的合作网络，而作者背后是自己所在的机构和国家，从而还可以延伸出机构间的合作关系和国家间的合作关系。CiteSpace 可以进行这三个层次的科学合作网络分析，可以理解为微观、中观和宏观三个层面，即微观的作者合作网络、中观的机构合作网络和宏观的国家合作网络。由于本章是探讨我国国内的研究主体和合作网络，因此不做国家合作网络的分析。本节将进行微观的作者合作网络分析，第三节进行中观的机构合作网络分析。

## 一、作者合作网络结构阶段性分析

由于本研究时间跨度为 1996—2016 年，时间跨度较长，因此本部分先按照 5 年一个分期，将此跨度分为 4 个时间段，分别对每个时间段的作者合作网络情况进行展示。并试图发现每个时间段中作者合作网络的特点。打开 CiteSpace 软件，在功能与参数设置区的节点类型（Node Type）选择 Author，时间切分（Time Slicing）设置起始时间为从 1996 年到 2000 年，每一年为一个分区（即 Year Aper slice 为 1），选择标准（Selection Criteria）选择 Top N 并设为前 50，表示每个时间片段中选择频次最高的前 50 个数据，裁剪（Prunning）不勾选任何裁剪方式，设立新项目后点击运行。CiteSpace 将对之前下载的中国知网中 1996—2000 年的数据进行处理，并形成作者合作共现网络，如图 10-5 所示。

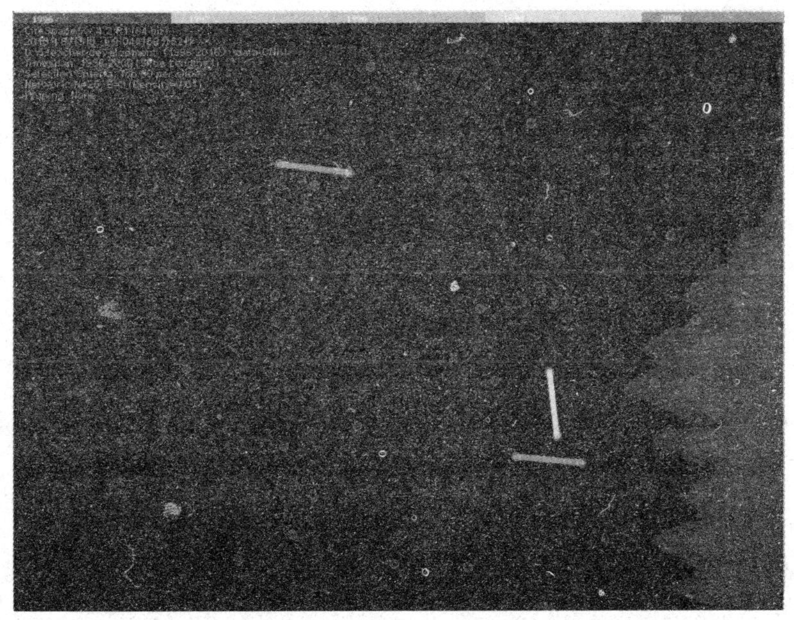

图 10-5 教师专业发展研究作者合作网络图谱（1996—2000）1

从图中可以看出1996—2000年的教师专业发展研究的作者合作网络图谱中，仅有网络节点25个，连线3条，网络密度是0.01。由于在1996—2000年期间，针对教师专业发展研究的文献很少，所以图谱中的节点只有25个，而且每个节点都很小，说明每位作者的发文量都很低。3条连线表明只有三组作者间存在合作关系，这个数值虽然绝对值小，但是相对节点数来看比例不算太低，网络密度达到了0.01。将节点标签值放大，得到图10-6，可以看到3组合作作者的名字，并且从连线的颜色可以了解合作论文发表的年度。

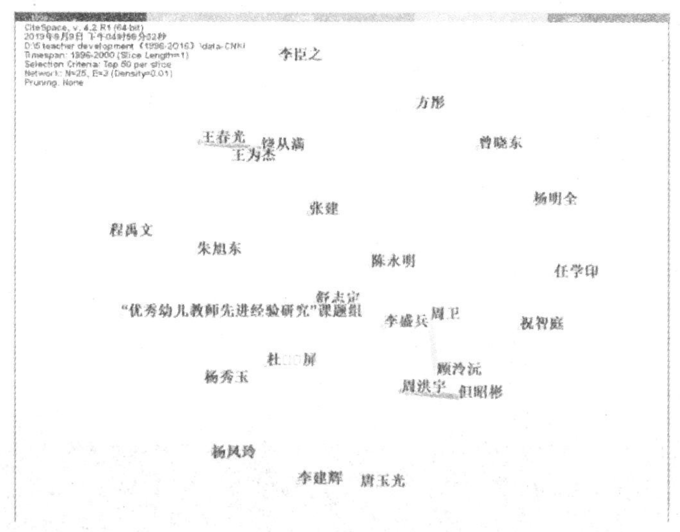

图10-6 教师专业发展研究作者合作网络图谱（1996—2000）2

将功能与参数设置区的时间切分（Time Slicing）设置为从2001年到2005年，其他参数值不变，可以得到图10-7教师专业发展研究作者合作网络图谱（2001—2005）1。从图中的结果说明（signature）可以看出，2001—2005时间段中作者合作网络图谱共有节点215个，已经远远高于1996—2000年，说明发表的文献数在此期间大大增加，节点的大小差异很大，高产作者已经出现。连线数是40个，虽然远远超过1996—2000年期间，但是网络密度仅有0.001 7，小于第一阶段。为了突出显示作者间合作情况，图10-7并未显示节点标签。可以看出第二阶段的作者合作不再仅仅发生于两个作者间的单次合作，而是出现了2个节点以上的合作群体。这是由两种情况所产生的。一种是发生在2个以上作者间的单次合作，比如图中的三角形和多边形；另一种情况是某位作者与其他作者在不同文献中产生合作，如图中顶端中心部位的 3 个节点两条线段。表明两个合作发生在 2 个年份。总的来看，这一阶段的合作仍旧以作者间的单次合作为主。将节点标签值放大，得到图 10-8，可以看到 3 个小群体中的作者名字。同时由几个大的节点可以看出此期间的高产作者，比如朱旭东、傅树京和赵昌木。

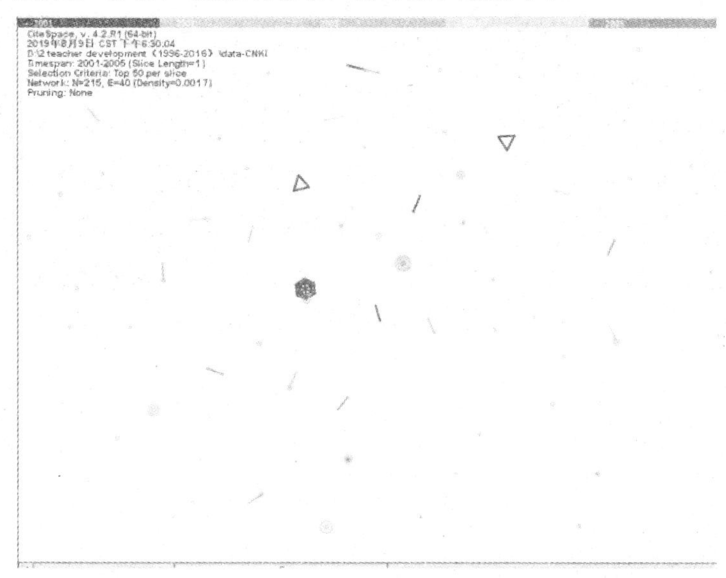


图 10-7 教师专业发展研究作者合作网络图谱（2001—2005）1

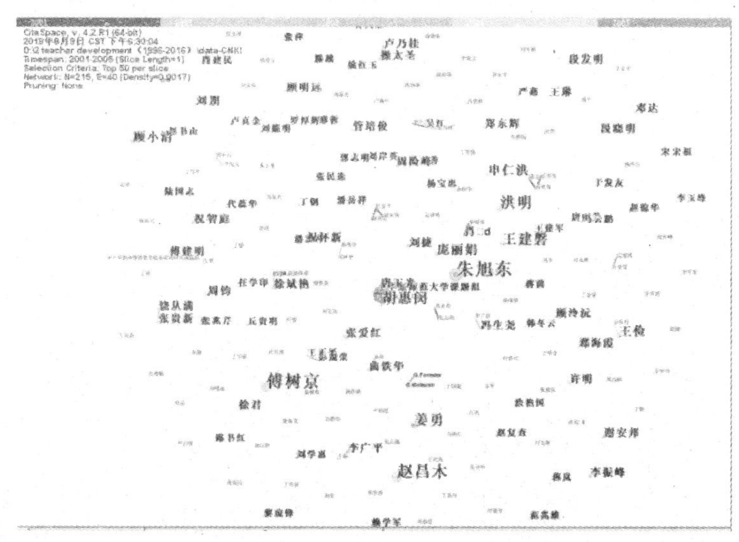


图 10-8 教师专业发展研究作者合作网络图谱（2001—2005）2

将功能与参数设置区的时间切分（Time Slicing）设置为2006年到2010年，其他参数值不变，可以得到图10-9教师专业发展研究作者合作网络图谱（2006—2010）1。从图谱的signature可知，共得到节点217个，连线58条，网络密度为0.002 5。跟第二阶段相比，三个指标都有增长，尤其是网络密度明显增加。从图10-9可以看出，连线形状更为复杂，除了直线、多边形外，还出现了以某个节点为中心的辐射型图形，以及多种图形方式组合的复杂图形。这说明作者间的合作不再是有限作者间单次合作，而是出现了各种不同的合作方式，并形成了明显的合作群体。将图谱中的三个最大的子网络放大，并将节点标签设置到合适字体，得到图10-10。3个子网络的中心节点分别为作者卢乃桂、焦建利和崔允漷。与前两者相比，崔允漷中心性较弱。此外可以看出连线粗细不均，表明连线强度不一，这是由于节点间合作次数不同所致。

图10-9 教师专业发展研究作者合作网络图谱（2006—2010）1

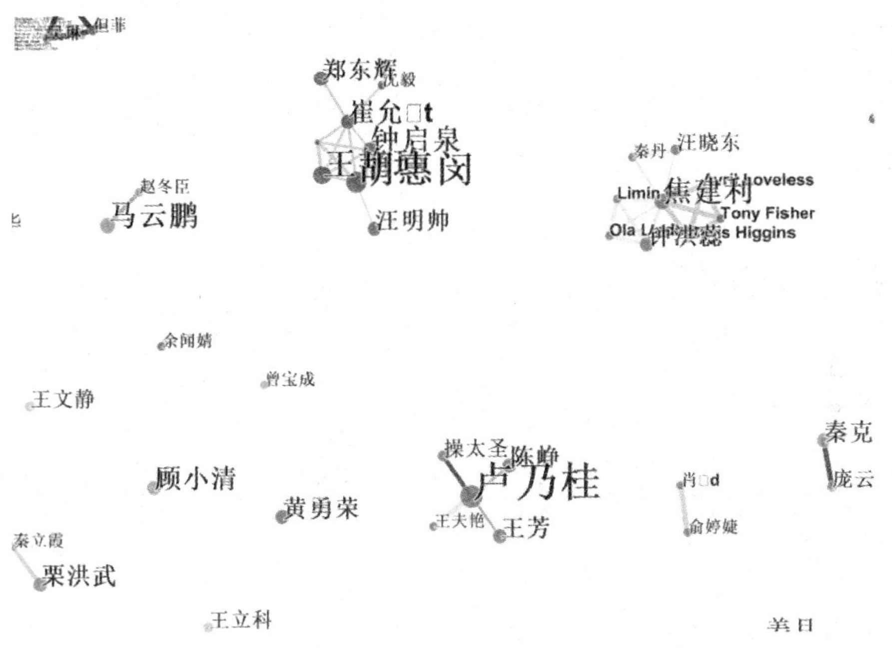


图 10-10 教师专业发展研究作者合作网络图谱（2006—2010）2

将功能与参数设置区的时间切分（Time Slicing）设置为 2011 年到 2016 年，其他参数值不变，可以得到图 10-11 教师专业发展研究作者合作网络图谱（2011—2016）1。图谱 signature 显示，共有节点 264 个，连线 56 条，网络密度为 0.001 6。跟前一阶段相比，节点数大大增加，但是网络密度又恢复到第二阶段水平。从图谱中可看出，这一阶段的复杂网络较少，以一个节点为中心的三节点网络和两个节点的简单连线较多。将图谱放大，并聚焦在主要子网络，并将节点标签设置到合适字体，得到图 10-12。图中两个较大的子网络的中心节点是作者饶从满和马云鹏。其他三节点的小合作群体有很多，他们的连接节点分别是作者李森、李伟、朱旭东、周琴等。

图 10-11 教师专业发展研究作者合作网络图谱（2011—2016）1

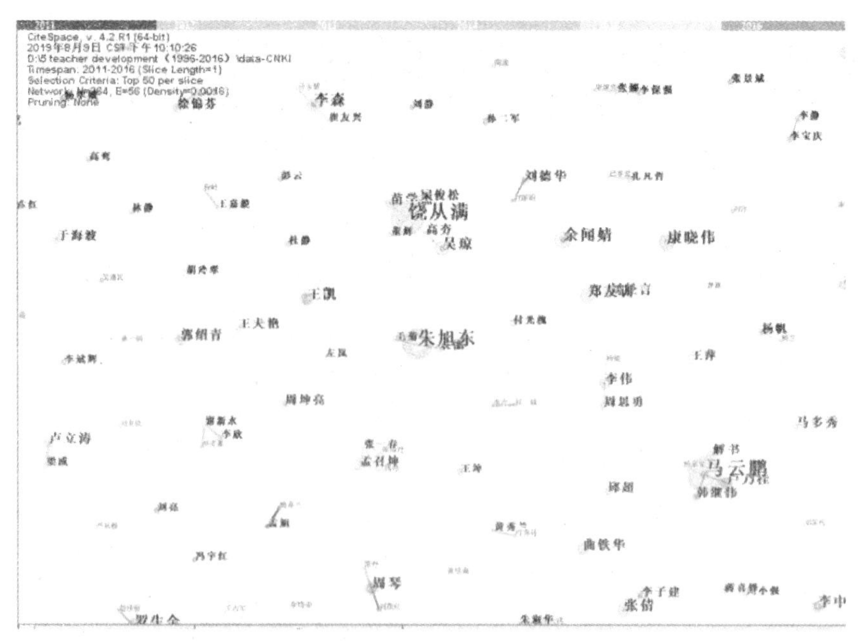


图 10-12 教师专业发展研究作者合作网络图谱（2011—2016）2

## 二、作者合作网络结构整体分析

对于教师专业发展研究在 1996—2016 年整个阶段的作者合作情况，由于涉及年份较多，在设置参数时选择两年一个切片，即 year sper slice 为 2，并设置起始时间为 1996 到 2016。其他参数设置不变，得到教师专业发展作者合作网络的整体情况，如图 10-13 所示。图谱显示产生节点 387 个，连线 96 条，网络密度为 0.0013。可见整体来说作者间合作的比例不高。而且从图谱中可以看到作者合作比较分散，没有形成密集的合作群体。但是仍可看出存在几个小型的合作群体。将节点标签调节后得到图 10-14，可以进一步了解这些小型合作群体的成员组成。

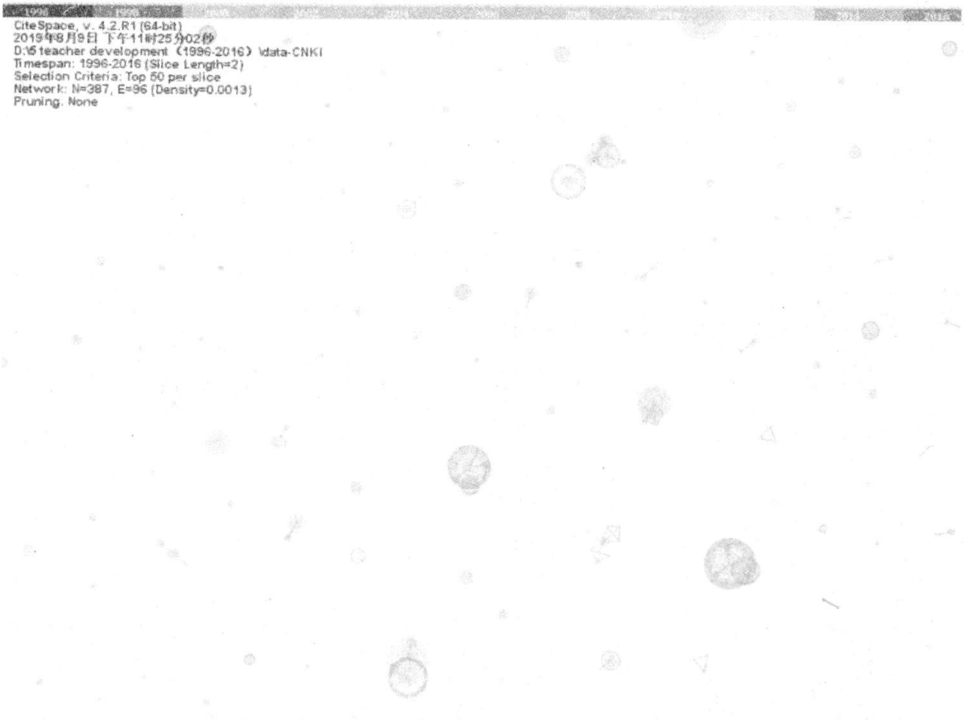

图 10-13 教师专业发展研究作者合作网络图谱（1996—2016）1

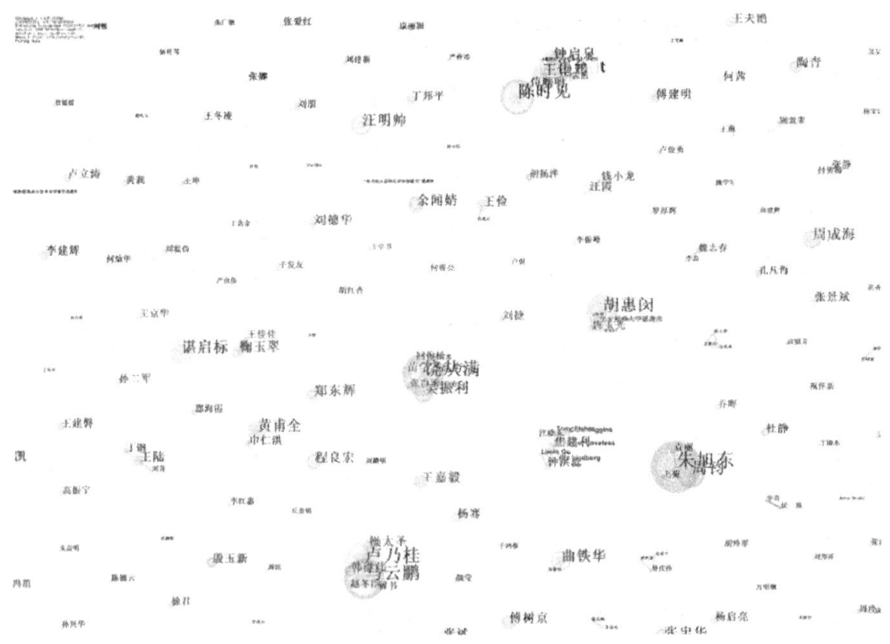


图 10-14 教师专业发展研究作者合作网络图谱（1996—2016）2

## 三、作者合作网络整体情况讨论

通过对我国教师专业发展作者合作网络进行分段分析和整体分析，可以初步了解在此研究领域中作者合作的情况。

（1）无明显趋势特点。作者合作情况在各个阶段中均存在，虽然密度各不相同，但基本维持在同一水平上，没有明显的随时间变化而变化或者随总体发文量的变化而变化的趋势。

（2）合作网络少。无论是分阶段图谱，还是整体图谱，都仅出现了有限的合作子网络，这些子网络的作者基本来自发文量高的研究机构。这不仅说明其他研究机构的作者在研究中缺乏合作，同时也反映了其对于此领域的研究缺乏持续性，产出不够。

（3）子网络规模不大。图谱中有限的子网络包含节点少，且联系简单，说明作者间合作的联系度松散。虽然高产作者合作情况比较常见，但没有较为固定的合作者，没有形成稳定的研究团队，因此在图谱显示上没有出现大的合作网络。

## 第三节 国内教师专业发展研究科研机构合作网络分析

作者间的合作并非只是发生在同一个研究机构的作者之间，来自不同机构的作者在研究兴趣相同的情况下互相合作，共同完成一个研究，这就形成了科研机构之间的合作。考察科研机构合作网络能够了解不同的机构间学术交流的情况，从而在比较宏观的视角上领略科研合作网络的趋势和发展方向。本节将利用CiteSpace的机构合作的功能对中国知网中下载的数据进行分析。需要说明的是，由于国内学术期刊在作者机构的署名方面没有统一的规范，甚至同一期刊不同文献间作者机构署名都存在不一致情况，有的署名为所属高校，有的署名具体到二级学院。

### 一、机构合作网络结构阶段性分析

本部分将仍分为四个阶段来进行分析，分别对每个时间段的机构合作网络情况进行展示，并试图寻找每个时间段中机构合作网络的特点。打开CiteSpace软件，在功能与参数设置区的节点类型（Node Type）选择Institution，时间切分（Time Slicing）设置起始时间为从1996年到2000年，每一年为一个分区（即year sper slice为1），选择标准（Selection Criteria）选择Top N并设为前50，表示每个时间片段中选择频次最高的前50个数据，裁剪（Prunning）不勾选任何裁剪方式，设立新项目后点击运行。CiteSpace将对之前下载的中国知网中1996—2000年的数据进行处理，并形成机构合作共现网络，如图10-15所示。这一阶段教师专业发展研究机构合作网络中共有网络节点18个，连线数为0，因而网络整体密度也为0。由图中节点标签可以了解到，较早进行此研究方向的机构有华东师范大学、北京师范大学和东北师范大学等。但是较大节点与较小节点差别不大，是因为在这个阶段每个机构的发文量都很少。

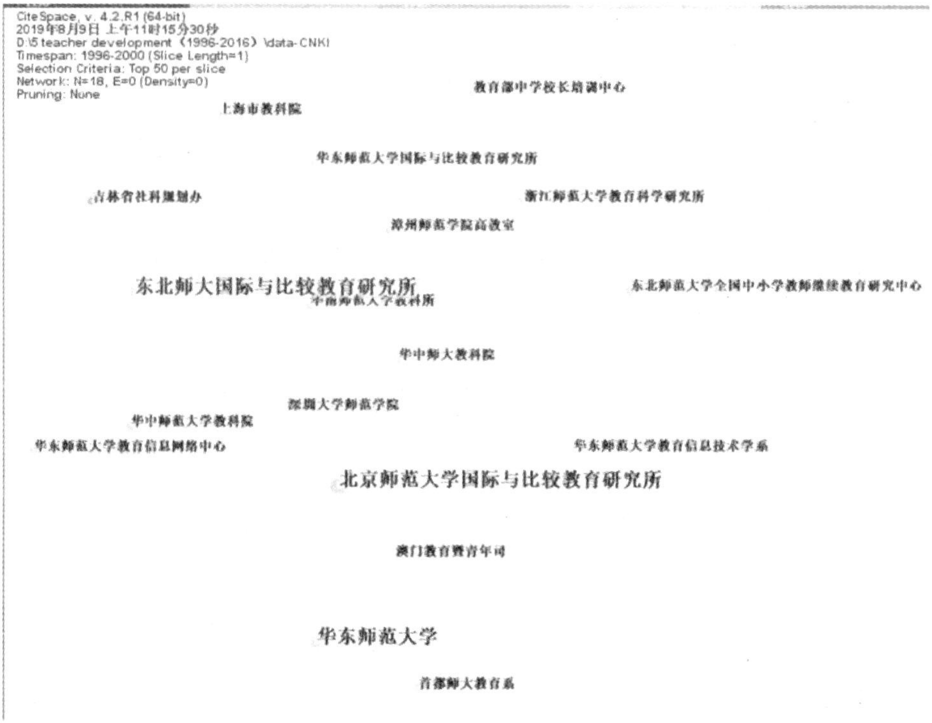

图 10-15 教师专业发展研究机构合作网络图谱（1996—2000）

将功能与参数设置区的时间切分（Time Slicing）设置为 2001 年到 2005 年，其他参数值不变，可以得到图 10-16 教师专业发展研究机构合作网络图谱（2001—2005）1。图谱显示，共有 171 个节点，18 条连线，网络密度为 0.0012。为了更清楚地显示合作关系，图 10-16 没有显示节点标签。可以看到这一阶段出现了多个两个机构间的合作，最大的合作网络中涉及了 5 个机构。进一步将节点标签放大到合适字号，得到图 10-17。这一阶段发文量较高的机构分别有：北京师范大学教育学院、华东师范大学课程与教学研究所、福建师范大学教育科学与技术学院、山东师范大学教育科学学院、首都师范大学教育科学学院等。另外华东师范大学的多个二级学院的发文量都很高，除已提到的课程与教学研究所外还有教育学系、教育管理学系和教育科学学院等。现在这些部门都已经整合为教育学部。从合作情况来看，当时华东师范大学内部的二级学院间存在合作关系，北京师范大学教育学院与校外合作较多。

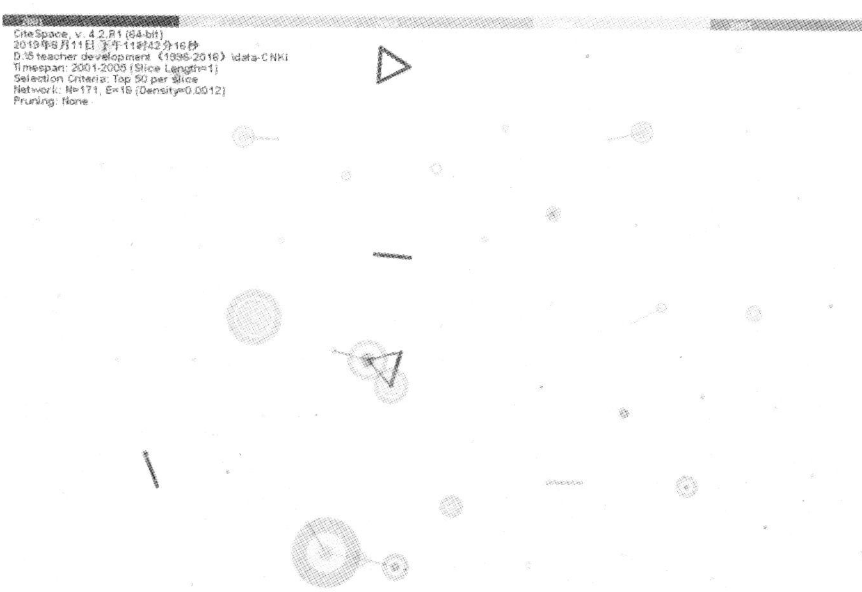


图 10-16 教师专业发展研究机构合作网络图谱（2001—2005）1

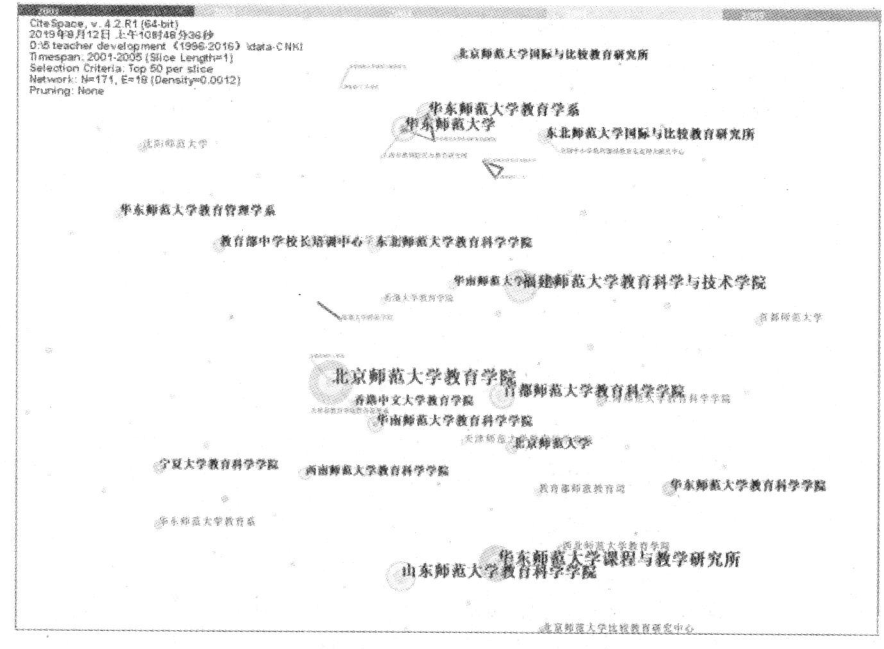


图 10-17 教师专业发展研究机构合作网络图谱（2001—2005）2

将功能与参数设置区的时间切分（Time Slicing）设置为2006年到2010年，其他参数值不变，可以得到图10-18教师专业发展研究机构合作网络图谱（2006—2010）1。图谱显示，网络中有159个节点，连线29条，网络密度为0.0023，网络密度较前一阶段相比有所提高。从图谱中也可直观看出，机构间合作较前一阶段更为密集，并且形成了较为复杂的合作网络，更多的节点也就是研究机构通过合作被联系到了一起。进一步调整标签字号得到图10-19。由图中所示，发文量较高的机构有华东师范大学课程与教学研究所、东北师范大学教育科学学院、西南大学教育学院、北京师范大学教育学院和上海师范大学教育学院等。最大的合作网络为华东师范大学课程与教学研究所、华东师范大学学前教育与特殊教育学院、首都师范大学教育科学学院、中央教育科学研究所、西南大学教育科学研究所、北京师范大学和浙江大学教育学院这个机构群体。他们通过两两合作被联系到一起，但并非围绕一个中心节点的合作网络。另外一个较大的合作网络为东北师范大学教育科学学院、东北师范大学国际与比较教育研究所、哈尔滨师范大学教育科学学院、香港中文大学教育学院等机构组成。这个合作网络的中心节点为东北师范大学教育科学学院，但从软件给出的中心性这一指标来看，所有的机构的中心性均为零。这说明虽然有的机构已经逐渐开始显露出中心桥梁作用，但效果尚不明显。

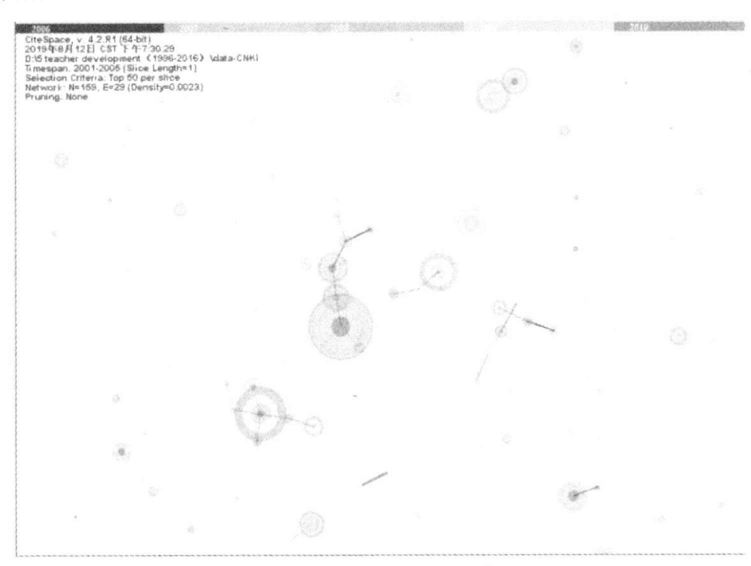


图10-18 教师专业发展研究机构合作网络图谱（2006—2010）1

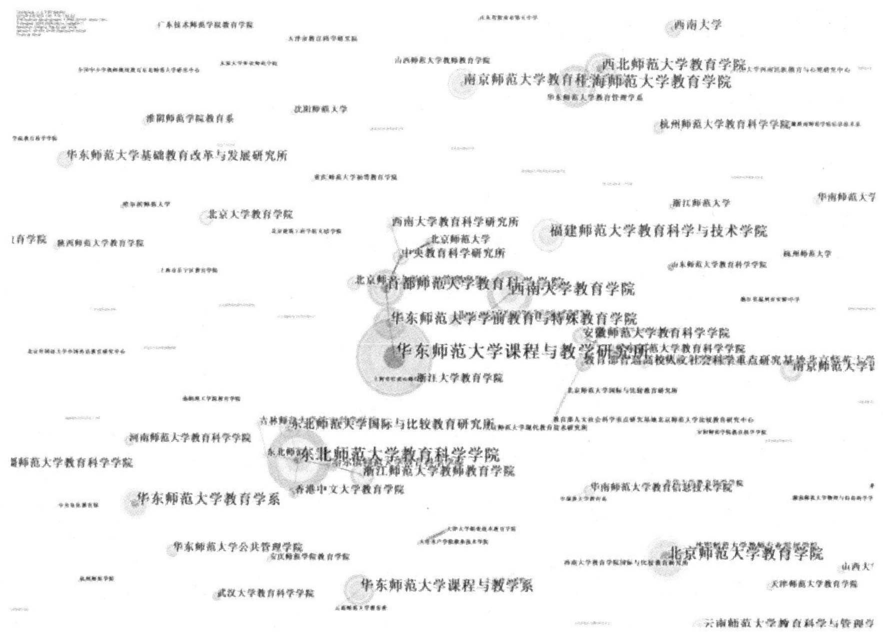


图 10-19 教师专业发展研究机构合作网络图谱（2006—2010）2

将分析数据调整到 2011 年到 2016 年得到图 10-20。如图所示，机构合作网络图谱中有 169 个节点，62 条连线，网络密度为 0.0044。首先，整体来讲这一阶段的网络密度较前一阶段又有很大提高；其次，这一阶段的两个大的合作网络比以前阶段更加复杂，所涉及节点更多，节点间关系也更加错综复杂；最后，在两个复杂网络中出现多个中心节点。将图谱聚焦在两个网络，并设置合适节点标签字号后得到图 10-21。可以看出最大网络的中心节点分别代表首都师范大学教育学院、东北师范大学教育科学学院、东北师范大学教育学部和哈尔滨师范大学教育科学学院。另一个较小网络中的中心节点分别代表西南大学教育学部和北京师范大学教育学部。这些结构在合作网络中充当了连接作用。这一点从中介中心性（centrality）指标中也可体现。由 CiteSpace 生成的中介中心性指标可以了解到，西南大学教育学部、北京师范大学教育学部、东北师范大学教育学部、首都师范大学教育学院、东北师范大学教育科学学院和哈尔滨师范大学教育科学学院的中介中心性为 0.01，其他机构为 0。虽然中介中心性数值不高，但是作为机构合作图谱来看已经很难得了。东北师范大学教育科学学院是东北师范大学教育学部的前身，教育学部于 2012 年在整合校内资源的基础上成立。

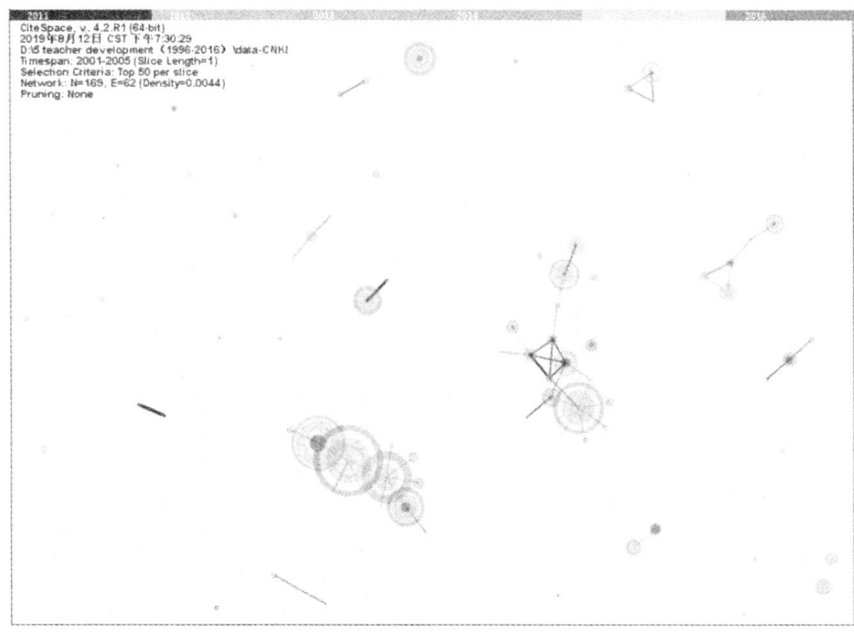


图 10-20 教师专业发展研究机构合作网络图谱（2011—2016）1

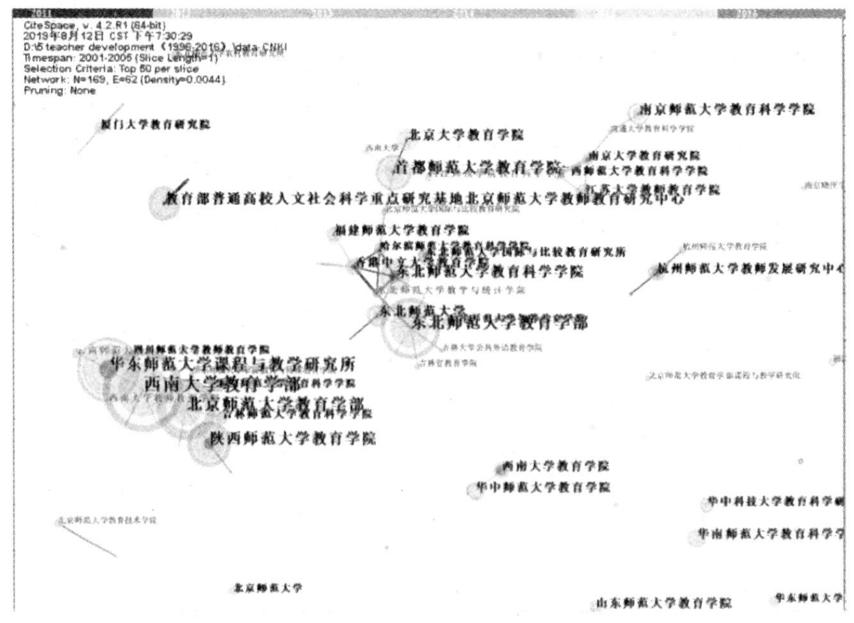


图 10-21 教师专业发展研究机构合作网络图谱（2011—2016）2

将东北师范大学教育科学学院与东北师范大学教育学部合并，并以后者命名，同时将图谱聚焦在最大合作网络上，得到图10-22。可以看到东北师范大学教育学部的节点更大，连接的节点更多，中心性更高，根据软件指标数值来看，东北师范大学教育学部的中介中心性变为0.02。

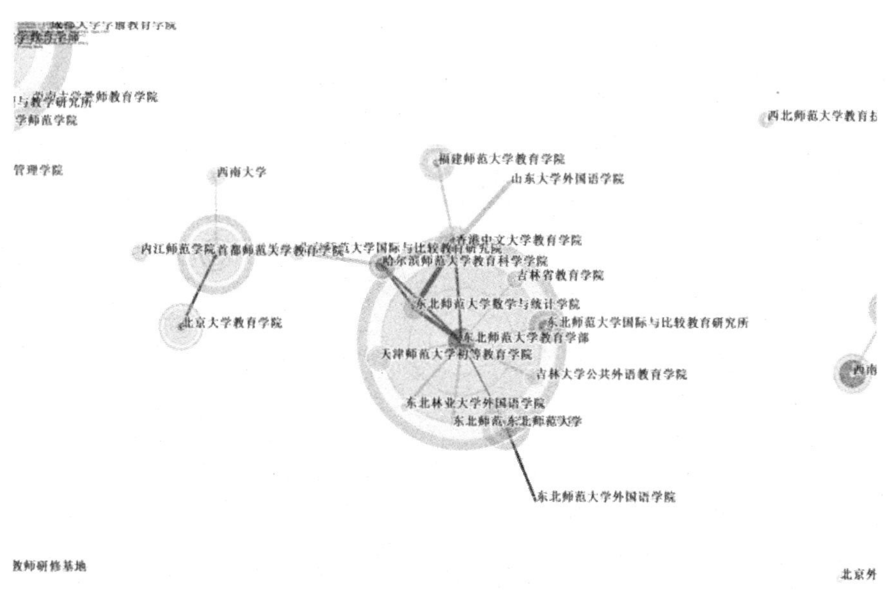


图10-22 教师专业发展研究机构合作网络图谱（2011—2016）3

## 二、机构合作网络结构整体分析

对于教师专业发展研究在1996—2016年整个阶段的机构合作情况，涉及时期长，在设置参数时选择两年一个切片，即year sper slice为2，并设置起始时间为1996到2016。其他参数设置不变，得到教师专业发展机构合作网络的整体情况，如图10-23所示。图谱中共有244个节点，77条连线，网络密度为0.002 6。很显然，图谱中居中出现了一个主要网络，同时有几个小型网络，另有两节点的连线若干。将图谱聚焦到主要网络，并将节点标签设置为统一字号，得到图10-24。由图中可了解到，主要网络分为左右两个部分，中间由一个节点连接，中间的节点为吉林师范大学教育科学学院。左侧网络中的中心节点有华东师范大学课程与教学研究所、西南大学教育学部和北京师范大学教育学部等；右侧网络的中心节点有东北师范大学教育学部、东北师范大学教育科学学院、香港中文大学教育学院等。第一节中所列的高产研究机构的前 10 名基本都在这个主要网络中。

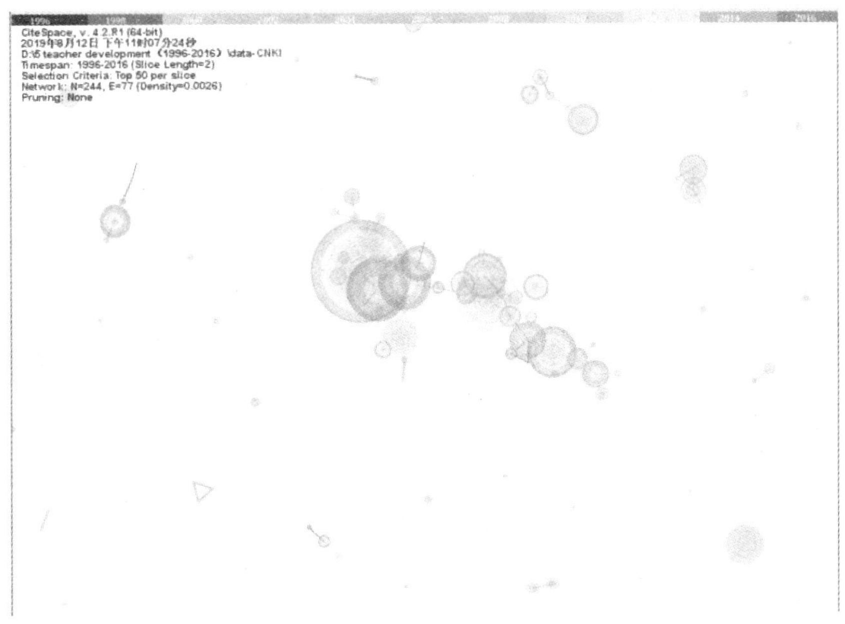


图 10-23 教师专业发展研究机构合作网络图谱（1996—2016）1

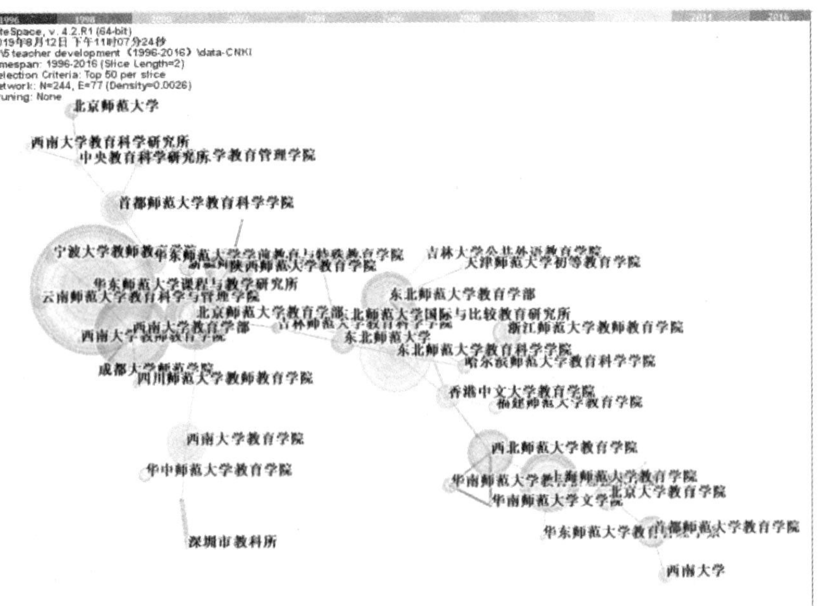


图 10-24 教师专业发展研究机构合作网络图谱（1996—2016）2

### 三、机构合作网络整体情况讨论

（1）从阶段分析来看，机构间的合作由无到有再到合作密切，有逐渐上涨的趋势，结合上节作者合作情况，即作者合作并未在各时期显示出明显差异，这表明越到后来，来自不同机构间的作者更多地进行了合作。这一特点可由图10-25得到体现。

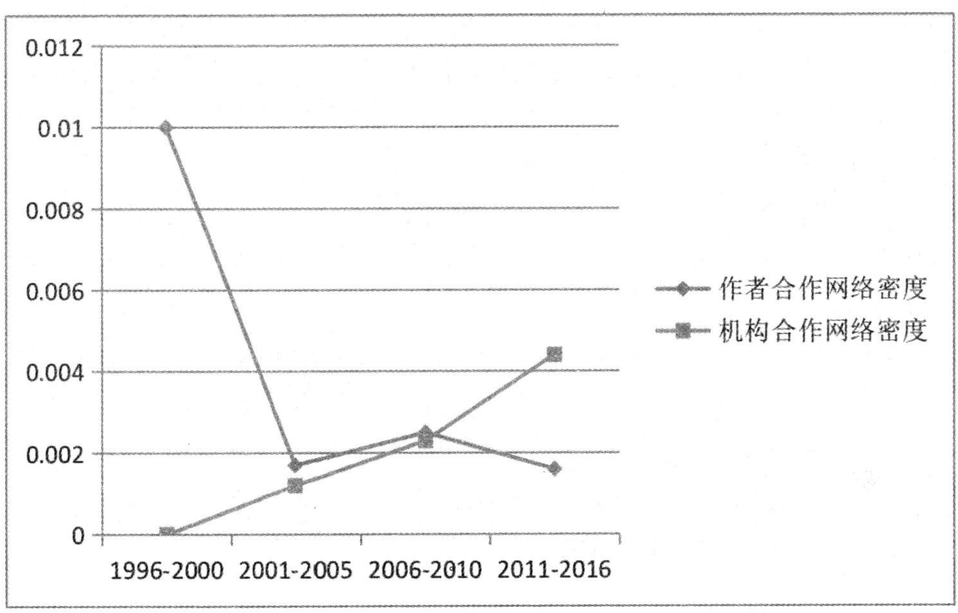


图 10-25 作者合作和机构合作网络密度走势图

（2）从合作群体来看，在各个阶段并不固定。每个阶段的合作网络包含的机构并不是固定的，而是在不断的变化之中。

（3）高发文量机构中心性较强，起到了桥梁连接作用，比如东北师范大学、北京师范大学和华东师范大学的各二级学院不仅发文量名列前茅，合作度又很高，同时呈现出较高的中介中心性。

## 第四节 综合讨论

本章通过教师专业发展研究的研究主体分析、作者合作网络分析和机构合作网络的分析，展示了此研究领域的一些基本情况，总结如下。

## 一、研究主体与合作网络的主要特点

（1）作者主体。首先，发文量在20篇以上的作者有5人，最高者共发表28篇，发文量是很高的，并且他们在此领域的研究均在10年以上，对于教师专业发展有着持续的研究；其次，被引文献数较高的作者基本出自高产作者，说明这些作者不仅发文数量高，文章质量也很高。

（2）研究机构。首先，发文量最高的华东师范大学共发文421篇，排在第38位的河北大学和江南大学发文量为25篇，此外还有大量机构发文量少于25篇，机构之间差距较大；其次，排在前39位的研究机构中有29个属于师范类高校，说明师范类高校在此研究领域内做出了重大贡献。

（3）基金项目。全国教育科学规划课题基金对于教师专业发展研究的支持力度最大，其次为国家社科基金，此外各省和直辖市的地方各类项目基金也给予了大力的支持。

（4）作者合作。作者间合作的绝对数有上升趋势，但相对于发文量的增加和作者数的增加来讲，作者间相对合作度并没有上升趋势。此外作者间合作较为松散，没有形成紧密联系的合作群体。

（5）机构合作。机构间合作的绝对值和网络密度都呈现了上升的趋势，且机构间的合作网络越来越错综复杂。

## 二、因素分析

从前文所述可以看出，教师专业发展研究得到了教育界的普遍关注，研究成果逐年增长，参与的作者非常广泛，人数在5000人以上。然而从软件给出的分析结果来看，作者间的合作交流相对作者总体人数来说是不高的，而机构间的合作度较高，并且有逐渐升高的趋势。

### 1. 本研究存在的不足

（1）国内各高校的教育学相关二级学院大多经历了资源重组、机构名称变更的情况，如在图谱中占据一定位置的华东师范大学学前教育与特殊教育学院、课程与教学研究所、教育学系、教育管理学系不论是在发文量上还是在合作度上，表现都很好，而他们现在都统一归属为华东师范大学教育学部。这样的情况不在少数，在进行数据分析的时候是否应该进行调整，是按照实际的数据还原历史，还是要以现在的机构归属进行统计，这是个值得讨论的问题。如果按照原始数据进行分析势必会存在一些偏差，比如华东师范大学教育学部的研究实力在表现上就被大大打了折扣，而且原本属于传承关系的机构在图谱显示时会以多个机构身份出现。但是如果都进行调整，这显然也是不可能的，而且失去了 CiteSpace 分析大数据的优势。

（2）各期刊对机构署名的要求不统一，有的署名为高校，有的署名为二级学院，导致信息汇总不够准确。如图谱中出现华东师范大学、西南大学等节点，到底属于两个高校内的哪个二级学院不得而知，因此也会影响图谱反映真实情况的效果。

2. 合作网络现状因素分析

（1）导致作者间合作松散的原因是多方面的。一是参与教师发展研究的人员来自高校内的各个部门，虽然大多数是教育部门，但是从 CiteSpace 给出的机构名列表来看，也不乏信息技术学院、教育技术与传播学院、外国语学院等部门。可见教师发展研究是全体高校教师都面临的也是感兴趣、值得研究的问题。而来自不同学科的学者间缺乏合作关系。二是有很多作者在此研究领域只是蜻蜓点水，发表一篇文章就没有后续研究了，这样的作者在 CiteSpace 进行数据选取时可能进入不了所在年度分区的前 50 名，因此他们即便是跟高产作者进行了合作，这种合作也不能被纳入分析的范围。三是作者间的合作多是发生在“一强一弱”作者之间，多是以老带新、师生合作，缺乏强强联合，缺乏基于研究话题的固定研究团体。作者间的合作看似是合作，有时更像是独立的研究。因此作者间合作没有强有力的纽带，没有产生紧密的合作团体。

（2）机构间的合作较为密切也有其客观的原因。客观来讲，机构数量相对于作者数来说少了很多，这是因为作者人数虽然在 5000 人以上，但是在机构间分布不平衡，大部分作者来自少数高水平机构，因此从图谱上来看，作者节点多而机构节点少。同时，在文献阅读时不难发现，很多文献的合作者是博士生导师或者硕士生导师与所带学生间的合作，而他们往往来自不同机构，这可能也是导致机构间合作密切的原因之一。

# 第十一章　国外教师专业发展研究主体与合作网络的知识图谱分析

教师专业发展研究在国外的研究情况是怎样的？它们的研究作者群体和研究机构群体会呈现什么样的特点？在研究时是否受到了基金项目的支持？国外研究主体间是怎样的一个合作情况？本章将围绕以上问题进行分析，以期发现国外教师专业发展研究在研究主体和合作网络方面的一些特点，同时加以对比，使我们对我国的研究主体和合作网络现状有一个更广泛全面的认识。

在 web of science（WoS）数据库中以“teacher development”或“teacher education”为检索词，检索范围限定在 5 个期刊中，分别为：“Teaching and Teacher education”“journal of Teacher education”“journal of education for teacher”“TESOL quarterly”和“appliedlin guistics”，时间限定在 1996—2016 期间，检索到 1590 篇文献。下载后运用 CiteSpace 进行除重，得到 1578 篇有效文献的信息。这些文献的年度分布见图 11-1。可见，从整体来讲，发文量有上升趋势，且增势平缓，过程中不乏有些年份发文量突增或者下降。并且 1996 年已有 48 篇文章发表，与国内 1996 年的 1 篇和 1997 年的 0 篇相比，国外在此领域的研究要领先得多。

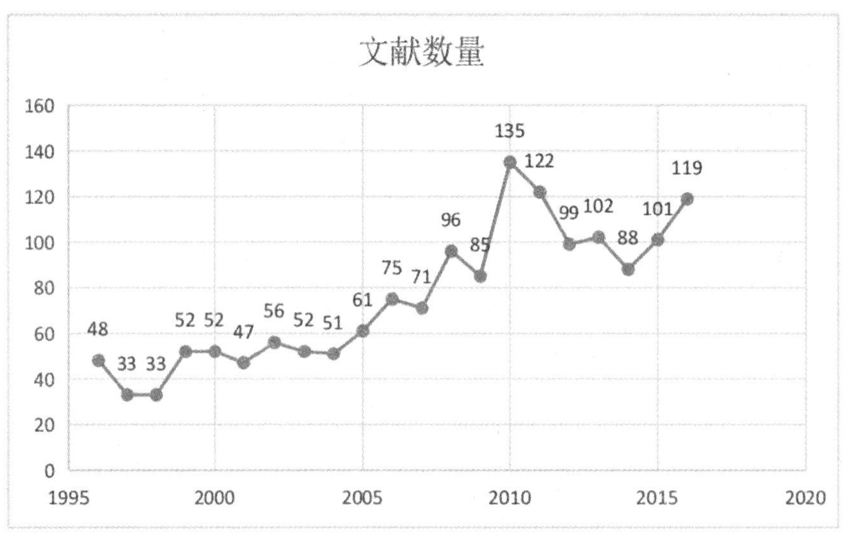


图 11-1 国外教师专业发展研究发文趋势图（1996—2016）

本章将聚焦于国外教师专业发展研究的研究主体以及主体间的合作情况，并借助 CiteSpace 绘制主体间的合作网络。研究主体方面，将从主流学者、研究机构和国家三个方面进行分析，而关于合作方面的分析主要从作者合作网络和机构合作网络进行分析，以此来梳理国外教师专业发展研究的中坚力量和合作情况，从而对此研究的发展环境给予一个较为客观和全面的展示。

## 第一节 国外教师专业发展研究主体分析

本节将从研究者、研究者所在机构和国家三个角度对研究主体进行分析。虽然本研究数据来源 Web of Science 是美国科学情报研究所建立的，但是所限定的 5 个期刊均为领域内的权威期刊，上面汇聚了来自世界各地最优秀的研究者所发表的文献。因此对于研究机构和国家进行分析可以帮助我们了解研究力量在各地的分布情况。

### 一、国外教师专业发展研究作者分析

对 1578 篇期刊文献进行统计得知，1996—2016 年间，共有 2585 位作者发表了教师专业发展研究方向的论文。由表 11-1 可见，发文数量最多的为 20 篇，有 1 人，发文量在 11 ～ 20 篇的有 3 人，发文量在 3 ～ 10 篇的有 136 人，发表 2 篇论文的有 284 人，发表 1 篇的有 2161 人。由此可见，绝大部分作者只发表了一篇文章，占到了作者数的 83.6%。

表 11-1 国外教师专业发展研究发文量与作者数量统计表（1996—2016）

| 发文量（篇） | 20 | 13 | 11 | 10 | 9 | 8 | 7 | 6 | 5 | 4 | 3 | 2 | 1 |
|---|---|---|---|---|---|---|---|---|---|---|---|---|---|
| 作者数（人） | 1 | 1 | 2 | 2 | 4 | 1 | 7 | 15 | 15 | 26 | 66 | 284 | 2161 |

（一）高产作者分析

运行 CiteSpace 软件，在操作界面右侧参数设置区内进行参数设置，节点类型（Node Type）选择作者（author）；时间分区（Time Slicing）为 1 年；选择标准（selectioncriteria）为 Top N，perslice 为 30，即选择每一时间段中出现频次最高的 30 个数据。然后对 WoS 的 1578 篇文献进行作者共现分析，得到 518 个节点，如图 11-2 所示。从图谱中可以看出，节点呈现出众多的小群体，小群体内部联系紧密导致节点标签重叠。图谱中高产作者的名字相应字号较大，一目了然，

比如 Cochran-Smith M、Bullough R V、Zeichner K、Tang S Y F 等。而在图谱的左上角 Arbaugh F、Knight S L、Nolan J、Whitney A E 等高产作者的节点标签聚集在一起，应是合作密切所致。在 CiteSpace 中将作者情况导出，并结合网络搜索，得到高产作者具体情况，见表 11-2。由于作者发文量普遍不是很高，只提供前 10 名作者的相关情况。

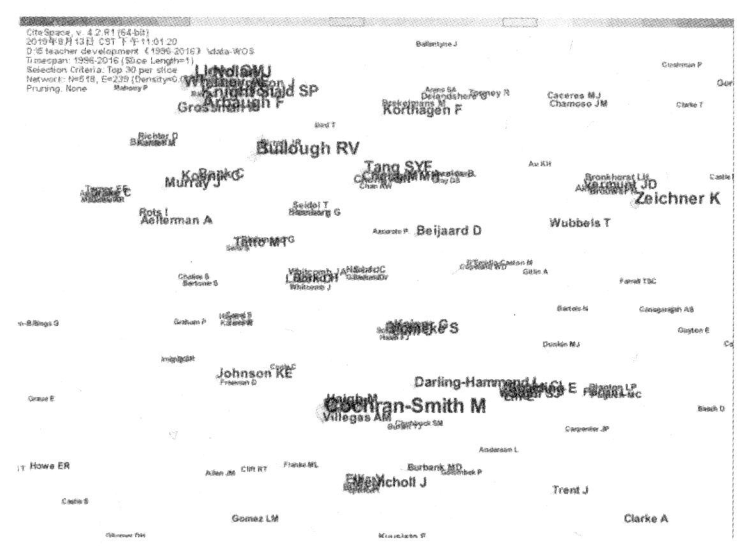


图 11-2 国外教师专业发展研究作者共现图谱（1996—2016）

表 11-2 国外教师专业发展研究高产作者名单

（1996—2016）（前 10 名）

| 序号 | 作者 | 发文量 | 第一篇文献发表时间 | 所属机构 | 国籍 |
|---|---|---|---|---|---|
| 1 | Cochran-SmithM | 20 | 2000 | Boston College, Lynch School of Education（波士顿学院教育学院） | USA（美国） |
| 2 | Bullough R V | 13 | 1997 | Brigham Young University（杨百翰大学） | USA（美国） |
| 3 | Arbaugh F | 11 | 2011 | The Pennsylvania State University（宾夕法尼亚州立大学） | USA（美国） |
| 4 | Zeichner K | 11 | 2001 | University of Washington（华盛顿大学西雅图） | USA（美国） |
| 5 | Knight S L | 10 | 2011 | The Pennsylvania State University（宾夕法尼亚州立大学） | USA（美国） |
| 6 | Nolan J | 10 | 2011 | The Pennsylvania State University（宾夕法尼亚州立大学） | USA（美国） |

续表

| 序号 | 作者 | 发文量 | 第一篇文献发表时间 | 所属机构 | 国籍 |
|---|---|---|---|---|---|
| 7 | Lloyd G M | 9 | 2011 | The Pennsylvania State University（宾夕法尼亚州立大学） | USA（美国） |
| 8 | McDonald S P | 9 | 2011 | The Pennsylvania State University（宾夕法尼亚州立大学） | USA（美国） |
| 9 | Tang S Y F | 9 | 2003 | The HongKong Institute of Education（香港教育学院） | 中国香港 |
| 10 | Whitney A E | 9 | 2011 | The Pennsylvania State University（宾夕法尼亚州立大学） | USA（美国） |

从表 11-2 可以看出，在发文量前 10 位的作者中，有 9 位来自美国，1 位来自中国。

（二）高被引作者分析

只通过高产作者一个指标还不足以对国外教师专业发展研究的主流群体进行一个全面的了解。高被引作者也是一个重要的指标。在 CiteSpace 的参数设置区选择节点为 Cited author（作者共被引），可以对来自 WoS 的文献信息进行处理，通过文献间引用与被引用关系，分析出高被引的作者，如图 11-3 所示。

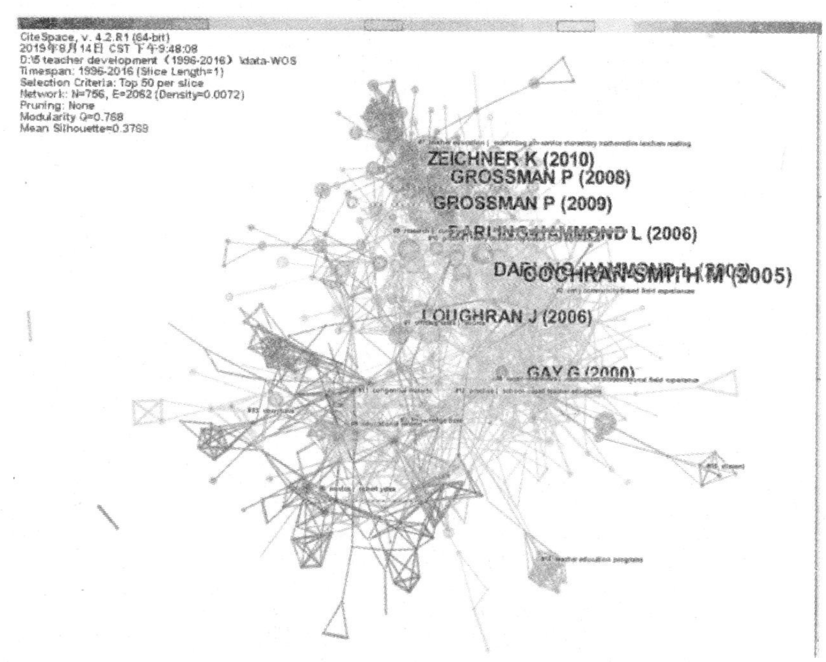


图 11-3 国外教师专业发展研究高被引作者图谱（1996—2016）

图中节点表示高被引文献的作者以及文献的发表年份，比如最大的节点标签为 Cochran-Smith M（2005），表示 Cochran-Smith M2005 年的文献在所分析的数据范围内有着最高的被引记录，这个数值根据 CiteSpace 可视化界面左侧的表格显示为 55 次。由于节点显示的是作者某一年的某个文献，因此可以有作者的多篇文献上榜。比如 Grossman P2008 年和 2009 年的两篇文章的被引数是居前列的（为防止标签过多影响显示效果，图 11-3 的节点标签只显示了数值在 28 篇及以上的），被引数分别为 35 次和 33 次。表 11-3 展示了被引数前十的文献的作者及发表年份。在这些高被引文献中，有的是发表年份比较早，比如 Gay G 发表于 2000 年的文章，也有的是比较近期发表的，比如 Zeichner K 发表于 2010 年的文章。总体来说，在这些高被引文献中没有最近发表的。将排名前 3 位作者文献的年度与被引篇数做成趋势图，得到图 11-3，可以直观地观察到这些高被引文献的被引用情况。2005 年的两篇文献到 2014 年后连续 3 年被引数为零，而发表于 2010 年的文献虽然已有下降趋势，但仍处于高位。

表 11-3　国外教师专业发展研究高被引作者列表（1996 ～ 2016）

| 作者姓名 | 文献被引次数 | 文献发表年份 |
|---|---|---|
| Cochran-Smith M | 55 | 2005 |
| Zeichner K | 41 | 2010 |
| Darling-hammondL | 40 | 2005 |
| Grossman P | 35 | 2008 |
| Grossman P | 33 | 2009 |
| Darling-hammondL | 28 | 2006 |
| Gay G | 28 | 2000 |
| Loughran J | 27 | 2006 |
| Grossman P | 24 | 2009 |
| Korthagen F | 20 | 2006 |

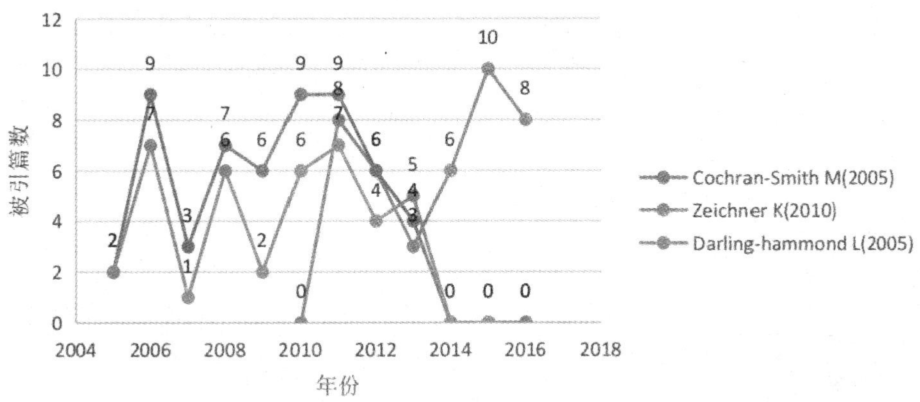


图 11-4　被引年度趋势图（前三名）

一篇优秀文献不仅被同研究领域内的文献引用，也可能被相关学科研究所引用，而 Web of Science 记录了文献在整个数据库中被引用的次数，这与表 11-3 所展示的被引情况是不同的。在综合考虑表 11-2 和表 11-3 中的高产作者和高被引作者的基础上，汇总了部分作者教师专业发展研究方面文献在整个数据库的被引用情况，以期对此领域作者群体进行更加全面的展示，结果如表 11-4。从表中可见，Cochran-Smith M、Zeichner K 和 Darling-Hammond L 的文献最高被引数都高过了在表 11-3 中的被引数。但是三者的文章被引情况在所有作者中的排名同样是名列前茅的。尤其是作者 Zeichner K，虽然发表的文章不是最高的，但从被引用情况来看，几乎每篇文献都是经典文献，见图 11-5。

CiteSpace: History (be aware of the context, i.e. Appearance or Citation)

Collaboration History | The Author Collaborated in 7 Records

| # | Citations | Citing Article |
|---|---|---|
| 1. | 210 | DARLING-HAMMOND L, 2000, J TEACH EDUC, V51, P166, DOI 10.1177/0022487100051003002 |
| 2. | 164 | DARLING-HAMMOND L, 2000, TEACH TEACH EDUC, V16, P523, DOI 10.1016/S0742-051X(00)00015-9 |
| 3. | 175 | DARLING-HAMMOND L, 2002, J TEACH EDUC, V53, P286, DOI 10.1177/0022487102053004002 |
| 4. | 85 | DARLING-HAMMOND L, 2006, J TEACH EDUC, V57, P120, DOI 10.1177/0022487105283796 |
| 5. | 326 | DARLING-HAMMOND L, 2006, J TEACH EDUC, V57, P300, DOI 10.1177/0022487105285962 |
| 6. | 11 | DARLING-HAMMOND L, 2010, J EDUC TEACHING, V36, P369, DOI 10.1080/02607476.2010.513844 |
| 7. | 171 | DARLING-HAMMOND L, 2010, J TEACH EDUC, V61, P35, DOI 10.1177/0022487109348024 |

图 11-5　Darling-Hammond L 的 7 篇文献被引情况

表 11-4　国外部分作者全数据库被引情况统计表

| 姓名 | 发文量 | 被引论文数 | 总被引次数 | 单篇最高被引数 | 被引 100 以上篇数 |
|---|---|---|---|---|---|
| Cochran-Smith M | 20 | 18 | 503 | 159 | 1 |
| Bullough R V | 13 | 11 | 274 | 68 | 0 |
| Zeichner K | 11 | 10 | 926 | 322 | 4 |
| Darling-Hammond L | 7 | 7 | 1142 | 326 | 5 |
| Murray J | 7 | 6 | 211 | 159 | 1 |
| Blomeke S | 8 | 6 | 115 | 49 | 0 |
| Tang S Y F | 9 | 5 | 94 | 30 | 0 |
| Loughran J | 5 | 4 | 222 | 114 | 1 |
| KnightS L | 10 | 4 | 11 | 4 | 0 |
| Korthagen F A J | 5 | 3 | 508 | 344 | 2 |
| Grossman P | 7 | 3 | 124 | 51 | 0 |
| Gay G | 2 | 2 | 88 | 69 | 0 |
| Arbaugh F | 11 | 1 | 2 | 2 | 0 |

注：以上所列数据仅限作者为第一署名的文章。

综上所述，了解一个研究领域的主流作者群体，不仅要看发文量较高的高产作者，还要看作者文章的被引情况以及作者文章被本领域研究的引用情况。首先，发文量并非只统计作者的第一署名文章，而且文章发表的数量多不代表文章的质量高；其次，如果只是单篇文献被引数较高而发表的文献数少，表明在此领域没有持续的研究，也不能称之为本研究领域的主流作者。

## 二、国外教师专业发展研究机构分析

将 CiteSpace 节点类型（Node Type）选择机构（institution）得到教师专业发展研究的研究机构分布情况，见图 11-6。图谱显示共有节点 508 个，但为了更直观显示高发文量的研究机构，图 11-6 只截取了图谱的中心位置。由图中节点大小及相应标签字号可以看出，Michigan State Univ、Penn State Univ、Univ Wisconsin、Univ Washington 和 Univ Georgia 等是发文量较高的机构。将可视化界面左侧的统计表格导出，并将发文量排在前十位的研究机构信息展示如下，见表 11-5。

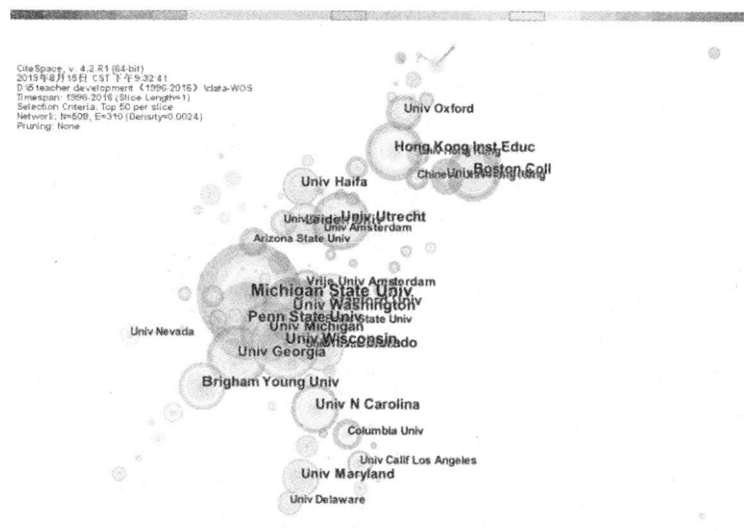


图 11-6　国外教师专业发展研究机构共现图谱（1996—2016）

表 11-5　国外教师专业发展研究研究机构发文量名单（1996—2016）

| 研究机构 | 发文量 | 第一篇文献发表年份 |
|---|---|---|
| Michigan StateUniv 密歇根州立大学（美国） | 41 | 1998 |
| PennState Univ 宾夕法尼亚州立大学（美国） | 29 | 1996 |
| Univ Wisconsin 威斯康星大学（美国） | 28 | 1997 |
| Univ Washington 华盛顿大学（美国） | 25 | 2001 |
| Univ Georgia 佐治亚大学（美国） | 24 | 1998 |
| Univ Michigan 密歇根大学（美国） | 24 | 1999 |
| Stanford Univ 斯坦福大学（美国） | 24 | 2000 |
| HongKong Inst Educ 香港教育学院（中国） | 23 | 2003 |
| UnivU trecht 乌得勒支大学（荷兰） | 23 | 2004 |
| Boston Coll 波士顿学院（美国） | 22 | 1999 |

在前10名研究机构中，全部为高等学校，分别为美国8个，中国和荷兰各1个。发文量排在前3名的分别为密歇根州立大学、宾夕法尼亚州立大学和威斯康星大学。3个学校不仅发文量高，在此领域的研究起步也早。

## 三、国外教师专业发展研究国家分布

无论是从高产作者的分析还是从研究机构的分析中都可看出，虽然在Web of Science收录的教师专业发展研究文献中，美国作者和机构占据了绝大部分的份额，但是也不乏其他国家作者和机构的参与。在CiteSpace中将节点设置为国家，得到国外教师专业发展研究国家共现图谱，如图11-7所示。在图中共有节点64个，由于来自美国作者的发文量太高，代表美国的节点几乎占据了图谱的整个空间。为了了解其他国家的发文情况，将美国的节点勾选为不显示，并将图谱放大后得到图11-8。除了美国外，英国、澳大利亚、加拿大、荷兰和中国排在第2位到第6位。节点中中国应该只包括了中国大陆部分的文献，加上中国台湾和香港的文献，中国的节点应该上升到第5位。排在第7到第10位的是新西兰、以色列、德国和芬兰。

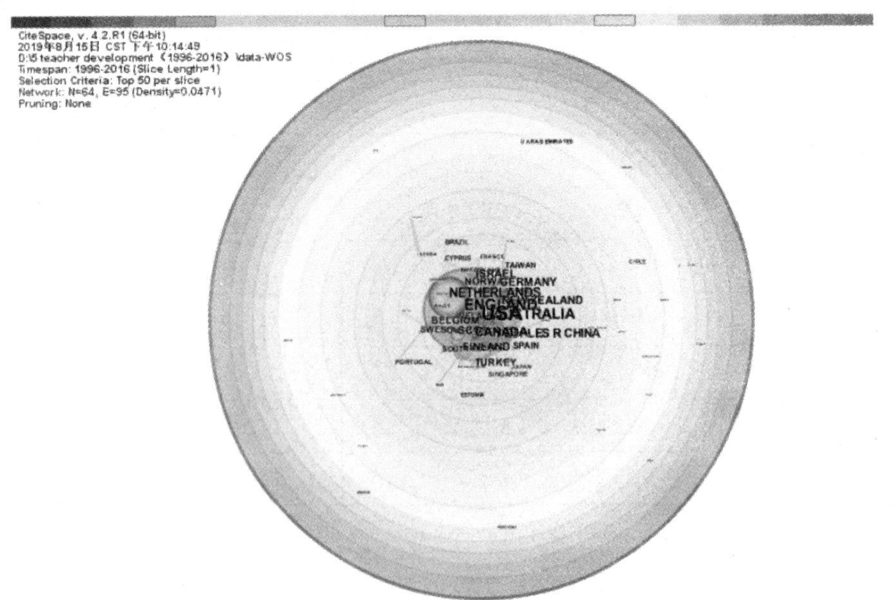


图11-7　国外教师专业发展研究国家共现图谱（1996—2016）1

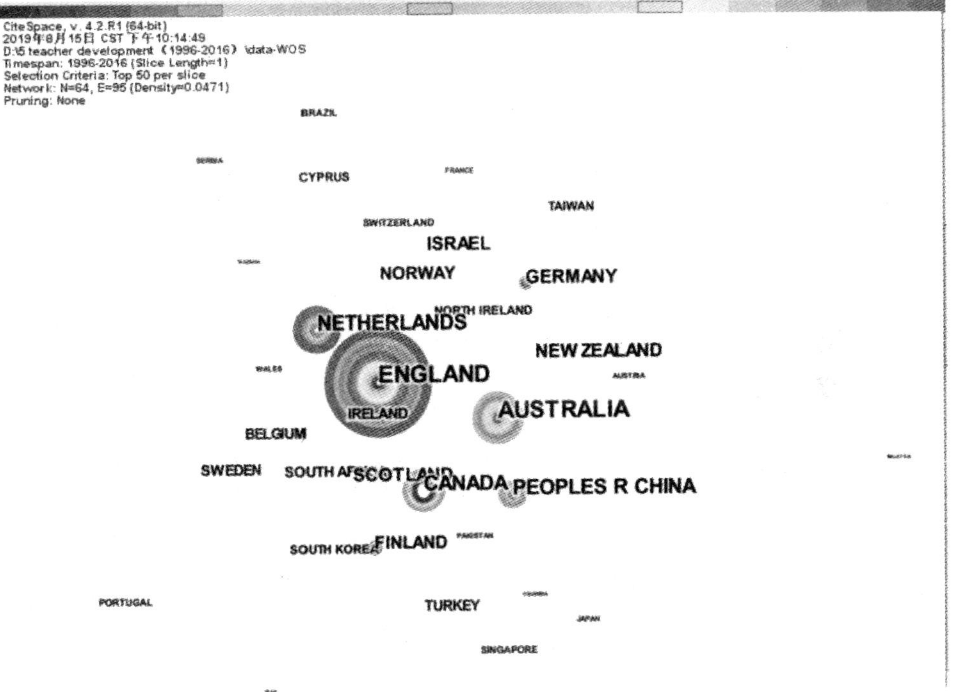


图 11-8　国外教师专业发展研究国家共现图谱（1996—2016）2

## 第二节 国外教师专业发展研究作者合作网络分析

国外学者在进行教师专业发展领域的研究时，呈现出怎样的合作关系？有没有形成学术研究团体？他们的合作是机构内部的合作，还是跨越了机构的界限？国家之间的合作联系又是怎样的？本节将先进行作者合作的网络分析，第三节进行机构和国家间的合作网络分析。

### 一、作者合作整体网络阶段性分析

将研究期间分为 4 个阶段，分别进行分析和比较。首先将节点类型设置为作者（author），起始时间设为 1996 年到 2000 年，每年一个分区进行数据分析，形成的作者合作共现网络如图 11-9。图中有节点 241 个，连线 122 条，网络密度 0.0042。为突出显示合作的连线情况，节点标签只显示了发文量大于 1 的作者。这一阶段，作者的发文量普遍不高，最大节点为 Johnson K E，发表了 3 篇。作者间合作比较普遍，最常见是有 2 人间的合作，3 人和 4 人组成的合作团体也不在少数，同时还有 5 人组成的合作团队。合作关系比较单纯，基本属于单次合作，且与其他团队之间没有合作关系。

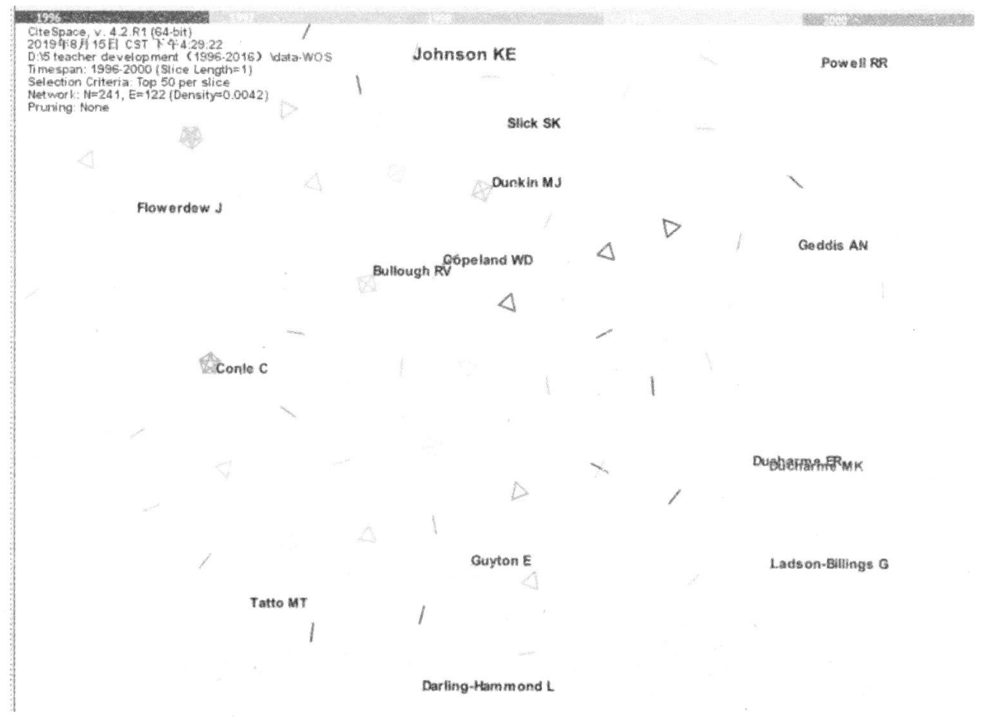


图 11-9　国外教师专业发展研究作者合作网络图谱（1996—2000）

2001—2005 年间的作者合作网络情况如图 11-10 所示。图中有节点 228 个，连线 92 条，网络密度为0.003 6，图中标签依旧只显示了发文量在 1 篇以上的作者。跟上一阶段相比，节点数量相差无几，连线少了一些，网络密度也有所降低，但基本水平相当。图中最大节点为作者 Cochran-Smith M，发文量为 11 篇，但是可以看到他都是独立完成的，未形成任何合作关系。其次发文量较高的有 5 篇、4 篇、3 篇，其余为 2 篇和 1 篇。这一阶段的合作情况同样十分单纯，基本发生在团队内部，团队之间没有联系，没有复杂网络的形成。常见的合作团体为 2 人，3 人和 4 人间的合作也存在。

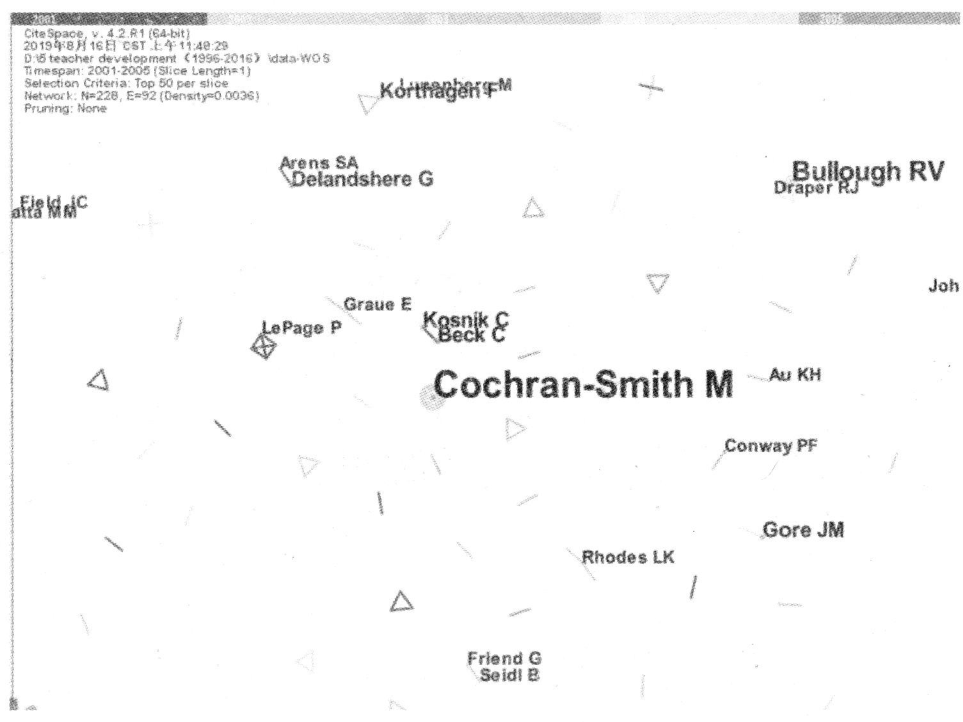


图 11-10　国外教师专业发展研究作者合作网络图谱（2001—2005）

2006 ～ 2010 年间的作者合作网络如图 11-11 所示。图中有节点 232 个，连线 86 条，网络密度为 0.0032，节点标签显示发文量在 1 篇以上的作者。跟前两个阶段相比节点数量基本不变，连线稍微减少一些，网络密度也稍微有所降低。这一阶段没有特别高产的作者，最大节点发文量为 5 篇。这一阶段的主要特点仍然是存在多个小的合作团队，而团队间距离较远、没有联系。同时各个合作团队内部联系更为密切，从连线的粗细度和节点标签来看，团队内的合作超过 1 次。

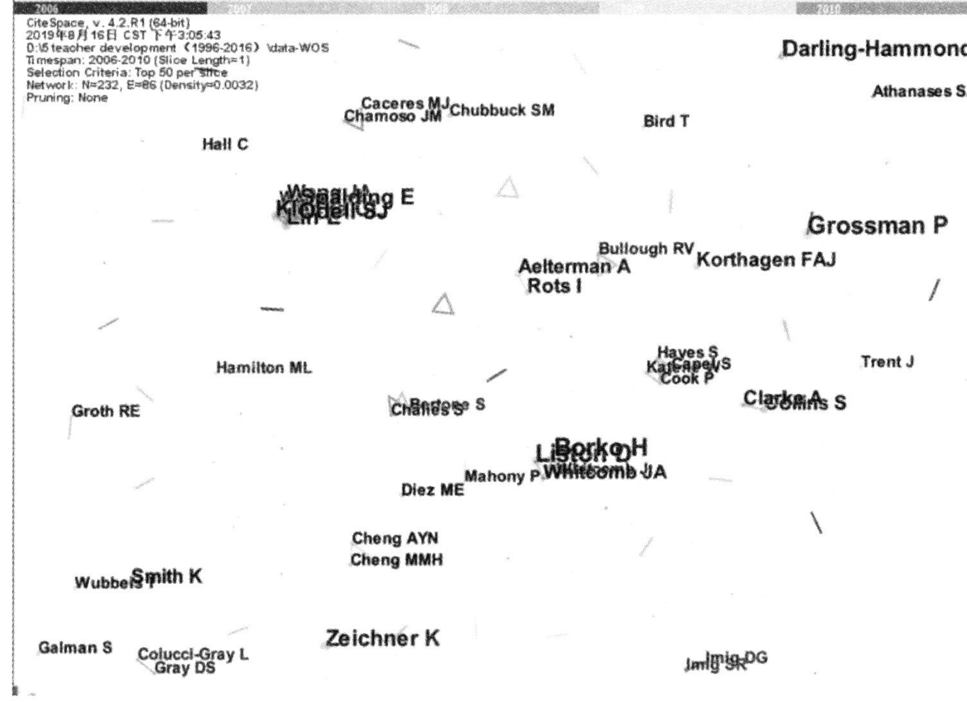


图 11-11　国外教师专业发展研究作者合作网络图谱（2006—2010）

2011—2016 年间的作者合作情况如图 11-12 所示。图中共有节点 246 个，连线 167 条，网络密度也大大增加为 0.005 5。为方便了解合作情况，未显示节点标签。通过观察，可以了解到这一阶段的合作较以往复杂了一些，除固定团队外，出现了比较复杂的合作网络。进一步将节点值大于 2 的节点标签放大到合适字号，得到图 11-13。发文量排在前 6 的 6 位作者构成了图谱中间的自网络，他们之间形成了固定的合作团队，分别是 Arbaugh F、Knight S L、Nolan J、Lloyd G M、McDonald S P 和 Whitney A。其他的子网络中基本都有一个或两个发文量较高的作者，如中间位置靠左的 Blomeke S、右上角的 McNicholl J 和左下角的 Cochran-Smith M 等。然而并没有节点能充当起中心节点的作用，所有节点的中介中心性皆为零。

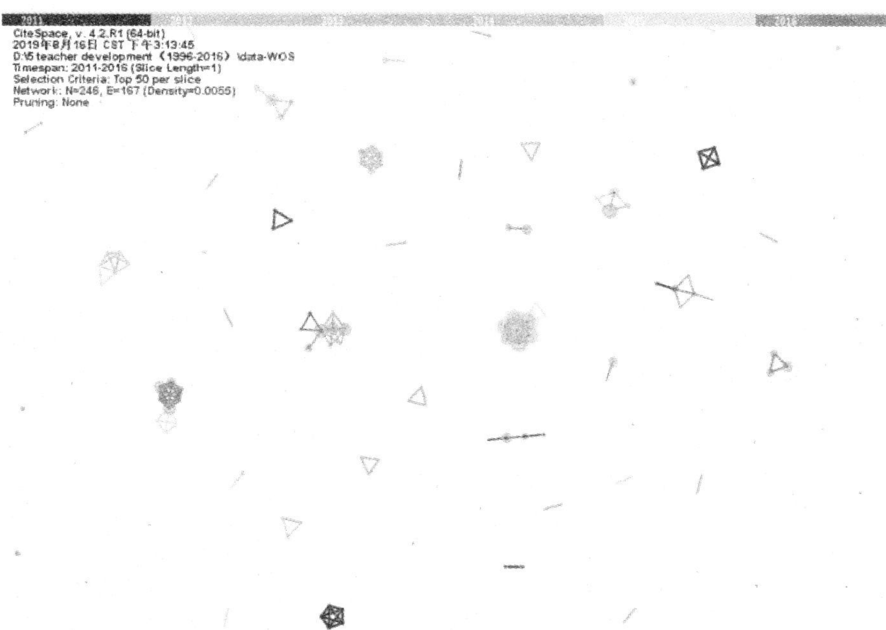


图 11-12　国外教师专业发展研究作者合作网络图谱（2011—2016）1

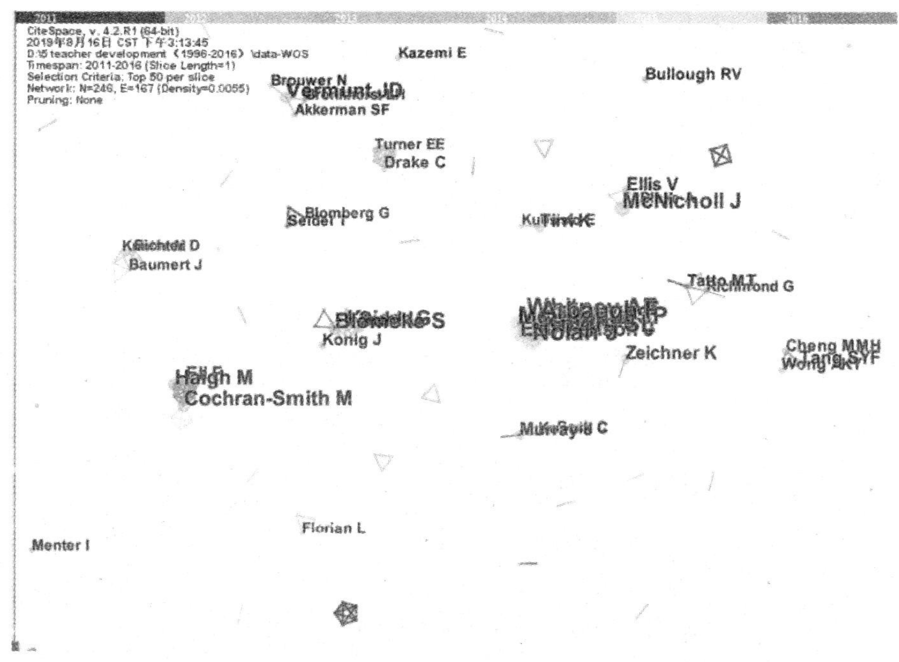


图 11-13　国外教师专业发展研究作者合作网络图谱（2011—2016）2

## 二、作者合作网络整体分析

将数据分析的起始时间设定为1996—2016年得到作者合作的整体网络，如图11-14所示。共有节点869个，连线452条，网络密度为0.001 2，只显示节点值大于2的标签。从整体来看，图谱特点与前4个分阶段的合作图谱类似，节点偏小，分布分散，无中心节点，合作团队内部联系紧密，团队之间距离疏远。节点偏小是因为作者众多，但是发文量较高的作者偏少，大部分作者发文量低。图中的各小子网络跟分阶段比稍显复杂，但也仅仅是3个合作团队通过彼此的合作联系到一起，总的来说团队间鲜有联系。

图11-14　国外教师专业发展研究作者合作网络图谱（1996—2016）

## 三、作者合作网络整体情况讨论

（1）从各个阶段的指标来看，4个阶段的图谱特点总体类似。首先，节点数并没有大的变化，发展平稳，这一点跟本章开篇对于发文趋势的分析是一致的。其次，合作情况也没有明显的变化，基本维持在同一水平。

（2）作者合作的整体网络特点与各个阶段相差不大，呈现出一致性。共同特点是：小团队普遍存在，联系单纯，团队基本固定，团队之间距离疏远，即只跟相对少的作者合作，没有形成互相延伸的关系网。

## 第三节 国外教师专业发展研究科研机构及国家间合作网络分析

### 一、机构合作网络阶段性分析

将研究期间分为 4 个阶段，分别进行分析和比较。首先将节点类型设置为机构（institution），起始时间设为 1996 年到 2000 年，每年一个分区进行数据分析，形成的机构合作共现网络如图 11-15。图中有节点 141 个，连线 40 条，网络密度 0.004 1。为突出显示合作的连线情况，节点标签只显示了发文量大于 1 的机构。这一阶段，机构的发文量普遍不高，最大节点为 UniWisconsin（威斯康星大学），发表了 6 篇，排在第二位的 Penn State Univ（宾夕法尼亚州立大学）和 Michigan State Univ（密歇根州立大学）分别为 5 篇。从图中可看出三个机构的节点和标签字号都比较大，但是威斯康星大学和宾夕法尼亚州立大学并没有同其他机构的合作关系。两个机构及三个机构间的合作比较常见，最大的合作网络发生在 Cent Michigan Univ（中密歇根大学）和 Michigan State Univ（密歇根州立大学）的合作以及其与另外四所高校的合作。总的来讲，这一阶段的机构间合作比较简单。

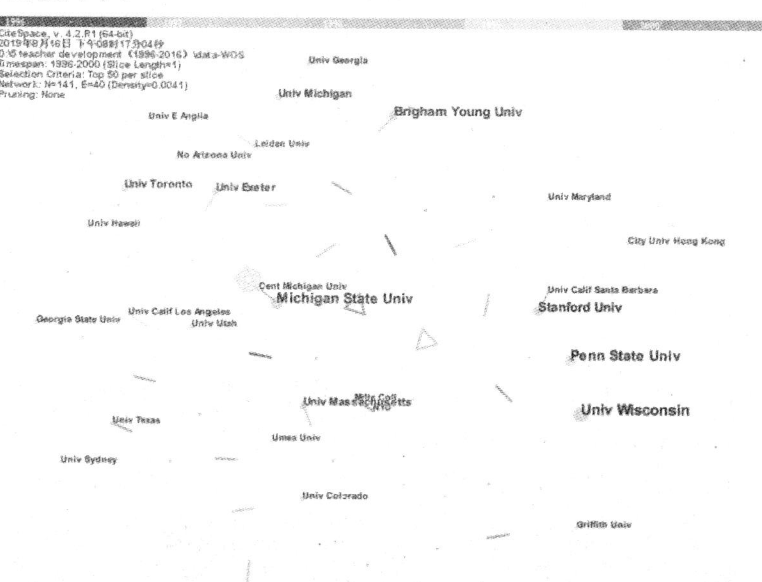


图 11-15　国外教师专业发展研究机构合作网络图谱（1996—2000）

2001—2005 年间的机构合作情况如图 11-16 所示，共有节点 177 个，连线 84 条，网络密度为 0.005 4，图中显示节点值大于 1 的标签。直观来看，这一阶段的机构间合作情况明显比上一阶段频繁，且合作群体更大。图中最大的节点为 Boston Coll（波士顿学院），发文量为 12 篇，但是在这一阶段没有合作关系。排名第二的 Univ Wisconsin（威斯康星大学）分别和 Univ Washington（华盛顿大学）和 Concordia Univ（加拿大康考迪亚大学）有合作关系。排名第三的 Univ Haifa（以色列海法大学）与 Leiden Univ（荷兰莱顿大学）等高校有合作关系。机构间通过两两合作组成了小型的合作网络。

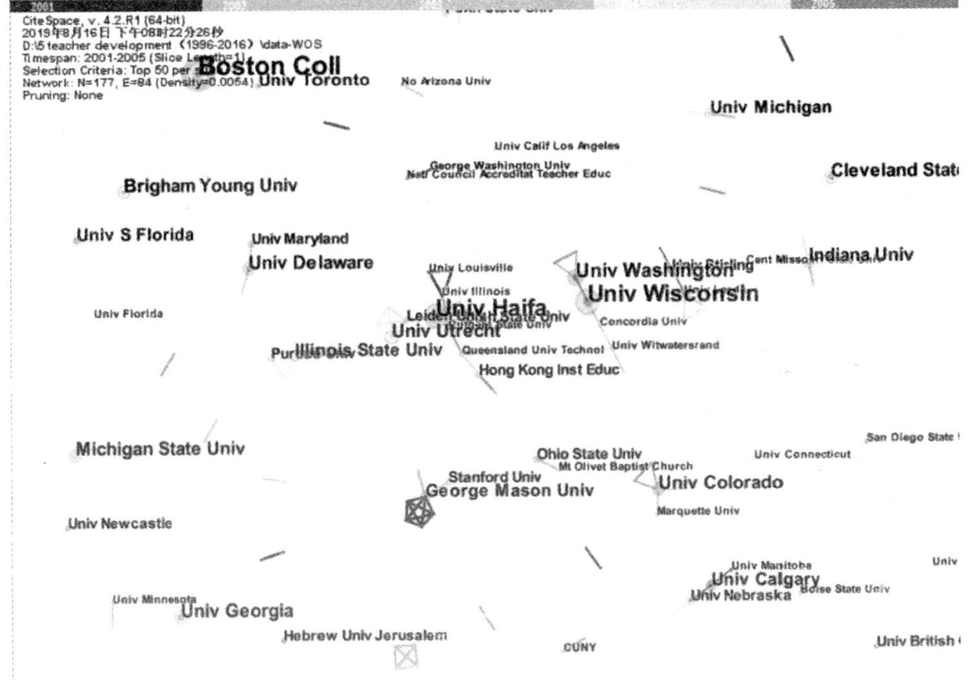


图 11-16　国外教师专业发展研究机构合作网络图谱（2001—2005）

2006—2010 年间的机构合作情况如图 11-17 所示，共有节点 189 个，连线 69 条，网络密度为 0.0039，图中显示节点值大于 1 的标签。这一阶段出现了较大的子网络，合作群体规模更大。图中最大的节点为 Stanford Univ（斯坦福大学），发文量为 14 篇，与 Univ Colorado（科罗拉多大学）、Univ Washington（华盛顿大学）等 5 所高校有合作关系。而科罗拉多大学的发文量排名第 3，发文量为 10

篇。排名第二的是 Univ N Carolina（北卡罗来纳大学），发文量为 12 篇，周围连接了 6 个节点，分别有 Columbia Univ（哥伦比亚大学）、Univ Virginia（弗吉尼亚大学）等。

图 11-17 国外教师专业发展研究机构合作网络图谱（2006—2010）

2011—2016 年间的机构合作情况如图 11-18 所示，共有节点 204 个，连线 123 条，网络密度为 0.005 9。这一阶段子网络规模跟以往相比成倍增长，数十个节点通过各种合作连接到一起，有的节点处于中心位置或者桥梁位置，有的处于边缘。放大后的子网络图谱如图 11-19 所示。最大网络的中心节点有 Michigan State Univ（密歇根州立大学）、Univ Washington（华盛顿大学）和 Univ Utrecht（荷兰乌得勒支大学）等，它们周围的连线最多，中介中心性指标也比较高，分别为 0.05、0.02 和 0.02。发文量排名前十的机构中有 6 个机构在这个最大的子网络中。另外一个较大子网络处于图 11-18 的左上角，HongKong Inst（香港教育学院）和 Univ Auckland（新西兰奥克兰大学）是这个网络中的发文量较高节点。

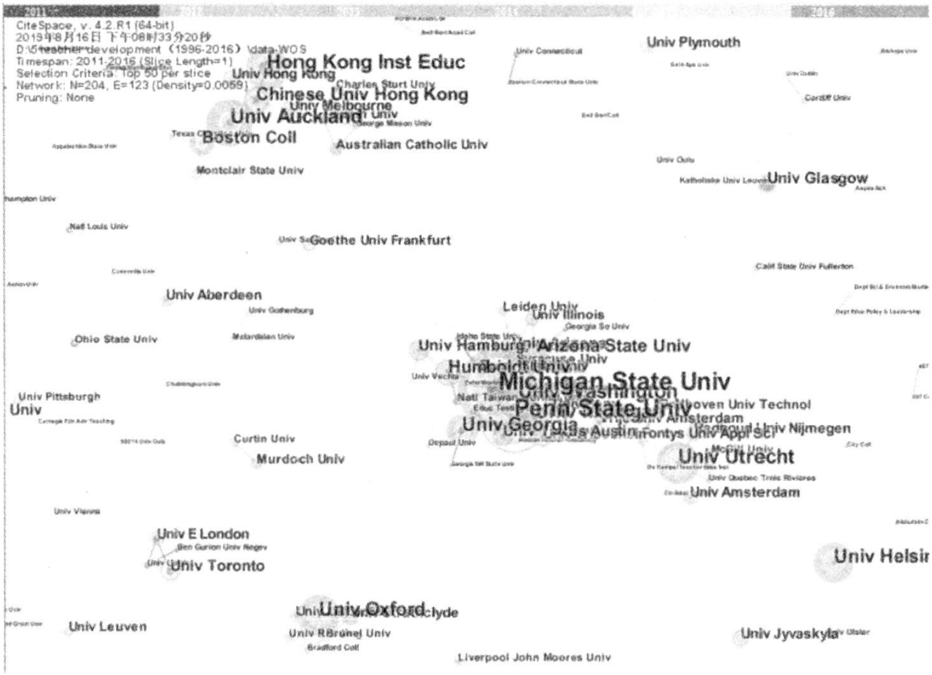

图 11-18　国外教师专业发展研究机构合作网络图谱（2011—2016）

图 11-19　国外教师专业发展研究机构合作网络子网络（1996—2016）

## 二、机构合作网络整体分析

将数据起始时间设置为1996—2016年得到机构合作整体网络图谱，如图11-20所示，共有节点508个，连线310条，网络密度为0.002 4。宏观来看，图中心有一个巨大的合作网络，四周围绕了许许多多的小型合作网络，且离中心网络较远，中间隔了一个空白带。将中心网络放大后，如图11-21。中心网络集结了上百个节点，发文量排名前14位的机构都包含在其中。

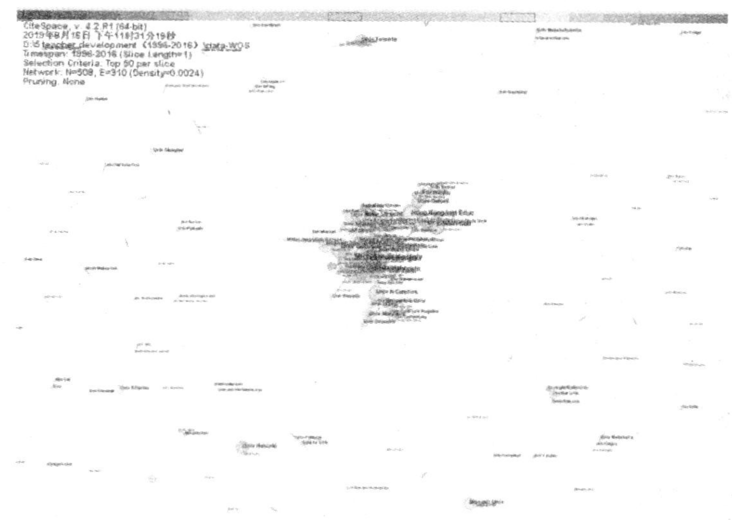

图11-20　国外教师专业发展研究机构合作网络图谱全图（1996—2016）

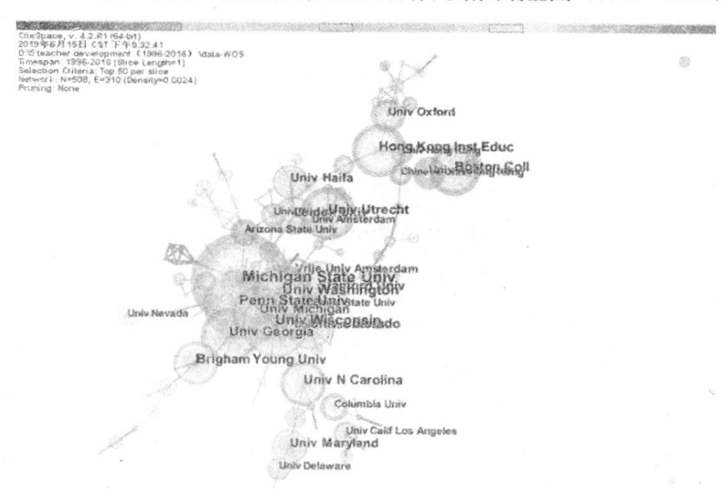


图11-21　国外教师专业发展研究机构合作网络子网络图谱（1996—2016）

## 三、机构合作网络整体情况讨论

（1）从阶段分析来看，越到后来机构合作网络越复杂，一个子网络包含的节点越多。高发文量的节点在中间起到了中心作用，就像磁铁一样将越来越多的磁沙吸附到一起。

（2）从整体网络来看，不同的小网络间通过一个或多个连接点形成一个更大的网络，囊括了更多的节点，使得图谱呈现为许许多多小网络围绕一个巨大网络的现象。

## 四、国家间合作网络分析

将 CiteSpace 参数设置区节点设置为国家，起始时间选择 1996 年到 2016 年，得到教师专业发展研究的国家间合作网络图谱，如图 11-22。图谱显示节点为 64，连线为 95 条，网络密度为 0.047 1，说明参与合作的国家范围比较广泛，参与度较高。首先，从图中直观来看，图谱中间的合作网络连接了大部分节点，周边只有少数节点没有加入这个合作网络中。其次，美国、英国和荷兰三个国家在网络中起到了重要的链接作用。

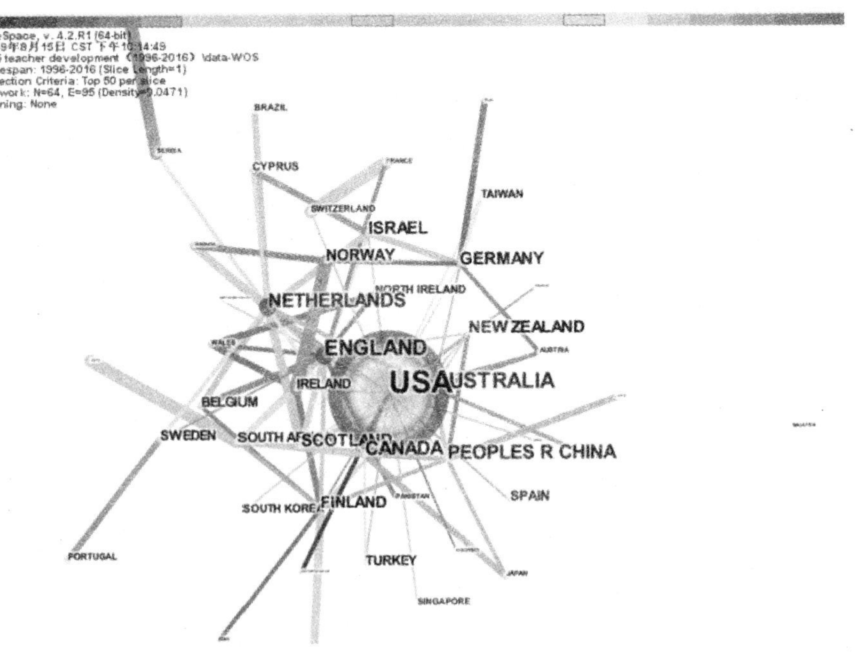


图 11-22　教师专业发展研究国家间合作网络图谱

## 第四节 国内外教师专业发展研究主体和合作网络的对比分析

本章分析了国外教师专业发展研究的作者、机构和国家的分布情况，并对作者间、机构间和国家间的合作情况进行了梳理，下面将结果进行总结，并与国内的情况进行对比。

### 一、国外教师专业发展研究主体特点

（1）从时间发展来看，国外进行教师专业发展研究起步时间较早，在1996年—2000年这个阶段的发文量已经有年均40篇左右，随着时间增长研究成果稳步增长，但是并没有呈现暴涨趋势。

（2）从研究者角度来看，国外进行教师专业发展研究的参与者广泛，发表1篇文章的作者，占到了作者数的83.6%。同时也存在领域的主流作者群体，有的作者文献产出较多，有的作者文献质量高，有很高的引用。也有的作者不仅研究成果较多，且成果具有一定的影响力，这些是领域内的主流作者群体。

（3）从研究机构来看，进行教师专业发展研究的机构基本为高校，其中美国高校占绝大多数。

### 二、国外教师专业发展研究主体合作特点

（1）作者间的合作情况特点明显，在各个阶段表现比较一致。作者合作小群体众多，内部联系密切，队伍相对固定，没有延伸出较大合作网络。

（2）机构间合作总体来讲比较密切，随着时间发展，小的合作网络间联系不断延伸，网络中子网络的规模越来越大，所联系的节点越来越多，发文量较高的机构起到了中心作用。

（3）国家间合作较为密切，参与合作的国家占绝大多数，这些国家通过各种合作形成错综复杂的关系网络，其中美国、英国和荷兰起到了中心作用。

### 三、中外比较

1．相同点

国内与国外在教师专业发展研究领域的现状存在着很多的共同点，如参与研究的作者众多，研究机构多为高校的教育学相关专业二级学院，都存在着领域内

的主流作者群体及影响力大的研究机构。在主体合作方面也有着共同点，即作者合作均为小群体间的合作，而机构合作网络比较大型且复杂。

2. 不同点

国内与国外在主体合作方面存在着一些不同点。国外作者间的合作关系在各个阶段特点比较一致，而中国作者群体由开始的较少合作到后来合作群体越来越多，经历了一个过程。此外国内外在作者合作和机构合作的密切程度上有所不同，以各阶段的网络密度作为考察点，分别得到国内外作者间合作密度发展趋势和国内外机构间合作密度发展趋势图，如图 11-23、图 11-24 所示。除第一阶段国内作者合作网络密度较高外，总体来讲，无论是作者间合作还是机构间合作，国外水平一直要高于国内水平。而第一阶段国内作者合作网络密度之所以高是因为当时发表教师专业发展研究文章的作者数太少，实际上这个密度指数是没有意义的。

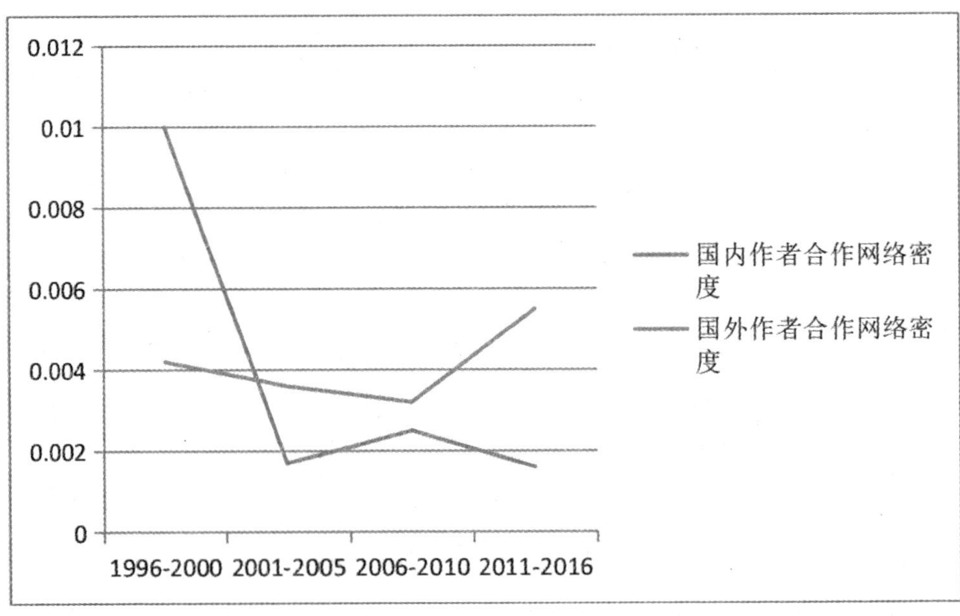


图 11-23　国内作者合作网络密度与国外作者合作网络密度趋势图

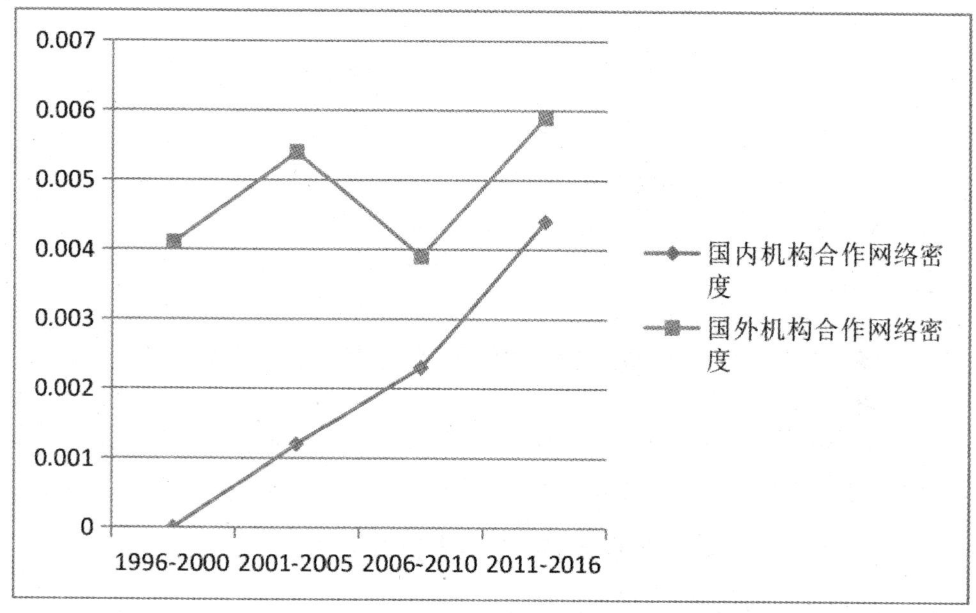


图 11-24　国内机构合作网络密度与国外机构合作网络密度趋势图

加强交流、合作互助才能使知识在作者之间、机构之间乃至国家之间进行有效的沟通和流动，使更多的作者间产生思想的碰撞，创造出更多更好的研究成果，以促进教师专业发展研究的快速前进，更大程度地帮助全国乃至世界各地的教师队伍，同时也能够促进学术交流的繁荣。

# 第十二章　结论与建议

本研究旨在探讨国内外教师专业发展研究的演进历程和特点，并提出基于知识图谱分析基础上的结论和建议。本章分为四节：主要研究发现、结论、建议、结语。

## 第一节 主要研究发现

本节根据第四、五、六、七、八、九、十、十一章所做研究分析，得出主要的研究发现如下。

### 一、国内、国外教师专业发展研究热点分析

国内教师专业发展研究的热点特征：

（一）总体研究经历了从弱到强的成长过程。我国的教师专业发展正式研究约起始于 1998 年，除了专业文献数量少之外，热点话题也局限于“专业发展阶段”“培养目标”等内容宽泛的理论探讨性文章，几乎没有实证性研究文献。而从 2001 年起，我国教师专业发展研究进入快车道，文献数量显著增加，文献质量也大幅提高，研究者的构成也呈现多元化，除了专业的教师教育研究者，还包括大量的一线教师。从 2002 年至今，是我国教师专业发展研究的成熟期。文献数量急剧增加，热点话题数量也大幅增加并趋向多元化。

（二）研究内容更具体并逐渐面向实践。随着热点话题范围显著扩大，研究文献不再仅限于宽泛的理论探讨，而是面向实践，逐渐着眼于实践中的具体问题。研究者们不再更多探讨教师发展的本质、规律和内涵等宽泛、思辨性的宏观问题，而是开始关注教师专业发展的现实中观、微观问题。同时，我国教师专业发展研究在近十年更注重结合实践做深入研究，研究事物各个方面的具体特征，关注教师在现实发展中的困境和解决方法，探究教师发展的现实规律，产生对实践更有指导意义的研究成果。近十年的我国教师专业发展研究呈现从抽象到具体的发展轨迹。

（三）研究热点具有较强的时代性和政策性。以 5 年为一个时间段观察

1996—2016年间研究热点词，各个阶段的研究有明显的传承关系，比如“课程改革”“校本培训”“中小学教师”“师范教育”等热点词到“校本教研”“实践性知识”“行动研究”“TPACK”“信息技术”等热点词。这说明随着时代发展，教师教育理念更加人性化，凸显以教师为中心的理念，以及计算机技术和教师发展的有机结合等时代新特征。这是时代给我国教师专业发展研究领域带来的影响。

1996—2016年间我国教师专业发展研究的热点内容也及时地反映了我国教育政策的变化轨迹，具有较强的政策性。教育界认识到传统教育的不足，教学不应该是一个自上而下的、灌输的、单向的过程，而应是双向的、互动的过程，教育更加注重教学过程中的生命性、生成性、建构性、对话性、交往性。教育思维更注重事物的多元性、差异性、具体性、过程性，更加倾向于人本主义，关注现实中丰富多变的实际状况。我国教师专业发展研究适应时代发展需要和国家政策走向，在此过程中，教师专业发展的生命本质得到重视，教师更被看作是一个积极主动的学习者，从书本、课堂、实践、交往中全方位建构性学习，从而形成独特的、个性的、螺旋形的专业发展路径。

（四）总体来看，研究重心不合理上浮。从国内1996—2016年间教师专业发展研究的热点词分布情况看，前8位热点词的频次环比下降悬殊，“教师发展”“教师专业发展”“教师教育”这样的热点词频次相对极高，但这些热点词并不代表具体的研究内容，只是说明相当多的研究文献话题停留在对教师专业发展的概念性、思辨性理论探讨上，呈现研究重心上浮现象，而没有合理下沉。

国外教师专业发展研究热点特征。

（一）热点研究领域稳中有变。从5年一段分阶段的研究热点知识图谱来看，国外教师专业发展的基本研究领域、重点研究热点保持稳定。如“preservice teacher”“belief”“student teacher”“knowledge”“instruction”“social justice”等研究领域一直保持强劲的研究势头，处于核心的位置，且衍生出与之相关的各阶段研究热点。“studentteacher”“knowledge”“instruction”在1996—2006年中出现的频次、中心性也都排在前面。但随着时间推进，也会有一些新的高频次热点词得到凸显，如“pedagogical content knowledge”“poverty”“technology”“TPACK”“community”等，说明国外教师专业发展的研究热点较为稳定但却不乏演化更迭。

（二）理论研究和实证研究并重，研究内容丰富。和国内研究不同的是，国外教师专业发展研究在 1996 年就已经进入了研究繁荣期，热点话题分布较均衡，以 1996—2016 年间热点词分布情况为例，排在前 8 位的热点词“teacher education”“education”“knowledge”“professional development”“school”“preservice teacher”“belief”“student teacher”的频次呈现逐渐降低的自然状态。相比于国内 20 年总体研究的热点词频次环比下降悬殊的状况，说明国外研究重心合理下沉，研究力量分布合理，没有出现“扎堆”现象，研究话题得到相对充分的讨论。

（三）热点话题具有较强的各国地域性特征，和各国特定的政治、社会状况密切相关。如热点词为“social justice”“diversity”“race”“equity”“multicultural education”的文献针对美国多种族社会背景。因此针对少数民族学生群体如何得到合理的教育权、如何实现社会公平等是美国教育界的地域性主题。上述问题映射到教师专业发展领域，就相应出现了以下研究话题：如何帮助职前教师面对未来的多文化工作情境？教师持什么样的多文化教育信念和态度？如何帮助教师在多种族教育情境中做出正确的教学决策？这也成为国外教师专业发展领域一个鲜明特点。

## 二、国内、国外教师专业发展研究前沿分析

1996—2016 年间我国教师专业发展研究研究前沿呈以下几个特征。

（一）国际新理论与本土实践的不断融合。这些年我国教师专业发展研究积极借鉴国外的新理论和新实践，并结合国内的情况，开展理论思辨和行动实践。可以说，我国教师专业发展研究前沿的演进过程也是引介和借鉴国外新思想和新实践的过程。建构主义、人本主义、生态发展观、后现代主义、赋权增能理论等都对我国教师专业发展研究产生了深远的影响。从理念到具体思想、实践模式都与我国教育教学传统有很大的区别，更体现了人本观和教师的主体性。我国教师专业发展研究者能密切关注国外先进的理论和思想，体现了发展过程中的开放性和包容性。也表明了我国教育界在与西方教育理论的碰撞、交流和融合中，不断实现着对自身的完善和超越。

（二）部分研究前沿和研究热点呈现交叉融合的特征。一般来说，研究者关

注度高的热点话题，由于大家集中讨论容易产生更新话题，孕育研究前沿。通过对研究热点图谱和研究前沿图谱的解读和分析，可以发现：有些话题既是研究热点也是前沿演进焦点话题。如渐强趋势前沿话题“师范生”和研究热点话题“教师教育”呈现交叉趋势，两者都关注职前教师教育和对师范生的培养。这说明研究前沿不断创造新的研究热点，两者相互影响、相互推进，使得部分研究前沿和研究热点相互交叉和融合。

（三）研究前沿缺乏本土创新。由于我国教师专业发展起步比国外时间稍晚，因此对国外理论思想的引介和借鉴一直没有停止，虽然我国教师专业发展研究越来越成熟，但研究传统和知识谱系尚处于形成过程中，真正的、有中国文化特色的、非常适合我国教育实际的教师专业发展理论体系尚待形成，还没有我国原创的理论和大规模有影响力的成熟实践经验，研究前沿尚缺乏本土创新。

1996—2016 年间国外教师专业发展研究研究前沿呈以下几个特征。

（一）研究问题多元化，前沿话题呈现更迭演变趋势。话题的更迭演变和教师专业发展领域的理论更迭有直接关系，当一个新的理论被提出后，出于在实践中验证新理论，会有许多研究者应用实证研究对新理论进行检验、确认和提出异议，如“身份认同”“自我效能感”等渐强式话题。而有的话题如“课堂”“共同体”等在教师专业发展中一直讨论热度不减，关于课堂和共同体的讨论推陈出新，逐新趣异，不断更迭，讨论一直保持活跃态势。

（二）较少思辨式理论研究，更多探究式实证研究。国外研究者更倾向于“小题大做”，即聚焦教师专业发展中的一个具体问题，或两个专业发展因素的关系，提出研究问题。然后进行研究设计并实施，谨慎得出研究结论。这使得国外教师专业发展研究的外延得到迅速拓展，研究话题极其丰富，且很具有西方国家特色。同时，国外教师专业发展研究“小题大做”的研究风格使研究重心也得到合理地、迅速地下沉，直接推动了研究前沿的较快进展。

（三）实证研究的研究对象中，大多数为职前教师和新入职教师，关于在职教师的探讨相对较少。究其原因，教师的职前培养阶段是教师教育最重要的阶段，职前教师专业发展进程较快，变化较多，特征典型。而新入职教师在入职阶段，知识、能力、信念、情感都会发生变化，是观察教师专业发展的极佳时机。但是职后阶段的发展在时间上要长得多，职后发展也是实现教师持续性发展的关键时期，理应得到研究者的重视。因此，研究对象选择的不均衡是国外教师专业发展研究的一个突出问题。

## 三、国内、国外教师专业发展研究知识基础分析

1996—2016 年国内外教师专业发展研究知识基础的相似点和差异性如下。

（一）高被引作者、高被引文献和高被引期刊均呈集中趋势。无论是国内教师专业发展研究，还是国外教师专业发展研究，共被引分析的结果都显示高被引作者、高被引文献、高被引期刊有重叠和集中的趋势。高被引作者可能也是高被引文献的作者，而高被引作者相对应的文献和高被引文献往往是发表在高被引期刊上。而且，无论国内还是国外，研究者大多都是高校教师，这可能是由教师专业发展研究这个研究领域的特殊性决定的。

（二）国内教师专业发展初始阶段对国外研究的借鉴较多。20 世纪 90 年代，教师专业发展研究在欧洲和美国已经发展得比较成熟，涌现出一大批有价值的研究成果。而国内的相关研究则是从 20 世纪末才正式开始，所以一部分研究者在起始阶段介绍和借鉴了国外教师专业发展研究的一些经验。例如日本学者佐藤学、Shulman L.S.、Darling-Hammond L. 的著作是经常被我国研究者引用的文献。

（三）国内外研究知识基础的中介中心性呈现不同分布。国内教师专业发展研究的高被引作者、高被引期刊的中介中心性差距都相对较大，而国外研究的高被引作者、高被引期刊的中介中心性都比较接近，差异不大。

## 四、国内、国外教师专业发展研究主体和合作网络分析

1996—2006 年年间国内教师专业发展研究主体和合作网络呈现以下特征。

（一）作者主体。首先，发文量在 20 篇以上的作者有 5 人，最高者共发表 28 篇。其次，被引文献数较高的作者基本出自高产作者，说明这些作者不仅发文数量高，文章质量也很高。

（二）研究机构。首先，发文量最高的华东师范大学共发文 421 篇，但是还有大量机构发文量少于 25 篇，机构之间差距较大；其次，排在前 39 位的研究机构中有 29 个属于师范类高校，说明师范类高校是教师专业发展研究领域的主要研究力量。

（三）基金项目。全国教育科学规划课题基金对于教师专业发展研究的支持

力度最大，其次为国家社科基金，另外还有各省和直辖市的地方各类项目基金。

（四）作者合作。作者间合作的绝对数有上升趋势，但作者间相对合作度并没有上升趋势。作者间合作较为松散，没有形成紧密联系的合作群体。

（五）机构合作。机构间合作的绝对值和网络密度都呈现了上升的趋势，且机构间的合作网络越来越错综复杂。

国外教师专业发展研究主体和合作网络呈现以下特征。

（一）从时间来看，国外教师专业发展研究起步时间较早，在1996—2000这个阶段的发文量已经有年均40篇左右，随着时间增长研究成果稳步增长，但是并没有呈现暴涨趋势。

（二）从研究者角度来看，国外进行教师专业发展研究的参与者广泛，发表1篇文章的作者，占到了作者数的83.6%。同时也存在主流作者群体，有的作者文献产出较多，有的作者有很高的引用频次，说明文献质量高。有的作者文献的量和质两方面指标都很突出。

（三）从研究机构来看，进行教师专业发展研究的机构基本为高校，其中美国高校占绝大多数。

（四）作者合作小群体众多，内部联系密切，队伍相对固定，没有延伸出较大合作网络。

（五）机构间合作总体来讲比较密切，随着时间发展，小的合作网络间联系不断延伸，网络中子网络的规模越来越大，发文量较高的机构起到了很好的中介作用。

（六）国家间合作较为密切，参与合作的国家占绝大多数，这些国家通过各种合作形成错综复杂的关系网络，其中美国、英国和荷兰起到了中心作用。

## 第二节 结论

从1996—2006年我国教师专业发展研究在研究历程上，经历了从无到有、从点到线、从线到面、从面到立体的发展过程；在研究思路上，历经了从外部到内部的转变；在研究成熟度上，历经了从静态描述到动态构建的过程。但距离理想的研究状态，尚有差距。本节依据第一节的分析，通过国内外教师专业发展研究在研究热点、研究前沿、知识基础、研究合作网络四个维度的对比，得出我国教师专业发展研究现状的具体特征，结论如下：

（一）我国教师专业发展研究由于长期处于对国外研究的引介和借鉴阶段，尚未建立起我国的教师专业发展理论体系。尽管这些年研究从弱到强，经历了迅速的发展，取得了长足的进步。但国内研究无论在研究理论和研究取向上都深受西方相关研究影响，总是处在套用西方的研究范式、概念、方法的影子中，用西方研究范式和理论来解释我国的问题，由于这种根本问题上的错位，造成问题阐释如同隔靴搔痒，不能看到问题的本源，分析得出的结论对实践的指导作用也值得怀疑。我国教师专业发展研究目前尚无在国际学界具有较大影响力的原创性理论成果，也因此尚未与西方学者具有同等的学术话语权。

（二）我国教师专业发展研究前沿具有时代性和研究热点呈现交叉融合的特征，研究重心不合理上浮。一般来说，被关注度高的热点话题，由于大家集中讨论容易产生更新话题、孕育研究前沿，研究前沿又不断创造新的研究热点，两者相互影响、相互推进，造成部分研究前沿和研究热点相互交叉和融合。但也从另外一个角度说明，我国教师专业发展研究领域有“追逐热点”的倾向，研究者的注意力过于关注新问题，而不关注现实中教师专业发展实际问题。同时，这种成果导向的研究风向造成研究内容的重合，也造成研究重心的不合理上浮，即太多的研究者浮于问题表面的应然式的讨论，而不是聚焦于现实的具体问题，造成研究力量的浪费。

（三）我国教师专业发展研究领域的研究内容不够丰富，研究者构成单一，研究对象不够多样化。从知识基础和合作网络的分析图谱可以看出，我国教师专业发展研究学者基本都是师范院校中教师教育专职研究者，理论思辨性内容偏多，澄清概念类的研究偏多，国外引介类研究偏多，而针对我国特有教师教育现象研究偏少，教师教育实践研究偏少，跨学科研究偏少。研究对象大多集中在中小学教师、职前教师，针对高校教师和特殊类型教师的研究偏少。这和我国教师庞大的教师群体和多样化的教师类型形成强大的反差，因此尚有较大的发展空间。

## 第三节 建议

本节依据上述之研究结论，对于我国教师专业发展研究的后续工作提出建议，可为相关研究者和教育管理者参考。

（一）加强对国外理论的鉴别和本土化研究，杜绝“拿来主义”，并尽早建立具有中国特色的教师教育发展理论。纵观教师专业发展领域内现存的重要概念和理论，无论是“教师知识”“教师学习”“教师信念”“教师能力”等概念，还是“教师生涯发展阶段理论”“教师反思理论”“教师合作理论”“教师倦怠理论”“教师赋权增能理论”“教师性别理论”“教师教学相长理论”等重要理论，都是起源于西方发达国家。由于我国和西方国家历史文化的巨大差异，尽管西方教育和我国教育有一定的共通性，但诞生于西方国家的教师专业发展理论未必完全适合中国的教育情境。在此情况下，“全盘西化”和“文化保守”都是不可取的，应该对西方教师专业发展问题产生的背景、概念界定范围、理论体系进行真正深入、系统、完整的讨论，明确国外和国内问题的差异，为解决我国问题提供借鉴。在讨论我国问题时，要放在我国文化教育背景中进行讨论，注重向中国情境回归、向中国问题回归、向教师回归、向实践回归。因此我国教师专业发展应该找到适合自己的立足点，深度挖掘我国教师专业发展问题生长的历史文化土壤，充分掌握它的独特性，立足中国文化和教育背景，构建中国教师专业发展理论，用中国方式解决中国问题，走出中国自己的教师专业发展之路。

（二）研究重心应迅速合理下沉，积极专注具有中国本土特色的教育实践。我国教师专业发展研究热点知识图谱的分析表明：我国研究重心很大程度上不合理上浮，很多研究文献在理论概念的范围兜圈子，从理论到理论，从概念到概念，造成研究文献的价值性大大降低。或者，讨论语境过于模糊笼统，诸如“采取有效措施”“相关部门要协同配合”这样笼统的表述使人找不到任何有型的实践基点，缺乏可操作性方法，也就形不成对实践有意义的指导。因此，我国教师专业发展研究应该减少理论层面的探讨，多一些实践层面上的探索，把聚焦研究问题的目光放到我国范围广大的教育教学实践，研究教师在专业生活中的真实情境和真实问题，得出真实结果，提出中肯建议，实际推动教师专业发展的速度和质量。

（三）转变研究导向，从“外部驱动”导向转到“问题解决”导向。我国既有的教师专业发展研究成果多数基于外部驱动：填补研究空白，产出科研成果，丰富研究内容。这样的结果就是研究成果对改善实际中教师专业发展助益不大。而教师专业发展中的现实问题得不到展现和讨论，也就形不成可行性建议和方法，这种现状和教师专业发展研究的本质是相背离的。教师专业发展研究本质上要为教师专业发展实践指路决策，教师专业发展实践为相关研究提出新的研究课题，两者应该相互关照，相互推进。因此，今后我国的教师专业发展研究要注重“问题解决”导向，要紧密关注教师专业发展中的问题，以“关注问题→发现问题→讨论问题→解决问题”为中心，并立足中国教师发展实践研究，提炼形成具有中国特色的教师专业发展理论。

（四）拓展研究视野，扩充研究对象。传统的教师专业发展研究更多从哲学、社会学、教育学角度来发现和探讨问题，近年来也有少量文献尝试从心理学角度来讨论，但活跃度远远不够。由于教师专业发展的主要研究对象是教师，是人，所以教师作为具有复杂思想的专业人员具有活跃的心理活动，因此从心理学角度来探讨教师发展问题不仅可行，而且具有较大优势，更有助于描摹教师专业发展的心理驱动过程，发现更深层次的问题，拓展更广的研究视野。关注教师信息素养的现实状况和发展策略；关注教师测评素养的现状与发展；关注教师的课程领导力的现状与发展；关注小众群体教师专业发展的现状；关注教师专业发展的生态环境。这些都值得未来的教师专业发展研究者继续探索。

现有的教师专业发展研究文献中，较多以职前教师、中小学教师为研究对象，近年也出现以高校教师为研究对象，偶尔有研究以高职教师和幼儿园教师为研究对象。研究对象的单一与我国庞大的教师数量和种类是严重不符的，这也导致更多类型教师的专业发展问题没有得到充分的呈现和讨论。因此，今后研究应扩充研究对象，把更多类型的教师纳入研究视野，发现和探讨他们专业发展的特征和问题，有助于得到我国教师专业发展全图景式研究。

（五）丰富研究内容，整合研究方法。尽管我国教师专业发展研究在这些年取得了长足的进步，研究内容得到了很大程度上的增长，但仍有提高的空间。现有研究内容比较分散，研究呈碎片化，研究规模相对较小，研究方法相对较少。现有研究方法多为思辨法、归纳演绎法、调查法、统计分析法等，近年叙事研究法逐渐受到研究者的重视和应用，但应用范围并不广泛。一些先进的研究方法如有声思维法、行动研究法等尚未得到广泛应用。由于研究方法不够多元化，从而造成可能性的研究发现的遮盖和偏离。因此，未来研究应拓展研究范围，丰富研究内容，开发整合多元研究方法。尝试做更大规模研究，得到更全景式的研究视野，并科学运用多元研究方法，深度挖掘研究数据，得出更正确的研究结论，以期对实践产生更准确的方向引领。

（六）加强教师专业发展的评价机制研究。我国教师专业发展的研究热点和研究前沿的知识图谱显示，现有研究更多关注教师专业发展相关理论、教师专业发展的策略讨论、教师发展项目的实证型研究、教师专业发展各维度之间关系的讨论和实践验证、教师专业发展现状的调查等，但教师专业发展的评价机制一直是一个鲜有涉足的领域。人们更关注“是否应该做”“应该怎么做”“做了些什么”，而对“做的如何”关注不多，这就造成对教师专业发展实践缺乏必要的反思和盘点，也就对未来发展多了一些盲目性。因此，未来研究应加强教师专业发展的评价机制研究，关于评价主体、评价取向、评价措置、评价实践等都是待开发的研究领域。

（七）紧跟时代发展，关注中国教育实践，发掘更新课题。随着时代的发展，一些新理论、新技术会融合在教育教学中，也必然会对教师这个重要教学要素产生重要影响。例如随着计算机技术的迅猛发展，近年出现的混合式教学、慕课、SPOC、智慧教室、远程教学等蓬勃发展，给传统的教学模式带来了不小的冲击，同时也对教师形成新的挑战。教师如何认识这些新生事物？教师为了跟上新教学形式，在知识、信念等方面做出了什么样的调整和改变？应该设计什么样的教师教育项目来帮助教师提高职业胜任力？在新的教学情境中，有哪些因素促成和阻碍了教师的专业发展？这些话题，都需要未来的研究者多加关注，并通过缜密的研究找到圆满答案。

中国的教育情境中，有许多西方国家没有的事物。如免费师范生、顶岗支教、三支一扶教师、对口支援教师等独具中国特色的教师群体。现有的研究对这些教师的关注度明显不足，是一个有待发掘的研究领域。未来的我国教师发展研究应该对这些特殊群体教师给予合理关注，探究这些教师专业发展的特点和路径，为未来的教育工作指路决策。

（八）提高合作者之间的合作频次和范围。研究主体和合作网络的知识图谱分析结果显示：我国教师专业发展研究领域作者间合作的绝对数有上升趋势，但作者间相对合作度并没有上升趋势。作者间合作较为松散，没有形成紧密联系的合作群体。在已有的合作群体中，更多是机构内同事合作或者师生合作，缺乏高频次的跨机构合作，合作网络的学缘结构欠佳。少数高水平科研机构如北京师范大学、华东师范大学等在整个合作网络中具有高中介中心性效应，但大多数科研机构还处于边缘位置，研究水平和投入度都有较大差距。究其原因，与我国教师专业发展研究的现状有关，偏重思辨研究和小规模实证研究，研究者通过个人思考、概括分析、归纳演绎、小规模调查、数据分析等方式进行研究，缺乏大规模研究所需的团队合作。因此，未来研究需要拓宽合作渠道，加强研究团队建设，尤其注重跨学科、跨地区、多类型的合作研究，才能推动教师专业发展研究的整体进展，也能促进研究团队的尽快成长。

## 第四节 结语

本研究基于CNKI、CSSCI两个中文数据库和一个Web of Science英文数据库，运用科学知识图谱的方法对国内外从1996—2006年的教师专业发展研究的情况进行了可视化呈现并分析，基于对国内和国外研究对比，提出对我国未来教师专业发展研究的建议。本研究借助科学知识图谱分析软件CiteSpace，对海量的资料进行挖掘、呈现、分析，洞察图表背后隐藏的特征、模式和趋势。

在宏观层面，本研究有利于规划未来我国教师专业发展研究计划；中观层面，有助于追踪国内和国外教师专业发展最新研究前沿，掌握教师专业发展研究的动态发展和学术谱系；微观层面，可以为我国教师专业发展研究人员提供研究参考，定位未来的研究方向和研究主题。

综上所述，本研究运用文献计量学中CiteSpace这一有力的科学知识图谱绘制工具，用“图说国内外教师专业发展研究”的方式，对过去的国内外教师专业发展研究进行了回顾和展望，我国未来教师专业发展研究应走向何方？还需要我国学者深入思考，砥砺前行。

# 参考文献

## 中文部分

### 专著：

[1] 侯海燕.科学计量学知识图谱[M].大连：大连理工大学出版社，2008.

[2] 蒋菲.21世纪中国课程与教学论的知识图谱研究[M].武汉：华中师范大学出版社，2015.

[3] 教育部师范教育司.教师专业化的理论与实践[M].北京：人民教育出版社，2003.

[4] 陆丹.中国新闻传播学教育研究的知识图谱：2000-2014[M].武汉：武汉大学出版社，2016.

[5] 李其龙，张德伟.普通高中教育发展国际比较研究[M].北京：教育科学出版社，2008.

[6] 李其龙，陈永明.教师教育课程的国际比较[M].北京：教育科学出版社，2002.

[7] 刘捷.专业化：挑战21世纪的教师[M].北京：教育科学出版社，2002.

[8] 梁忠义，罗正华.教师教育[M].长春：吉林教育出版社.2000

[9] 马克思.马克思恩格斯全集[M].北京：人民出版社.2006.

[10] 徐延宇.高校教师发展——基于美国高等教育的经验[M].北京：教育科学出版社，2009.

[11] 朱旭东.教师专业发展理论研究[M].北京：北京师范大学出版社.2011.

[12] 叶澜，白益民，王枬等.教师角色与教师发展新探[M].北京：教育科学出版社，2001.

[13] 佐藤学，钟启泉译.课程与教师[M].北京：教育科学出版社，2003.

[1] 季诚均，陈于清.我国教师专业发展研究综述[J].课程 · 教材 · 教法，2004，24（12）：68-69.

[2] 陈悦，刘则渊，陈劲，等.科学知识图谱的发展历程[J].科学学研究，2008，26（3）：449-460.

[3] 刘则渊.科学知识图谱方法及其在情报学中的应用[J].数字图书馆论坛，2009（3）：154-156.

[4] 杨国立，李品，刘竞.科学知识图谱——科学计量学的新领域[J].科普研究，2010（4）：29.

[5] 秦长江，侯汉清.知识图谱——信息管理和知识管理的新领域[J].大学图书馆学报，2009，27（1）：30-37.

[6] 任红娟.教师教育机构资质认证的群贤和组织研究[J].中国成人教育，2009（14）：33-34.

[7] 廖胜姣，肖仙桃.科学知识图谱应用研究概述[J].情报理论与实践，2009（1）：123.

[8] 周文杰，魏政莉.国外教师培训研究现状述评[J].教师教育研究，2012（4）：91-96.

[9] 卢强.近十年国内教师专业发展研究的热点和演进——基于知识图谱的可视化分析[J].上海教育科研，2013（4）：27-31.

[10] 王圣云，吴丽红.国外教师权力研究热点与脉络演进——基于Citespace知识图谱方法的透视[J].外国教育研究，2014（1）：114-122.

[11] 吴文涛，徐赟.十年来国内幼儿教师专业发展研究的热点、趋势及展望—基于Citespace II 可视化分析[J].现代教育管理，2015（2）：87-91.

[12] 古海波，顾佩娅.国际教师情感研究进展的可视化分析及其启示[J].外语电化教学，2015（3）：50-56.

[13] 程振响.研究型教师专业发展及其保障体系[J].教育探索，2002（09）:103-104.

[14] 钟启泉、杨明全.课程改革促进教师专业发展的个案研究——以江西省临川二中为例[J].教育探索，2002（08）：12-17.

[15] 操太圣，卢乃桂.挑战、支持与发展：伙伴协作模式下的教师成长[J].教育研

究，2006（10）：27-31.
[16] 许世静.叙事探究与教师发展[J].北京大学教育评论，2008（1）：51-69.
[17] 沈章明.诗教传统与教师专业发展[J].全球教育展望，2012（11）：18-23.
[18] 张莲，吴一安，金利民，孙有中，周燕.英语专业课程改革与教师发展良性互动机制的构建——以北外英语学院为例[J].外语与外语教学，2013（3）：30-33.
[19] 黄山.对“教师作为研究者”的再认识：17篇SSCI文献的综述及启示[J].教师教育研究，2014（6）：101-106.
[20] 郑少鸣，姜虹，朱连云，李永元，顾泠沅.教师“行动教育”青浦实验新世纪探索[J].课程·教材·教法，2014（3）：3-12.
[21] 霍秉坤.教科书使用取向的核心：教师专业发展[J].湖南师范大学教育科学学报，2015（2）：23-35.
[22] 石耀华，余宏亮.农村教师专业发展的“内卷化”困境[J].教育科学研究，2015（10）：72-76.
[23] 沈伟，黄小瑞.课程改革背景下教师的投入与课程理解：基于初中教师的实证调查[J].教育发展研究，2016（04）：71-76.
[24] 陆胜新.校本培训：在互动中促进教师发展[J].全球教育展望，2007（36）：33-35.
[25] 牛瑞雪.不同层级教师专业发展道路的个案研究[J].课程·教材·教法，2008（10）：84-88.
[26] 王洁.教师的课例研究旨趣与过程[J].教书育人：校长参考，2009（10）：83-85.
[27] 王鉴.U-S协作：基于课堂生活研究的教师专业发展[J].教育科学研究，2011（10）：67-72.
[28] 李庆华.微格教研：促进教师专业发展的有效策略[J].当代教育科学，2012（24）：26-28.
[29] 陈雨亭.内向型校本教研[J].教育发展研究，2014（15）：55-60.
[30] 徐艳红，成艳斌，陈腾远.翻转：让教研更高效——1121翻转校本教研的探索[J].教育理论与实践，2015（3）：42-44.

[31] 贺相春，张兆勤，郭绍青.网络研究社区中教师能力发展迭代模型研究[J].电化教育研究，2016（12）：117-120.

[32] 孙晓雪.教师集体备课的现实困境及突破策略[J].教育探索，2016（4）：116-119.

[33] 侯晋川，梁永平.高等师范教育改革的基本思路[J].山西师大学报社会科学版，2003（1）：5-10.

[34] 于忠海.综合性大学发展教师教育的“两难性问题”及其策略[J].黑龙江高教研究，2004（09）：68-70.

[35] 邓艳红.高等师范小学专业教育实践活动方案构想[J].课程 · 教材 · 教法，2004（06）：71-76.

[36] 宋永忠.教师教育的定位、体系与政策[J].江苏高教，200（01）：28-31.

[37] 王芳，卢乃桂.教育实习中的“三角关系”探析[J].现代教育管理，2010（12）：88-90.

[38] 吴琼.“顶岗实习、置换培训”模式的多赢效应[J].教育探索，2002（09）：103-104.

[39] 周寰.初为人师的困惑与解决--实习教师“现实冲击”的理论模型建构[J].华东师范大学学报教育科学版，2014（2）：67-73.

[40] 张松祥.从教育实习看实质性教师教育共同体体制建设——基于师范院校与附属学校管理传统的分析[J].当代教育科学，2014（13）：103-104.

[41] 李斌辉，张家波.师范生教育实习的风险及规避[J].教育发展研究，2016（09）：33-40.

[42] 刘朋.走向以人为本的行动研究-试论教育行动研究的伦理问题[J].教育理论与实践，2001（08）：5-10.

[43] 任庆梅.个案研究反思性教学模式在外语教师专业发展中的作用[J].外语界，2006（06：57-64.

[44] 卢立涛，井祥贵.教育行动研究在中国[J].教育学报，2012（01）:49-53.

[45] 周钧.行动研究促进教师专业发展——一位中学教师的案例研究[J].教师教育研究，204（04）：75-80.

[46] 周迎，刘育东.以行动研究为依托的教师实践共同体与高校外语教师发展[J].

河北师范大学学报教育科学版，2014（3）：114-119.
[47] 孙敬霞.行动研究与高校管理[J].高等教育研究，2014（09）：32-36.
[48] 赵晨光，刘彦娟，杨阳.合作行动研究视角下高校新教师专业发展模式研究[J].中国成人教育，2015（3）：82-84.
[49] 张亚妮，程秀兰.基于“学习故事”的行动研究对幼儿园教师实践智慧生成与发展研究[J].学前教育研究，2016（06）：50-59.
[50] 马兆兴.对重构教师培训实践课程的思考[J].教育理论与实践，2005（04）：25-28.
[51] 孙自挥，高晓芙，杨静林，朱海英.PCK知识与英语教师的专业发展——基于四川地区中学英语教师教育培训狮子队伍的考察[J].西南民族大学学报人文社科版，2008（s3）：149-151.
[52] 董绍才.基于默会知识的教研室“双评”活动[J].中国教育学刊，2008（10）：49-51.
[53] 陈向明.教师实践性知识研究的知识基础[J].教育学报，2009（02）：47-55.
[54] 韩继伟，黄毅英，马云鹏，卢乃桂.初中教师的教师知识研究：基于东北省会城市数学教师的调查[J].教育研究，2011（04）：91-95.
[55] 叶盛楠，郑东辉.教师缘何需要课堂评价知识[J].当代教育科学，2012（02）：15-19.
[56] 张海，王以宁，于文慧，钟丽楠.小学教师知识管理策略学科差异研究[J].中国电化教育，2013（08）：64-66.
[57] 巴春蕾，孔凡哲.误区与澄明：建构主义知识观中的教师知识研究[J].当代教育与文化，2014（06）：79-86.
[58] 李莉.职前教师实践性知识的生成[J].当代教育科学，2014（11）:25-27.
[59] 陈列.知识管理视域下地方高校青年教师专业发展的问题与对策[J].当代教育科学，2015（23）：30-33.
[60] 赵磊磊，赵可云.技术接受模型视角下教师TPACK能力发展[J].教育理论与实践，2015（09）：25-27.
[61] 岳群智，王爱华.教师TPACK发展的心理动力分析[J].开放教育研究，2016（06）：112-118.

[62] 柳国辉.澳大利亚教学专业标准及其质量保证[J].外国教育研究，2005（12）：72-75.

[63] 张树德.当前澳大利亚教师教育的特点和启示[J].外国教育研究，2007（10）：52-56.

[64] 冯大鸣.美国、英国、澳大利亚教师专业发展研究新进展[J].教育研究，2008（5）：93-99.

[65] 蒲阳.美国教师教育转型中学术传统的影响[J].外国中小学教育，2011（03）：4-9.

[66] 汪霞，钱小龙.澳大利亚教师教育及其课程标准的改革[J].全球教育展望，2012（08）：38-43.

[67] 俞婷婕."澳大利亚政府优质教师计划"解读——基于教师专业素质提升的视角[J].清华大学教育研究，2012（05）：108-113.

[68] 杨茂庆.澳大利亚教师职前培养的教育实习经验与启示[J].广西师范大学学报哲学社会科学版，2012（04）：114-117.

[69] 杨捷.美国教师教育大学化转型述评[J].比较教育研究，2012（12）：26-31.

[70] 胡秀威，肖甦.澳大利亚变革型教师专业化工程的内容与实施述评[J].比较教育研究，2013（06）：42-46.

[71] 李翠英，孙倚娜.国外英语教师能力标准对我国英语教师发展的启示[J].外语界，2014（01）：57-63.

[72] 谌启标，柳国辉.21世纪澳大利亚教师专业发展政策改革述评[J].比较教育研究，2014（08）：12-17.

[73] 仲伟合，王巍巍."国家标准"背景下我国英语类专业教师能力构成与发展体系建设[J].外语界，2016（06）：4-10.

[74] 俞婷婕.专业取向的抉择：澳大利亚教师标准影响下的大学教师教育课程设置[J].清华大学教育研究，2016（06）：46-52.

[75] 张兆芹，王海军.内在学习需求：教师教育的切入点[J].教育发展研究，2008（06）：58-62.

[76] 肖正德.生态取向教师学习方式变革：时代境遇与实践路向[J].全球教育展望，2010（11）：72-75.

[77] 孙德芳.教师学习的生态现状及变革走向[J].教育研究，2011（10）：69-73.
[78] 钟亚妮.北京市农村中小学教师研修工作站：有效教师学习的实践探索[J].教育研究，2014（08）：118-124.
[79] 孙德芳，周亚东.教师学习：从学院式到现场式[J].中国教育学刊，2016（06）：82-86.
[80] 曾艳，张家伟.名师作为学习领导者的角色实践与困境——基于上海市名师工作室的案例研究[J].教师教育研究，2016（04）：92-98.
[81] 王恩惠.教学反思的失真及回归本真路径[J].中国教育学刊，2002（03）：67-69.
[82] 孙振东，陈荟.教师教学反思的影响因素分析[J].中国教育学刊，2010（09）：71-73.
[83] 仪琳.培养反思性实践者的行动探索[J].当代教育科学，2013（08）：28-30.
[84] 侯素雯.基于教师专业发展的教学反思研究[J].当代教育科学，2014（18）：45-47.
[85] 全守杰，李红惠.教学反思与教师专业发展探析[J].当代教育科学，2014（18）：41-44.
[86] 曾文婕.教学反思的多重路径[J].教育科学研究，2009（11）：65-68.
[87] 刘健智，谢晖.关于教学反思的探讨[J].中国教育学刊，2010（01）：88-90.
[88] 王存荣.论教师在角色扮演中的教学反思[J].中国教育学刊，2009（09）：76-78.
[89] 赵明仁，黄显华，袁晓峰.场域——习性理论视角下影响教师教学反思的因素分析[J].课程·教材·教法，2009（06）：81-86.
[90] 王佳莹，郭俊杰.视频自我分析：发展教师的教学决策能力[J].教育理论与实践，2012（05）：22-24.
[91] 王宁，王雪松.互动性教学反思对教师专业素养影响效果的研究[J].基础教育，2016（01）：57-64.
[92] 郝少毅.幼儿教师教学反思：个案研究[J].教师教育研究，2016（03）：94-101.
[93] 滕越.教师专业发展评价的动力分析[J].当代教育科学，2004（11）：48-50.

[94] 张晓洁，母小勇.论建构主义视野下的教师评价[J].教师教育研究，2006（05）：30-34.
[95] 何顺超，杨开昌.本质性与多元化评价视域下教师状态再解读[J].中国教育学刊，2016（09）：22-26.
[96] 沈玉顺.校本中小学教师评价指标设计的概念框架[J].教育发展研究，2009（06）：7-12.
[97] 董奇，赵德成.发展性教育评价的理论与实践[J].中国教育学刊，2003（08）：18-21.
[98] 许爱红.促进教师发展的评价体系的构建——以年终考核为例[J].教育科学研究，2009（03）：43-46.
[99] 黎大志，刘洪翔.乡村教师队伍建设的困境与策略——兼议如何完善师范生免费教育政策[J].湖南师范大学教育科学学报，2015（05）：72-77.
[100] 唐芬芬.刍议高师院校的角色实践教学[J].现代教育科学，2009（03）：116-118.
[101] 李斌辉，张家波.师范生教育实习的风险及规避[J].教育发展研究，2016（10）：33-40.
[102] 王晓军.构建“三位一体”的师范生实践平台：教师教育的新策略[J].教育发展研究，2016（05）：79-83.
[103] 刘燕，刘素婷，张顺利，成庆堂，徐存拴.反思型教师培养模式研究与实践[J].中国大学教学，2008（06）：55-58.
[104] 刘毅玮.强化师范生实践教学的重要环节——对河北师范大学顶岗支教的点差与分析[J].课程·教材·教法，2010（12）：94-99.
[105] 高维.师范生对自身学习经历的认识与评价——基于学习生活史和教学隐喻的研究[J].上海教育科研，2012（03）：11-15.
[106] 林一钢，冯虹.师范生教育身份认同的实证研究[J].教育发展研究，2013（10）：78-82.
[107] 张喜萍，韩清林，杨红.以基础教育课程改革为背景的教师知识结构优化途径探讨[J].教育研究，2008（08）：85-88.
[108] 韩继伟，马云鹏.西方国家教师知识研究的演变与启示[J].教育研究，2008

（01）：88-92.

[109] 艾诗根.三种不同反思水平的教师知识与话语民主空间[J].全球教育展望，2009（02）：62-66.

[110] 龚亚夫.创建我国中小学英语教师知识与能力体系——中小学英语教师专业等级标准的制定[J].中国教育学刊，2011（07）：60-65.

[111] 方红.教师知识的狭隘之境及其破解[J].中国教育学刊，2013（02）：47-50.

[112] 韩继伟，马云鹏，赵冬臣，黄毅英.中学数学教师知识俩元的调查研究[J].教育教育研究，2011（03）：66-70.

[113] 王艳.优秀外语教师实践性知识的个案研究[J].外语教育理论与实践，2011（01）：68-76.

[114] 李利.论信息技术职前教师实践性知识的习得——基于“网络学习共同体”的路径选择[J].中小学信息技术教育，2010（11）：17-19.

[115] 卢立涛，沈茜，梁威.我国中小学教研员角色的历史演变与发展定位[J].教育与管理，2016（25）：8-10.

[116] 丁钢.学校文化与领导[J].全球教育展望，2004（03）：7-11.

[117] 叶澜.试论当代中国学校文化建设[J].教育发展研究，2006（15）：1-10.

[118] 崔允漷，周文叶.学校文化建设：一种专业的视角[J].教育发展研究，2007（09）：29-33.

[119] 刘群英，胡惠闵.营造精神家园：学校文化的另一种解读[J].当代教育科学，2007（08）：31-33.

[120] 蒋建华.校长在学校发展与创新过程中的文化引领[J].中国教育学刊，2008（04）：26-28.

[121] 马延伟，马云鹏.课程改革实施中校长角色的转变[J].课程教材教学研究，2003（11）：37-40.

[122] 吴佩芳.倡导教研科研一体化，促进教师专业发展[J].上海教育科研，2008（01）：76-77.

[123] 王杰.新课程改革对教师教育的挑战及应对策略[J].教育探索，2005（01）：26-27.

[124] 张兆芹，罗玉云.学习型组织理论视角下的教师专业发展[J].课程·教材·

教法，2005（11）：72-77.
[125] 牛瑞雪.不同层级教师专业发展道路的个案研究[J].课程·教材·教法，2008（10）：84-88.
[126] 娄立志，张金泉.适应和引领新课改：教师教育功能的角色认知[J].教师教育研究，2008（02）：21-25.
[127] 陈晓瑞，马建华.试析新课程标准指导下有效教学行为的基本特征[J].教育科学研究，2006（02）：5-8.
[128] 孙宏安.再谈学科教育学—如何促进教师专业化[J].教育科学，2003（04）：43-46.
[129] 顾明远.师范教育的传统与变迁[J].教师教育研究，2003（03）：1-6.
[130] 常亚慧，李永康.研究型教师专业发展及其保障体系[J].教育科学，2014（02）：43-47.
[131] 操太圣，卢乃桂.追求特质的虚妄：关于教师专业化困惑的思考[J].教育理论与实践，2006（09）：45-49.
[132] 卢乃桂，王晓莉.析教师专业发展理论之“专业”维度[J].教师教育研究，2008（06）：1-6.
[133] 朱玉东.教师专业化与教育学科课程改革[J].教师教育研究，2003（06）：19-22.
[134] 赵卫菊.论教师专业化关照下教师教育的理念转变[J].当代教育科学，2008（09）：39-42.
[135] 张守波，史宁中.教师专业化进程中的高师院校实践性教学[J].教育研究，2008（07）：77-80.
[136] 季晓华.教师专业化视域下实践智慧的生成[J].教育评论，2016（09）：110-113.
[137] 张贵新，饶从满.关于教师教育一体化的认识与思考[J].课程·教材·教法，2002（04）：58-62.
[138] 张秀阁，吴江.中国教师教育：理念模式目标结构[J].现代教育科学，2002（06）：27-29.
[139] 谢培松.时代的呼唤：小学与初中教师教育一体化[J].中国教育学刊，2004

（05）：52-54.
[140] 孟宪乐.师生双向专业化发展：全程教育实习模式研究[J].课程 · 教材 · 教法，2003（04）：65-69.
[141] 刘义兵，付光槐.教师教育一体化发展的体制机制创新[J].教育研究，2014（01）：111-116.
[142] 张永.从问题解决心理学的视角看课堂教学[J].上海教育科研，2006（01）：38-40.
[143] 周毅.主题引领，让教研返璞归真[J].上海教育科研，2007（02）：71-72.
[144] 郝鸿耀，侯涛.依托课堂教学，促进教师发展[J].教育探索，2009（04）：90-91.
[145] 庄坚.课堂教学行为改进中的PDCA循环模式的运用研究[J].全球教育展望，2006（10）：72-74.
[146] 崔允漷，周文叶.课堂观察：为何与何为[J].上海教育科研，2008（06）：51-53.
[147] 田文.对“推门听课”的几点思考[J].当代教育科学，2011（24）：32-35.
[148] 顾小庆，王炜.支持教师专业发展的课堂分析技术新探索[J].中国电化教育，2004（07）：18-21.
[149] 程薇，凡正成等.新兴技术应用于教学的挑战思考：我们很少正视我们失败的地方——访国际自身教育技术学者迈克尔 · 斯佩克教授[J].现代远程教育研究，2015（06）：11-20.
[150] 钟启泉.素质教育与课程教学改革[J].教育研究，1999（5）：46-49.
[151] 顾明远.基础教育与创新精神[J].中国教育学刊，1999（2）：1.
[152] 叶澜.一个真实的假问题——“师范性”与“学术性”之争的辨析[J].高等师范教育研究，1999（2）：10-16.
[153] 陈向明.参与式行动研究与教师专业发展[J].教育科学研究，2006（5）：55-57.
[154] 朱旭东，周钧.教师专业发展研究述评[J].中国教育学刊，1007（1）：68-73.
[155] ShulmanL.S.理论、实践与教育的专业化[J].王幼真，刘捷编译.比较教育研

究，1999（3）：36-40.

[156] 陈永明.教师继续教育的最新动向[J].外国教育资料，1999（5）：7-10，24.

[157] 刘捷.建构与整合：论教师专业化的知识基础[J].课程教材教法，2003（4）：60-64.

[158] 管培俊.大力加强中小学教师教育技术能力建设是全面推进素质教育的重要举措[J].人民教育，2005（Z2）：12-14.

[159] 洪明."反思实践"思想及其在教师教育中的争议——来自舍恩、舒尔曼和范斯特马切尔的争论[J].比较教育研究，2004（10）：1-5.

[160] 谢安邦.我国高等师范教育制度的变革与反思[J].高等师范教育研究，1999（2）：1-5.

[161] 潘懋元，吴玫.从师范教育到教室教育[J].中国高教研究，2004（7）：13-17.

[162] 陈向明.实践性知识：教师专业发展的知识基础[J].北京大学教育评论.2003（1）：104-112.

[163] 顾明远.我国教师教育改革的反思[J].教师教育研究.2006（6）：3-6.

[164] 佐藤学，钟启泉.课程研究与教师研究[J].全球教育展望.2002（9）：7-12.

[165] 钟秉林.教师教育的发展与师范院校的转型[J].教育研究.2003（6）：22-27.

[166] 管培俊.关于教师教育改革发展的十个观点[J].教师教育研究.2004（4）：3-7

[167] 张勤.词频分析法在学科发展动态研究中的应用综述[J].图书情报知.2011（2）：95-98.

[168] 陈悦，陈超美，刘则渊等.CiteSpace知识图谱的方法论功能[J].科学学研究，2015：33（2）：242-253.

# 参考文献

## 英文文献

[1] Darling-Hammond Linda. Preparing Teachers for a Changing World: What Teachers Should Learn and Be Able to Do [M]. USA: Wiley, 2005.

[2] Clive Beck, Clare Kosnik. Professors and the Practicum: Involvement of University Faculty in Preservice Practicum Supervision[J].Journal of Teacher Education, 2002：53(1):6-19.

[3] Price，J. N. Against the Odds: The Meaning of School and Relationships in the Lives of Six Young African-American Men. Issues in Curriculum Theory, Policy, and Research[J]. Multicultural Review,2000(10):101-109

[4] Russel Michael,Bebell Damian. Examining Teacher Technology Use: Implications for Preservice and Inservice Teacher Preparation[J]. Journal of Teacher Education,2003:(9):297-310.

[5] Sara Dexter, Eric Riedel. Why Improving Preservice Teacher Educational Technology Preparation Must go beyond the College' s Walls[J].Journal of Teacher Education, 2003：54(4):334-346.

[6] Moore R. Attendance and Performance: How Important Is It for Students To Attend Class? [J].Journal of College science teaching, 2002：32(6):113-118.

[7] Ridley, D.S. Comparing PDS and Campus-Based Preservice Teacher Preparation: Is PDS-Based Preparation Really Better?[J].Journal of Teacher Education, 2005：53(1):6-19.

[8] Gomez,L.M.,Sherin,M.G.，Griesdorn, J.. Creating Social Relationships: The Role of Technology in Preservice Teacher Preparation[J].Journal of Teacher Education, 2008:59(2):117-131.

[9] Buehler. J , Ruggles Gere.A. Normalizing the Fraughtness: How Emotion, Race, and School Context Complicate Cultural Competence[J].Journal of Teacher Education, 2009:60(4):408-418.

[10] Jenny L. Ferrier-Kerr. Establishing professional relationships in practicum settings[J]. Teaching and Teacher Education, 2009：25(6):790-797.

[11] Sally Galman. Doth the lady protest too much? Pre-service teachers and the experience of dissonance as a catalyst for development[J].Teaching & Teacher Education,2009：25(3):468-481 .

[12] Heather Coffey. "They taught me"：The benefits of early community-based field experiences in teacher education[J]. Teaching & Teacher Education,2010：26(2):335-342.

[13] Elana Joram，Anthony J Gabriele. Preservice teachers' prior beliefs: Transforming obstacles into opportunities[J].Teaching & Teacher Education, 1998：14(2):175-191.

[14] Alan H. Schoenfeld . Toward a Theory of Teaching-in-Context[J]. Issues in Education,1998:4(1):1-94.

[15] Tillema, H.H. Belief change towards self-directed learning in student teachers: immersion in practice or reflection on action[J]. Teaching & Teacher Education, 2000：16(7):575-591.

[16] Diane Holt-Reynolds . What does the teacher do?: Constructivist pedagogies and prospective teachers' beliefs about the role of a teacher[J]. Teaching & Teacher Education, 2000：16(1):21-32.

[17] Stipek, Deborah J，Givvin, Karen B，Salmon, Julie M. In the Eyes of the Beholder: Students' and Teachers' Judgments of Students' Motivation [J]. Teaching & Teacher Education, 2001：17(3):321-331.

[18] Marina Mattheoudakis. Tracking changes in pre-service EFL teacher beliefs in Greece: A longitudinal study [J]. Teaching &Teacher Education, 2007：23(8):1272-1288.

[19] Simon Borg，Anne Burns . Integrating grammar in adult TESOL classrooms [J].

Applied Linguistics, 2008：29(3):456-458.

[20] Peggy A. Ertmer，Anne T. Ottenbreit-Leftwich，Olgun Sadik. Removing obstacles to the pedagogical changes required by Jonassen’s vision of? authentic technology-enabled learning[J].Computer& Education, 2013：64(5):175-182.

[21] van Uden, Jolien M.、Ritzen, Henk、Pieters, Jules M. . I think I can engage my students. Teachers’ perceptions of student engagement and their beliefs about being a teacher[J]. Teaching &Teacher Education, 2013：32(5):43-54.

[22] Jiménez, Juan E.，Shanahan, Isabel . Effects of web-based training on Spanish pre-service and in-service teacher knowledge and implicit beliefs on learning to read[J]. Teaching &Teacher Education, 2016：55(4):175-187.

[23] Carpenter, Thomas P.，Fennema, Elizabeth，Franke, Megan L.. A Longitudinal Study of Learning to Use Children’s Thinking in Mathematics Instruction[J]. Journal for Research in Mathematics Education, 1996：27(4):403-434.

[24] Mary Anna Lundeberg，Geoffrey Scheurman. Looking twice means seeing more: Developing pedagogical knowledge through case analysis[J]. Teaching &Teacher Education, 1997：13(8):783-797.

[25] Donald Freeman. Reconceptualizing the Knowledge - Base of Language Teacher Education[J]. TESOL Quarterly,1998：32(3): 397-417.

[26] Jan H. van Driel，Douwe Beijaard，Nico Verloop . Professional development and reform in science education: The role of teachers' practical knowledge[J]. Journal of Research &Science Teaching,2001：23(1):137-158.

[27] Azita Manouchehri. Developing teaching knowledge through peer discourse [J]. Teaching &Teacher Education, 2002：8: 715-737.

[28] Hashweh, Maher. Teacher pedagogical constructions: a reconfiguration of pedagogical content knowledge [J].Teachers &Teaching,2005：11(3):273-292.

[29] Charoula Angeli，Nicos Valanides . Epistemological and methodological issues for the conceptualization, development, and assessment of ICT–TPCK: Advances in technological pedagogical content knowledge (TPCK)[J].Computer& Education, 2009：52(1):154-168.

[30] Huei-Tse Hou，Yao-Ting Sung，Kuo-En Chang. Exploring the behavioral patterns of an online knowledge-sharing discussion activity among teachers with problem-solving strategy[J]. Teaching &Teacher Education, 2009：25(1):101-108.

[31] Gelfuso,Andrea，Dennis, Danielle V.. Getting reflection off the page: The challenges of developing support structures for pre-service teacher reflection [J]. Teaching &Teacher Education, 204：38(2):1-11.

[32] Revathy Kumar，Lynne Hamer . Preservice Teachers’ Attitudes and Beliefs Toward Student Diversity and Proposed Instructional Practices: A Sequential Design Study [J].Journal of Teacher Education, 2013：64(2):162-177.

[33] Jeffrey J.Rozelle，Suzanne M. Wilson. Opening the black box of field experiences: How cooperating teachers beliefs and practices shape student teachers beliefs and practices[J]. Teaching &Teacher Education, 2012：28(8):1196-1205.

[34] May M.H.Cheng ,Sylvia Y.F. Tang . Practicalising theoretical knowledge in student teachers' professional learning in initial teacher education [J].Journal of Teacher Education, 2012：26(8):781-790.

[35] Aisling M. Leavy ,Mairéad Hourigan . "Come in with an Open Mind": Changing Attitudes towards Mathematics in Primary Teacher Education.[J]. Educational Research, 201：58(3):319-346.

[36] Marilyn Cochran-Smith, Fiona Ell.Initial teacher education: What does it take to put equity at the center? [J].Teaching &Teacher Education,2016：57(7):67- 78.

[37] Sylvia Y.F. Tang，Angel K.Y. Wong. The preparation of pre-service student teachers'competence to work in schools[J].Journal of Education for Teaching,2016：42(2):149-162.

[38] Inge Timoštšuk 、Aino Ugaste. Student teachers'professional identity[J]. Teachers &Teacher Education, 2010：26(8):1563-1570.

[39] Sanne F. Akkerman、 Paulien C. Meije . A dialogical approach to conceptualizing teacher identity[J]. Teaching &Teacher Education, 2011：27(2):308-319.

[40] M.T.Pillen 、P.J.Den Brok、D.Beijaard. Profiles and change in beginning teachers' professional identity tensions[J]. Teaching &Teacher Education, 2013：34(8):86-97.

[41] Christelle Devos, Vincent Dupriez. Does the social working environment predict beginning teachers’ self-efficacy and feelings of depression? [J]. Teaching &Teacher Education, 2012：28(2):206-217.

[42] Lorenzo Avanzi ,Massimo Miglioretti. Cross-validation of the Norwegian Teacher's Self-Efficacy Scale (NTSES)[J]. Teaching &Teacher Education, 2013：31(4):69-78.

[43] Svenja Vieluf ,Mareike Kunter ,Fons J.R.van de Vijver. Teacher self-efficacy in cross-national perspective[J]. Teaching &Teacher Education, 2013：35(10):92-103.

[44] Bridget Lee,Stephanie Cawthon,Kathryn Dawson. Elementary and secondary teacher self-efficacy for teaching and pedagogical conceptual change in a drama-based professional development program[J]. Teaching &Teacher Education, 2013：30(2):84-98.

[45] Olli-Pekka Malinen 、Hannu Savolainen . Understanding teachers’ attitudes and self-efficacy in inclusive education: implications for pre-service and in-service teacher education [J]. European Journal of Special Needs Education,2012：27(1):51-68.

[46] van Uden, Jolien M.、 Ritzen, Henk、 Pieters, Jules M.. I think I can engage my students. Teachers' perceptions of student engagement and their beliefs about being a teacher[J]. Teaching &Teacher Education, 2013：32(5):43-54.

[47] Bernadet de Jager,Gerry J Reezigt、Bert P.M Creemers. The effects of teacher training on new instructional behaviour in reading comprehension [J]. Teaching &Teacher Education, 2002：18(7):831-842.

[48] Paul F. Conway、Christopher M. Clark. The journey inward and outward: a re-examination of Fuller's concerns-based model of teacher development[J]. Teaching &Teacher Education, 2003：19(5):465-482.

# 后　记

本书作为河北省社会科学基金项目2017年度一般课题“近二十年（1996—2016）国内外教师专业发展研究科学知识图谱分析”（HB17JY037）（主持人王雪松）的最终结项成果，经过近两年全体课题组成员的共同努力，终于得以面世。

回首近两年的研究过程，我心中充满感激之情，感谢课题组成员杨阳、甄伟红、郝杰、左丹云，我们勠力同心，携手共进，一起克服数据收集、软件分析、文稿撰写中的种种困难，从未退缩。其中的许多小插曲，会成为我珍贵的回忆留待日后回味。

感谢燕山大学出版社的责任编辑杨春茹老师，她为本书做了大量审阅和编辑工作，感谢杨老师的专业、耐心和包容，使得本书的问世成为可能。

感谢河北省社会科学基金对本书的出版资助，感谢在资料搜集过程中各位朋友的鼎力相助！

王雪松

2019年岁尾于石家庄